서울대 민주화교수협의회 교양강좌 시리즈 1

한국 현대사와 민주주의

서울대 민주화교수협의회 교양강좌 시리즈 1

한국 현대사와 민주주의

정용욱 박태균 한인섭
박배균 정근식 김명환

경인문화사

차례

한국 현대사와 민주주의

한인섭 · 서울대학교 법학전문대학원 교수

지난 2013년 1월말이었습니다. 울적한 겨울, 저희 서울대 교수 몇이 〈한국현대사〉를 주제로 교양강좌를 열자는데 합의했습니다. 갑자기 기분 내켜서 그런 것은 물론 아니고, 나라를 걱정하고 민주주의를 사랑하는 교수들이 오랫동안 마음 속에 간직하고 있던 생각이었기에, 말을 꺼내자마자 흔쾌히 합의한 것이겠지요. 무엇보다도 역사의식이 흐려지는 우리 학생들을 걱정하는 마음으로, 어떤 주제를 할 수 있을까 하고 여러분께 이메일을 드렸더니 응답받은 것만 20개가 넘었습니다. 서울대 민교협 차원에서 논의하면서, 이 주제들을 3개 정도로 나누는게 좋겠다고 했습니다. 첫 학기 공개강좌로는 '민주주의'를 주제로 하고, 다음은 '사회경제'로 하고, 이어 '문화 · 과학' 등으로 이어가는 방식을 구상했습니다.

흔히 한국현대사라고 하면 1945년 8·15이후부터 지금까지를 가리킵니다. 그런데 그 70년에 가까운 시기는 사실 매우 긴 기간입니다. 일제치하를 35년이라 하는데, 그 곱절에 해당하는 기간입니다. 공개강좌를 수강할 청년들, 대학생들이 1990년 전후해 태어났다면, 해방과 분단, 전쟁과 산업화, 민주화의 소용돌이는 대다수의 청년들에게 과거사가 됩니다. 태어나기 이전의 역사를 누구는 '선사시대'라고 하였는데, 그런 선사시대에 대해 현실적 체감이 없는 것은 오히려 당연하겠지요. 기성세대들은 6·25을 알아야 한다, 유신체제를 알아야 한다, 5·18을 알아야 한다 등 자기세대의 경험을 강조하여 말하는데, 젊은 세대들은 이를 몸으로 느낄 수 없지요. 그러니까 그런 역사는 기억의 전승과 기록을 통해서 비로소 다가갈 수 있는 과거사인 것입니다.

그러나 그 시기를 그냥 선사시대, 혹은 역사적 과거로 치부할 수 없는 것은, 그 과거가 바로 현실을 규정하고 있고, 현재에도 격렬한 쟁점으로 남아 있기 때문입니다. 고위 공직자 인사청문회만 봐도, '5·16은 혁명인가 쿠데타인가?'와 같은 질문이 던져지고 있습니다. '1980년 5·18'의 희생에 대해서 법적-정치적 평가는 완성된 듯이 보이지만, 일각에서는 터무니없는 모략으로 유가족들과 지인들의 가슴을 쓰리게 하는 일도 생겨납니다. "역사란 망각에 대한 기억의 투쟁"(M. 쿤데라)이란 말도 있지만, 우리의 현대사를 시간의 흐름 속에 마멸시킬 수는 없습니다. 끊임없이 과거와의 다양한 대화를 통해 그 진실 및 의미를 현재화하지 않으면 안되는 것이지요.

우리가 '민주주의'를 첫 주제로 삼은 것은, 우리의 민주주의가 결코 당연히 주어진 것이 아님을 상기시키고 싶기 때문입니다. 대통령선거 하나만 해도 그렇습니다. 절대권력을 꿈꾸는 대통령들에 맞서, 대통령의 임기를 '5년단임'으로 붙들어매기 위해서 실로 숱한 희생을 치러야 했습니다. 서울대 교정을 돌아봐도 4·19민주혁명을 위해 산화한 학생들로부터 박종철에 이르기까지, 민주화를 위해 희생된 학생들을 기리는 기념탑이 산재해 있습니다. 이 기념탑을 따라 '민주화의 길'을 조성할 정도로 말입니다. 이렇게 우리 시대의 민주주의가 어떻게 성취되었고, 그 과정에서 치르진 희생은 무엇이었던가, 우리 민주화의 성취와 한계, 과제는 무엇인가 하는 점들을 진지하게 함께 검토해보자는 것이지요.

이번 '한국현대사와 민주주의'에 참여하는 교수들은 전공영역이 다양합니다. 역사학자(정용욱, 박태균), 사회학자(정근식), 지리학자(박배균), 문학자(김명환), 법학자(한인섭) 등입니다. 이렇게 강사진을 구성하면 배가 산으로 올라갈지 모른다고 염려할지 모르지만, 전혀 그렇지 않습니다. 이렇게 다양한 분야의 지식들이 교차하는 모습을 보여줌으로써, 여러분들을 훨씬 다채로운 지식의 세계 속으로 초대할 수 있을 것으로 생각합니다. 저희들은 그동안 함께 '한국의 민주주의'에 대해 고민하고 연구해왔고, 각자의 영역에서 실천의 장과 연결하고 있습니다. 서울대 민주화교수협의회는 함께 고민하고 교류하는 터전이기도 합니다. 이번 강연 주제의 생생함을 더하기 위해 5·18 주제에 김종률 선생을 모시게 된 것은 저희들의 또 다른 기쁨입니다. 김 선생은 5·18을 상징하는 주제곡 "님을 위한 행진곡"을 작곡하신 분입니다. 한자 한자 작사와, 작곡에 이르기까지, 또 전파되기까지의 생생한 비화를 여러분과 공유할 것입니다.

솔직한 대화를 위해서는, 저희 참여교수들의 원형적 체험을 먼저 언급할 필요도 있을 것 같습니다. 저희들이 대학을 다닌 시기는 1970년대 중반부터 1980년대 중반에 걸쳐 있습니다. 그 시기 캠퍼스는 최루탄과 곤봉, 돌맹이와 화염병으로 어지러웠습니다. 캠퍼스 뿐 아니라 사회 전체가 반독재 민주화의 희생과 열기로 뜨거웠습니다. 저희들의 20대는 그런 질풍노도의 시대였습니다. 그 때문에 민주주의를 질곡으로 붙들어맨 한국 현대사의 아픈 체험들에 대해 더욱 진지하게 성찰하게 되었고, 저희들이 학문의 세계로 진입한 이후에도 그런 문제의식을 유지하고 있습니다. 그런 체험적-지적 여정을, 다른 체험을 가진 신세대와 나누면서, 상호간의 좋은 대화와 배움의 기회가 될 수 있기를 바랍니다.

　이 책은 2013년 1학기 강의를 녹취한 것을 저본으로 하고 있습니다. 물론 말을 글로 옮길 때, 보다 정제되고 논리화되겠지만 가능한한 대화의 향기를 보존하려고 애썼습니다. 독자 여러분도 이 대화과정을 따라가면서 동참하는 독서를 해 주시기를 부탁드립니다.

2014년 10월
집필자를 대표하여 한인섭 씀

해방과 분단, 그리고 전쟁

정용욱 · 서울대학교 국사학과 교수

들어가며

1950년 6월 25일에 한반도에서 발발한 전쟁은 어떻게 불러야 할까요? War in Korea인가, War of Korea인가, War on Korea인가? 전쟁을 겪으신 할아버지들은 뭐라고들 표현하시던가요? (학생) 난리라고 했습니다. (교수) 예, 난리, 사변, 동란, 이런 표현들을 씁니다. Korean War (한국전쟁)라는 이름은 학계의 공식적인 명칭이지만 여러분들의 부모님이나 조부님 세대에서는 저 명칭으로 부르지 않아요. 한국전쟁이라는 이름을 쓰지 않습니다. 제가 초등학교 다닐 때도 사변이나 동란이라고 배웠지, 전쟁이라고 배우지 않았습니다. 나이 드신 분들도 그렇겠죠. 그렇다면 여기서 질문이 제기되죠. 1950년 6월 25일에 일어난 전쟁은 어떤 전쟁인가? 한국전쟁은 어떤 전쟁인가? 저는 한국전쟁이라는 명명 자체가 서구 중심적이고, 오리엔탈리즘적인 명명법이라 생각합니다. 미국의 남북전쟁은 American War라고 하지 않습니다. Civil War라고 합니다. 그리고 독립전쟁은 Revolutionary War라고 합니다. 그런데 나라이름을 붙여서 부르는 전쟁이 몇개 있습니다. 어떤 것이 있을까요? 한국전쟁, 베트남전쟁, 이라크전쟁입니다. 고대에서부터 한국에서 일어난 전쟁이 한두 개가 아니었습니다. 근대에 들어서도 청일전쟁, 러일전쟁, 태평양전쟁 등 한국에을 거처간 전쟁이 6-7개는 됩니다. 그런데 그 어느 것도 한국전쟁이라고 하지 않습니다. 1950년의 전쟁만을 한국전쟁이라고 합니다. 또 베트남에 대해서도 베트남전쟁이라고 하네요. 그런데 왜 이 전쟁들에 대해서는 한국전쟁, 베트남전쟁이라고 했을까요?

저는 그냥 6 · 25전쟁이라고 부릅니다. 사실 6 · 25전쟁은 저와 같은 또래, 같은 시대에 공부한 사람들은 잘 쓰지 않습니다. 오히려 '한국전쟁'이라는 이름을 선호합니다. 왜냐하면 6 · 25전쟁이라는 명칭은 발발일에만 초점을 맞춰서 6 · 25전쟁의 성격을 제대로 이해하지 못하게 한다고 봤기 때문입니다. 그래서 6 · 25전쟁이라고 부르지 않는 경향이 있습니다. 그런데 저는 공부를 하다 보니 6 · 25전쟁의 성격을 반영하는 제대로 된 이름이 붙기 전에는 6 · 25전쟁이라는 이름이 오히려 낫겠다는 생각을 하게 되었습니다. 일본에서는 한국전쟁이라고 부르지 않고 조선전쟁이라 부릅니다. 나라마다 다 다른 거죠. 1950년에 한반도를 휩쓴 전쟁이 200만의 목숨을 앗아 갔는데, 그 공간에 살고 있는 우리들이 우리 맘대로 전쟁의 호칭도 정하지 못합니다. 학계의 연구가 전쟁의 성격을 통합적으로 반영할만한 용어를 찾고 있지 못하기 때문이기도 하겠지만, 인식의 문제가 있는 것입니다.

저는 6 · 25전쟁이 한국 현대사 내지는 한국 역사의 블랙홀이라고 생각합니다. 이것을 잘 해명하면 한국사에 담긴 온갖 수수께끼와 세계사의 미스터리를 풀 수 있습니다. 그만큼 복잡하다는 것이죠. 그리고 한국전쟁은 매우 비극적인 전쟁이었습니다. 이에 대한 논쟁도 다양합니다.

내전인가 국제전인가, 제한전인가 전면전인가. 냉전이 고착되는 계기를 만들었다고 하지만 사실은 열전이었습니다. 냉전시대에 열전이 일어났던 곳에서 나라이름이 전쟁을 대표하지요. 베트남과 한국. 그렇다면 누가 침략했는가라는 문제도 등장합니다. 이는 전쟁의 도덕성을 주장하는 데 있어 마르지 않는 샘과 같습니다. 제가 학생시절에는 사변, 동란 등으로 배웠습니다. UN총회가 UN군을 파견할 때 쓴 공식적 명칭은 Police Action(경찰활동)이었습니다. 전쟁으로 부르기를 꺼려했던 것이지요. 그리고 사변, 난리. 난리라는 의미는 임진왜란이나 동학농민전쟁처럼 세상이 온통 뒤집혔다는 뜻입니다. 사변, 동란이라는 용어도 처음에 한국 사람들이 정한 것으로 생각했는데요, 미국사람들이 정한 것이었습니다. 미국에서 나온 한국전사(戰史)를 보면 실제로는 처음에 Conflict, Incident 이런 표현들을 썼습니다. 이걸 우리말로 옮기면 사변, 동란이 되는 것이지요. 6·25전쟁은 이상한 전쟁입니다. 북한이 2013년 3월 5일 조선인민군 총사령관 성명으로 정전협정 효력이 백지화되었다고 발표했습니다. 그러면 한반도는 전시상태가 되는 거죠. UN이 제재의 수위를 높이자 북한이 그렇게 나왔습니다. 우리 쪽에서는 심리전이라고 봐서 콧방귀도 안뀌었습니다. 북한은 정전협정이 백지화되었다고 하는데, 우리 장군들은 골프장에 가서 나이스 샷을 외칩니다. 아무튼 우리가 연평도 사건에서 보았듯이 우리의 평화는 제도적인 평화가 아닙니다.

전쟁의 이름을 보면, 북한에서는 정의의 조국해방전쟁, 중국에서는 항미원조전쟁, 일본은 조선전쟁, 우리는 6·25사변, 동란이라고 하다가 이제는 한국전쟁이라는 말이 학계에서나 일반사회에서나 정착되어가는 것같습니다. 또한 정전협정의 조인자 문제도 있습니다. 당시 조인당사자가 세 명인데 UN군 사령관, 중국인민지원군 사령관, 조선민주주의인민공화국 수상이자 최고사령관. 여기서 국가이름을 쓴 것은 북한 밖에 없습니다. 나머지는 모두 군사령관입니다. 미국도 UN군사령관을 대표로 삼았습니다. 중국도 정부가 공식적으로 개입하는 일을 피해서 중국인민해방군이 아니라 중국인민지원군이라 했습니다. 휴전협정은 무기를 들었던 두 주체와 한 정부간의 협정인데, 매우 이상한 형태입니다. 명칭이 전쟁의 주체를 표시하지 않는 것입니다.

역설과 모순의 한국 현대사

한국 현대사는 상식적 추론으로 이해할 수 없는 것들이 너무 많습니다. 왜 이런 일들이 벌어지는가? 한국 현대사는 역설과 모순으로 가득 차 있기 때문입니다.

여기 어떤 사람의 약력이 있습니다. 1917년생이고, 대구사범학교를 나와서 문경보통학교 교사를 했고, 만주군관학교를 나왔고, 일본 육사를 나왔고, 조선경비사관학교를 다녔고, 남로당 경력도 있습니다. 그리고 한국전쟁 발발 후에 육군 소령으로 다시 군에 들어옵니다. 나중에는 장군이 됩니다. 누구죠? 예. 박정희 대통령입니다. 한국 현대사가 역설과 모순으로 가득 차 있다고 하는데요, 인간 박정희는 한국 현대사에서 가장 금기시 되는 두 개의 단어를 거쳐 왔습니다. 한국 현대사에서 가장 문제적인 두 개의 단어가 뭡니까? 친일파 그리고 공산당입니다. 그는 친일파로도 빨갱이로도 지목되었습니다. 그러면 여러 사람들이 존경하는 박정희는 누구입니까? 한국 사람들이 박정희를 좋아하고, 그의 영애까지 대통령으로 뽑았지 않습니까? 그렇다면 그의 지지자들은 박정희를 구성하는 어떤 요소를 좋아하는 것일까요?

박정희는 1917년생입니다. 그렇다면 1961년에는 몇 살이었을까요? 만으로 44세, 우리나라 나이로는 45세입니다. 그 전에 이승만 대통령이 몇 살이었죠? 대통령이 되었을 때 70세가 넘었습니다. 이 이야기가 의미하는 것은 한국에서 세대교체가 굉장히 폭력적으로 전개되었다는 것입니다. 한국 문화의 일반적인 경향으로 보면 45세의 인물이 대통령이 되면 60세의 장관은 옷을 벗어야 합니다. 전두환이 1980년도에 정권을 잡을 때 몇 살이었을까요? 비슷했습니다. 40대 후반. 한국의 정치적 세대교체는 이렇게 폭력적으로 일어납니다. 쿠데타가 이를 가능케 합니다.

여기서 주목할 요소의 하나는 대구사범입니다. 일제 식민지시대의 사범학교는 돈 없고 똑똑한 사람들이 가는 곳이었습니다. 나오면 바로 보통학교의 훈도, 즉 선생이 됩니다. 대구사범은 똑똑하고 가난한 학생들이 가는 곳인데, 그런 만큼 정치의식이나 사회의식이 예민하고 치열했습니다. 좌익사상도 강했습니다. 박정희가 가장 존경했던 형 박상희는 1946년 10월에 대구 '10월항쟁' 관계로 붙잡혀서 사형을 당한 사람이었는데, 이 형이 박정희에게 대구사범학교에 가라고 권했습니다. 그래서 대구사범을 나와서 문경보통학교에서 교사를 하게 되었습니다. 사실 교사를 하면 아주 잘살지는 못해도 먹고 사는 데에는 지장이 없습니다.

그런데 그는 1940년에 만주군관학교에 갑니다. 그의 표현을 빌리자면, 큰 칼 차고 싶어서, 출세하고 싶어서입니다. 일제 말기에 만주는 1960-70년대 한국 사람들이 아메리칸 드림을 좇아서 이민가는 미국과 같았습니다. 한 몫 잡거나 출세하고 싶어서 가는 것이죠. 이미 입학연령이 지나서 입학을 거부당했지만, 교장에게 혈서를 써서 입학자격을 얻어냈습니다.

그래서 군관학교에 들어갔습니다. 당시 일본의 괴뢰국가인 만주국을 다스릴 군인과 관료들을 기르는 학교가 만주 신경(장춘)에 몇 개 있었는데, 그 학교들에서 항상 1-3위를 차지한 것은 한국인들이었습니다. 이렇게 좋은 성적을 거두면 일본 육군사관학교에 특별 편입을 할 수 있었습니다. 그래서 박정희가 일본 육사로 가게 됩니다. 여기서 얼마나 생도생활을 철저히 했는지, 별명이 '도쿠토우 닛폰진[特等日本人]'이었습니다. 당시 일본 육사 교장이었던 나구모 쥬이치[南雲忠一]가 붙여준 이름입니다. 그 이후 만주에 배치가 되었습니다. 이 때 실제로 박정희가 독립군을 토벌하러 다녔는지는 애매하지만, 박정희가 소속되었던 부대가 중국군 항일부대를 쫓아서 그들과 빈번한 교전을 벌인 것은 맞습니다.

그리고 해방이 되었습니다. 국내에 들어와야 하는데, 일본군 군복을 입고 들어올 순 없겠죠. 그런데 당시 중국에서 광복군 활동을 했던 임시정부가 한국에 귀국할 당시 조직의 세를 불릴 필요가 있었습니다. 그래서 임시정부 특별파견대를 중국 동북지방에 보내서 당시 만주에 있던 청년들을 광복군에 받아들입니다. 박정희도 거기에 들어가서 광복군 군복을 입었습니다. 그리고 국내에 들어와서 보니, 해방 이후의 한국 상황이라는 것이 바람이 어느 곳으로 불지 모르는 상황이었습니다. 좌로 가야 할지 우로 가야 할지.

1948년 10월 여순사건이 일어난 후 군대 숙군작업을 단행하였는데, 그 와중에 박정희가 체포되었습니다. 당시 박정희는 남로당 프랙션에서 고위에 있었으므로 사형을 면치 못할 상황이었는데, 그의 만주군관학교 선배들과 그의 재능을 알아본 미군 고문관이 그를 살려줬습니다. 그리고 문관으로 국방부에서 근무하다가 전쟁이 나면서 다시 현역으로 복귀하였습니다.

5·16 거사 직후 시청앞에서.
박정희 오른쪽으로 박종규, 차지철 등이 보인다.

1961년 박정희 장군이 쿠데타를 하였습니다. 쿠데타 주체세력은 육사 5기와 8기였습니다. 박정희가 주변을 정리하고 권력을 다져나가면서 8기생들도 제압하게 됩니다. 박정희 대통령을 숭상하는 사람들은 그의 이러한 과거 행위나 궤적을 구국의 결단이라 말할지 모르지만, 자료를 놓고 보면 그는 권력을 좇아 어떤 일도 서슴지 않고 했던 사람입니다. 그런데 많은 한국인들은 박정희를 좋아합니다. 어떻게 된 것일까요?

여러분 조봉암이라는 사람을 아십니까? 어떤 사람인가 하면, 유명한 1세대 공산주의자입니다. 1920년대 박헌영 같은 이들과 함께 활동했습니다. 해방 직후에는 인천지역 노동운동의 대부였습니다. 그런데 미군정의 공작으로 공산당과 척을 지게 되었고, 전향을 해서 이승만 정권의 초대 농림부장관을 지내면서 남한의 농지개혁을 주도했습니다. 그런데,

1958년 진보당사건으로 사형선고를 받은 지 하루 만에 죽었습니다. 이 사건은 인혁당 사건과 마찬가지로 한국 사법사의 불명예 중 하나입니다. 법대에 다니는 학생들은 알겠지만, 보통 사형 판결을 하고 나서도 상당기간을 살려둡니다. 이렇게 빠르게 처형을 하는 것은 세계사에서 보기 드뭅니다. 원래는 1심에서 무죄판결을 받았는데, 이승만이 도저히 용서할 수 없다며 다시 재판한 후 사형에 처합니다. 그렇다면 이런 질문이 가능합니다. 조봉암도 전향했고, 박정희도 전향했는데 왜 한 사람은 형장의 이슬로 사라지고 한 사람은 대통령이 되었는가? 이렇게 모순과 역설로 가득한 게 한국 현대사입니다.

역사, 사료와의 대화

2007년에 고고학과 대학원생들과 함께 잉카지방에 답사를 간 적이 있습니다. 쿠스코라는 도시가 있는데 마추피추로 가는 관문이고, 잉카의 수도였으며, 스페인 점령 이후에는 식민지의 중심도시였고, 현재는 세계적인 관광지가 된 곳입니다. 거기서 굉장히 인상 깊은 그림을 봤습니다. 쿠스코 중심 광장에 대성당이 있습니다. 이름도 없이 그냥 대문자 C로 시작하는 The Cathedral인데요. 그 성당에 성화가 많이 걸려 있는 데 그 중에서 이 성화가 제 눈을 확 잡아끌었습니다.

〈최후의 만찬〉 그림인데요, 기독교에서는 흔한 성화의 모티브이지요. 그림을 자세히 보면 조금 이상한 게 없나요? (학생1) 그림 속의 사람들이 식사를 하는 모습의 구도가 다르네요. (교수) 레오나르도 다빈치의 최후의 만찬 그림은 모두 일자로 앉았는데, 여기서는 둘러앉아 있습니다. 이렇게 서로 쳐다보는 게 인간적이긴 합니다. (학생2) 뒤 배경이 다릅니다. (교수) 예, 예수와 제자들이 식사하는 그 뒤에 십자가가 있고 거기에 예수가 걸려있습니다. (학생 3) 시선이 다른 것 같습니다. (교수) 한 사람이 다른데 보고 있지요? 예. 다른 데를 보는 사람은 어떤 사람인가요? 또 있나요? 한 사람만 얼굴색이 다릅니다. 제가 성화를 많이 본 것은 아니지만, 여러 나라 미술관을 다니면서 나름 성화를 본 편인데, 유다를 유색인종으로 그린 그림은 이게 처음이었습니다.

예수의 죽음 설화에서 유다가 어떤 역할을 했는지는 잘 아시죠? 그런데 이렇게 12제자 중 한 제자를 유색인으로 그린 것은 처음입니다. 저는 이 그림을 구성하는 4개의 모티브가 모방, 신비화, 토착화, 비꼬기라고 생각합니다.

The Cathedral 성당에 걸려있는 〈최후의 만찬〉.

모방은 무엇일까요? 이 그림은 마르코 사파타(Marcos Zapata, 1710-1773)라는 사람이 그렸는데요. 스페인은 쿠스코를 식민통치의 중심으로 삼고, 안데스 지역 기독교 선교의 중심지로 삼았습니다. 그리고 성당을 만들었으니 성화를 그려서 넣어야 하잖아요? 스페인에서 화가를 데려오려 하니까 오려는 사람도 별로 없고 비용이 너무 많이 들었습니다. 그러면 차라리 원주민에게 그림을 배우게 하자고 하였고, 원주민을 스페인으로 보내서 유화와 데생을 배우게 한 뒤 그 사람을 데리고 와서 성화를 그리게 했습니다. 이를 서양미술사에서는 '쿠스코파(Cusco school)'라 합니다. 잉카인들을 케츄아인이라고 하는데요, 이 그림들은 케츄아인들의 생활감정이나 정서, 의식을 반영합니다. 색깔도 좀 특이하죠. 흑색, 파란색, 빨간색 등 원색을 자주 사용합니다. 어쨌든 모티브 자체는 유럽에서 배워 온 것입니다. 그러므로 모방이 있는 것이죠.

모든 성화는 신비화를 목표로 하죠. 예수의 탄생과 죽음과 이적들을 신비롭게 표현을 하니까 두 번째는 당연한 것이죠.

세 번째는 토착화입니다. 그림을 보면 거기 놓인 음식들은 유럽에서 나는 것들이 아닙니다. 감자, 옥수수, 잉카인들이 먹는 고기. 당시 잉카인들은 말이나 라마를 먹을 수 없었으니까 작은 동물을 잡아서 먹었는데요. 그것이 모르모트입니다. 의학이나 생물학에서 실험용 동물로 쓰는 기니어 피그입니다. 한 때 우리나라에서도 애완동물로 많이 길렀죠. 설치류로, 크기가 쥐와 토끼의 중간크기쯤 됩니다. 인터넷에서 '쿠스코'를 치면 모두 '쿠스코에 가면 쿠이를 먹어야 한다.'는 이야기가 나오는데요. 하지만 이 그림에 대해 설명하는 것은 없습니다. 이 그림에 대해서 설명하는 기사들은 온통 그림 가운데 쿠이가 있다고만 이야기하고, 쿠스코에 가면 쿠이를 먹으라는 이야기만 나옵니다.

제가 가진 의문은 왜 유다만 검게 칠했는가 하는 것입니다. 쿠스코를 지배했던 총독이나 주교가 그렇게 시킨 것인지, 아니면 마르코 사파타가 스스로 그랬는지. 그림 속에 있는 술은 칙차라고 하는 잉카의 전통주입니다. 우리로 치면 막걸리 같은 것이죠. 한국 절에 있는 산신각이 불교가 토착화되어 토속신앙과 결합한 것이듯이, 남미 성당에 가보면 성모상의 옷이나 이런 것들이 개더스커트식의 페루 전통 옷으로 입혀져 있습니다. 일종의 산신각이지요. 종교가 그 사회에 뿌리를 내리면서 토착화된 것입니다. 이는 스페인 통치자 입장에서도 필요합니다. 하느님이 나의 신일뿐 아니라 너희들의 신이기도 한 것을 보여주어야 하니까요. 따라서 이 소품들은 토착화에 있어 필요합니다. 그리고 유다를 가만히 보면 오른손에 뭔가 쥐고 있습니다. 돈주머니 같은데요.

그리고 그림의 윗부분도 조금 이상합니다. 예수가 최후의 만찬을 하고 있는데 왼쪽 위에 예수가 걸려 있습니다. 미래에 일어날 일이지요. 그리고 창밖에 보이는 별들은 마치 예수의 탄생설화를 뜻하는 것 같습니다. 동방박사들과 베들레헴.

원래 쿠스코파는 그림에 자기 이름을 남기지 않았습니다. 그게 전통이었는데, 마르코 사파타는 자신의 그림에 이름을 남겼습니다. 그리고 우의적이고, 우화적인 표현을 많이 썼습니다. 하나의 그림에 예수의 과거, 현재, 미래가 다 있습니다.

그런데 제가 보기에 핵심은 비꼬기입니다. 사파타 스스로 원해서 유다를 검게 그렸는지, 아니면 총독이 시킨 것이었는지에 따라 그림에 대한 해석은 전혀 달라집니다. 총독이나 주교가 시켜서 그린 것이었다면 그림에 스페인 통치자들과 주교의 인종주의적 편견이 들어있는 것이지요. 사파타가 얼마나 독실한 신앙을 갖고 있었는지는 잘 모르겠습니다만, 만약 사파타 스스로 그렇게 그렸다면 우리는 저들과 같이 예수를 믿고 신을 믿을지는 몰라도 이런 존재, 즉 유다와 같은 존재라는 자의식을 투영한 것일 수 있습니다. 어느 쪽인가에 따라서 이 그림에 대한 해석은 전혀 달라집니다. 서양미술사 책을 몇 권 보면서 해답을 열심히 찾아봤지만, 아직은 해답을 모릅니다. 어느 쪽일까요?

저는 후자일 것이라 추측합니다. 마르코 사파타가 자의식을 표현했다고 추측합니다. 저는 역사학자이고 지구 정반대 쪽에 있는 페루의 쿠스코에 가서 그를 처음 만났지만, 이 그림을 통해서 사파타와 대화를 하게 되었습니다. 이 사람은 왜 그렇게 했을까 라는 의문을 해소하기 위해 그때부터 인터넷도 찾아보고, 서양미술사도 찾아 봤습니다.

사료들 중에는 우리의 감정이나 의식, 생활을 자연스럽게 반영하는 것들이 많습니다. 역사가는 그것들 중에 의미 있다 생각하는 것들을 골라서 과거를 해석하고 과거와 대화합니다. 이 경우 매우 곤란한 것이 마르코 사파타의 주체성(Subjectivity)과 어떻게 만날 것인가 하는 문제입니다. 그렇지 않으면 그저 그림을 보는데 만족해야 합니다. 그의 주관성과 만나야만 하는 것입니다. 이것은 정말 어려운 작업입니다.

이 쿠스코라는 지역이 가진 특징과 더불어 제가 매우 의미심장하게 받아들이는 것이 있는데요, 스페인 사람들이 만든 코리칸차라는 수도원입니다. 전형적이 스페인 양식입니다. 가운데에 중정이 있고, 옆에 발코니가 있습니다. 지금이야 콘크리트로 양생하여 몇 일만에 만들 수 있지만 이 당시에는 건축자재 구하는 일이 굉장히 어려웠습니다. 이 돌들은 어디서 났을까요? 과거 잉카의 신전 돌을 이용해서 스페인식의 수도원을 만든 것입니다. 이게 역사입니다. 잉카는 가만히 있는데, 쿠스코는 가만히 있는데, 누가 지배하느냐에 따라서 이 도시의 성격이 전혀 달라집니다.

코리칸차 수도원.

쿠스코는 과거에 잉카의 수도였고, 그 다음에는 스페인의 식민지 통치의 중심이었고, 지금은 세계적인 관광도시가 되었습니다. 지금 이 건물의 목표는 어떻게 하면 전 세계 사람들을 끌어들여서 그들로부터 외화를 버는가에 있습니다. 과거는 어떤 식으로든 현재로 이전, 계승되고 흔적을 남기는데, 이러한 돌들이 그렇습니다. 당시 스페인 사람들에게는 신전 터에서 가져오는 것 외에는 돌을 어디서 얻을 방법이 없었습니다. 현재는 과거 신전 터를 복원하는 중입니다. 마르코 사파타는 자신이 시대를 선택해 태어난 것이 아닙니다. 그는 스페인 통치기 쿠스코의 화가, 어떻게 보면 문화인이라고 할 수 있는데요. 그것은 자기가 선택한 일이 아닙니다. 그가 그 구조적이고 객관적인 조건에 반응하는 방식은 유다만 새카맣게 그리는 것입니다. 무엇인가 자기의 흔적을 남긴 것입니다. 역사에서 사료란 그런 것입니다.

일제 식민지 시대를 산 사람들은 식민지근대화론자들도 아니고 독립투사들도 아닙니다. 객관적이고 구조적인 조건 속에서 살았을 뿐입니다. 선택의 가능성은 얼마든지 있습니다.

역사는 이렇게 켜켜이 축적되면서 과거를 이전(移轉)합니다. 과거의 레이어(layer)들이 중층적으로 쌓여 있습니다. 그 한 레이어, 한 켜의 끝 부분을 잡고 역사가들이 씨름을 하는 것입니다. 그런데 그 레이어들이 의미심장하죠. 많은 선택지들이 있었고, 개인과 집단의 선택에 따라서, 인식에 따라서 역사가 달라지니까요.

지금까지 말한 마르코 사파타의 그림을 통해 역사의 중층성, 객관성, 구조적 특성을 이해했을 것이라고 생각합니다. 역사 연구란 결국 사료를 통한 과거의 재해석입니다.

한국 현대사와 신탁통치

태평양전쟁기 미 국무부에 제 2차 세계대전 이후의 질서를 기획하던 싱크탱크가 있었습니다. 어떻게 전후질서를 만들 것인가를 논의했는데요. 'War and Peace'라는 프로젝트였습니다. 여기서 한반도 신탁통치를 해야 하는가 말아야 하는가를 논의했습니다. 루즈벨트가 스탈린, 처칠과 회의를 하다가 어느 날 갑자기 신탁통치를 결정한 것이 아닙니다. 그 전의 기획과정이 있습니다. 이 프로젝트에서 왜 신탁통치를 해야 하는지에 대해 논의를 합니다. 한반도는 지역적으로 대륙과 해양이 만나서 갈등의 진원지가 되고, 한국인은 자치능력을 상실했으니 신탁통치를 해야 한다는 결론에 이른 것입니다. 논리적인 추론 과정을 거쳐서 정책을 뽑아낸 것이지요. 당시의 정책문서들은 모두 이런 식으로, 문제제기(한국에 대한 신탁통치를 해야 하나 말아야 하나), 관련 사실(현재 일본이 한국을 점령하고 있는데, 한국인들은 자치능력이 없고 강대국에 둘러 쌓여있다), 그리고 검토를 해서 결론에 이르는 나름대로 합리적인 과정을 보여줍니다.

그런데 제가 보기에는 한국이 이러저러하기 때문에 신탁통치를 해야한다는 결론의 배후에 미국의 신탁통치를 하고 싶었던 욕망이 있었던 것 같습니다. 그래야 이 지역에서 미국의 이해관계를 관철시킬 수 있다고 판단한 듯합니다. 사실은 이 문서를 통해서 신탁통치를 하고 싶은 것을 합리화하고 있다고 볼 수 있습니다. 한국인은 자치능력이 없기 때문에 신탁통치를 해야 한다는 것은 우리가 비판하는 식민사관입니다. 식민사관의 핵심은 조선인은 스스로 다스릴 능력이 없다는 것이니까요. 어느 쪽일까요? 한국의 자치능력이 없어서 신탁통치를 해야 하는 것인지, 아니면 전략적 이해관계를 관철하기 위해서 신탁통치를 하고 싶은데 그 명분을 찾다보니까 그렇게 된 것인지. 굉장히 단순화 시켜서 말한 것인데요. 이 둘중 어느 것이 더 그럴듯한가요? 제가 오늘 여러분들의 생각에 도발을 많이 하는 것 같은데, 저는 후자가 더 설득력이 있다고 봅니다. 문서를 보면 볼수록 그런 생각이 듭니다. 강대국들과의 회의에서 미국이 신탁통치안을 꺼내기에 앞서 1943년에 이미 미국이 준비한 것이지요.

다음 사진이 1945년 12월 27일 동아일보의 신탁통치 보도입니다. 당시 1면 톱기사인데요. 여러분들의 역사 상식에 비추어볼 때, 사실과 맞지 않는 부분이 있습니다. 어떤 게 있죠? 모스크바 3상회의에서 신탁통치를 주장한 것은 미국이었고, 소련은 즉시 독립을 주장했습니다. 그런데 기사는 거꾸로 쓰여 있습니다. 이 기사가 이른바 반탁시위의 도화선이 되었는데요. 제가 책을 쓸 당시에는 동아일보 원문만 확인했는데, 후일에 보니 조선일보도 똑같은 위치에 토씨 하나 틀리지 않고 똑같은 내용을 게재했습

동아일보의 신탁통치 기사.　　　　　*Pacific Stars and Stripes*의 신탁통치 보도기사.

니다. 보통 외국의 외신보도는 어느 통신사가 언제 쓴 기사인지, 통신원은 누구인지 밝히게 되어 있습니다. 그런데 여기 보면 12월 25일 워싱턴발 〈UP-합동〉 이렇게만 되어 있습니다. 이 기사가 반탁시위의 도화선이 되었습니다. 이로 인해 찬반탁투쟁이 벌어지는 과정에서 좌익들이 찬탁파로 몰리게 되었고, 당시부터 좌익들이 이 기사가 모략이라는 주장을 했었지만 그것을 밝힐 길은 없었습니다. 그런데 미국자료를 보다 보니까 미국의 한 정보문서에 이 기사의 출처가 어딘지를 언급했습니다. 기사에서는 〈UP-합동〉이라고 되어 있는데, 여기에서 나온 것은 아니고 당시 도쿄에서 미국 육군을 위해서 발행되던 *Pacific Stars and Stripes*라는 미 육군 신문에 나온 것이었습니다. 한국신문과 동일한 12월 27일입니다. 이 기사에는 모스크바삼상회담에 대한 전반적인 해석이 앞에 위치하고, 중간에서부터 한국 관련 신탁통치 기사가 나옵니다. 이 기사를 그대로 번역하면 동아일보의 기사가 됩니다. 토씨 하나 틀리지 않고요. 그리고 여기를 보면 by combined press라고 쓰여 있습니다. 한국말로 옮기면 외신종합입니다. 여러 통신사들로부터 기사를 받아서 자신들이 종합하여 기사를 썼다고 되어 있는데, 이 기사만 통신원을 밝혀 놨습니다. UP통신원

랄프 헤인젠(Ralph Heinzen)입니다. 제가 1996년에 처음 학위논문을 쓸 때에는 *Pacific Stars and Stripes*까지는 확인했습니다. 미8군 도서관에 들어가서 마이크로필름으로 기사내용을 확인했지만, 통신원까지는 확인을 못했습니다. 2002년에 하버드 대학에 교환교수로 가 있으면서 거기서 〈뉴욕타임즈〉를 검색해봤는데요. 랄프 헤인젠이라는 사람은 아시아 전문가가 아니라 유럽 전문가로, 2차 대전 당시 파리와 제네바에서 근무했던 저널리스트입니다. 그의 동료와 그의 상관이 그에 대해서 인물평을 써놨는데요, 'notorious faker'라고 썼습니다. faker가 무슨 뜻이죠? fake는 농구에서의 속임수 동작을 뜻하잖아요? 'faker'라는 말은 '날조 전문가'라는 뜻입니다. 이어서 상상력만으로 벽면 가득 기사를 쓸 수 있는 사람이라고 쓰여 있습니다. 현재는 전산방식으로 뉴욕과 서울에서 동시에 편집이 가능하지만, 당시 12월 27일 도쿄에서 나온 신문과 똑같은 기사가 같은 날 동아일보와 조선일보에 나오는 것은 상식적으로 이해가 불가능합니다. 당시 동아일보와 조선일보가 모두 조석간 발행을 했다고 하더라도 물리적으로 불가능합니다. 미군 정보당국은 동아일보와 조선일보의 기사 원천이 *Pacific Stars and Stripes*라고 해놨지만, 제가 보기엔 그렇지 않습니다. 누군가가 도쿄의 *Pacific Stars and Stripes*와 동아·조선에 동시에 기사를 주기 전에는 같은 날 나올 수가 없습니다. 그 누군가는 누구일까요? 하지 중장일까요? 맥아더 장군일까요? 어쨌든 반탁시위의 도화선이 되었습니다. 우리는 현재 동아일보의 기사가 참인지, 거짓인지, 얼마나 왜곡이 있었는지에만 신경을 씁니다. 하지만 사실 이 기사가 이야기해주는 것은 이 기사가 만약 누군가가 의도한 오보이고, 조작이고, 음모였다면, 그에 따라서 우리 역사가 달라졌다는 것입니다. 굉장히 무서운 것이죠. 제가 이 사실을 밝히는 데 6년이 걸렸습니다. 어쨌든 모스크바 3

상회의 결정과 그 후 국내의 찬반탁 충돌 이후 1948년 남과 북에서 서로 다른 정부가 수립되었습니다. 그후 전쟁이 있었죠. 굉장히 무서운 일입니다. 누군가를 위해 정보가 조작되고 있고, 그 정보를 믿은 행동의 결과만이 역사적 사실로 남는다는 것 말입니다.

> "누군가를 위하여 정보는 조작되고 있으며, 그 정보를 믿은 대중의 행동 결과만이 역사적 사실로 남는다고 하는, 이 무서운 상황은 조금도 달라진게 없지 않느냐 말입니다." (58세의 세무사 하야시 아키라[林昭]의 편지) -노마 필드 저, 박이엽 역, 1996, 〈죽어가는 천황의 나라에서〉, 창비. p. 220.

노마 필드(Norma Field)가 지은 〈죽어가는 천황의 나라에서〉라는 책이 있습니다. 여러분들이 일본을 이해하고 싶으면 이 책을 꼭 읽어봐야 한다고 생각합니다. 저자는 어떤 사람인가 하면, 아버지는 제 2차 세계대전 직후 미국이 일본을 점령하던 시기에 일본에 파견된 미군 관리였고, 어머니는 일본사람이었습니다. 중학교 시절까지 일본에서 살다가 이후 미국에 가서 대학에 진학하는데요, 거기서 일문학을 전공합니다. 현재는 시카고 대학에서 일문학 교수로 있습니다만, 영향력 있는 지식인입니다.

이 책의 세 번째 장이 나가사키 시장의 이야기입니다. 나가사키 시장은 보수정당인 자민당의 공천을 받아서, 나가사키 시장이 되었습니다. 저자 노마 필드가 일본에서 연구년을 보내던 1989년 천황이 병석에 있으니까 일본사회가 온통 침울과 정숙 모드로 들어간 상태였습니다. 어떻게 천황이 아픈데 그런 걸 할 수 있는가 해서 초등학교 운동회도 안하고 가라오케도 영업이 잘 안될 정도였죠. 그런데 지식인들이 주장하던 천황의 전쟁책임 인정과 사과에 대해서 나가사키 시장도 같은 주장을 했습니다. 물론 집권여당인 자민당에서는 받아들일 수 없는 것이고, 나가사키 시장은 자민당의 공천을 받아 당선된 사람인데 천황에게 전쟁책임이 있으므로 사과해야 한다는 발언을 한 것입니다. 알다시피 일본의 극우파가 무섭잖습니까? 극우파는 집무실에서 나오는 나가사키 시장을 난자했습니다. 시장이 크게 다쳤는데, 일본의 의학이 대단한 것이 이 사람을 치료해서 살렸습니다. 일본의 시민들이 이 시장을 응원하는 편지를 전국에서 보내왔습니다. 그 중에서 한 50대 세무사가 보낸 편지의 내용 중 일부가 바로 위에서 언급한 구절입니다. 저는 나가사키 시장과 같은 사람들이 있는 사회는 그래도 희망이 있다고 봅니다.

해방, 점령 그리고 전쟁

보통 해방공간, 해방정국 이런 표현들을 사용합니다. 저는 1945-48년 시기를 지칭하는 가장 정확한 용어는 해방공간이나 해방정국이나 해방3년이나 해방5년이 아니라 '점령기'라고 봅니다. 해방이라는 표현을 쓸 때는 우리가 자율적으로 무언가를 할 수 있는 가능성이 굉장히 많았지만, 그게 제대로 이뤄지지 않았다는 의미인데요. 권력의 주체는 미군정이었습니다. 해방과 점령은 매우 큰 차이가 있는데요, 이를 가장 상징적으로 보여주는 것이 이 서한입니다.

김구가 해방 당시 주중 미군사령관이었던 웨드마이어에게 보낸 편지인데요, 뭐라고 써 있습니까? 결론을 보면, 김구가 한국에 들어갈 때 임시정부 주석이 아니라 개인 자격으로 갈 것을 서약하는 것입니다. 왜 그랬을까요? 왜 서약서를 쓰고 들어와야 했을까요? 점령이란 그런 것입니다.

김구가 웨드마이어에게 보낸 편지.

해방되었다고 자기 맘대로 들어올 수 있는 게 아닙니다. 점령군 사령관한테 허락을 받아야 들어올 수 있는 것입니다. 미국의 공식적 정책이 임시정부를 인정하지 않는 것이었기 때문에 어떤 정치적 권한도 없는 개인자격으로 들어온다는 것을 서약하지 않으면 들어올 수 없었습니다. 이것이 점령입니다. 해방이 되었다고 해서 자기 맘대로 할 수 있는 것이 아닙니다. 이만큼 점령의 무게를 잘 보여주는 자료는 없다고 봅니다.

　제가 요새 하고 있는 일은 보통 사람들이 경험한 점령기를 자료적으로 추적하는 것입니다. 보통 사람들의 일상을 담은 자료를 찾아야 하니까, 이 시기에 나온 각종 일기와 신문 등을 주목하고 있습니다.

　역사에는 구조적 조건, 객관적 조건, 주관적 조건이 있습니다. 분할점령은 우리가 선택한 게 아니지만 선택 할 수 있는 것도 아니었습니다. 자신이 처한 사회적, 정치적, 경제적 위치가 있을 것이고, 그에 따라 행동했을 것입니다. 아이러니한 것은 한국의 사회주의자들 가운데 상당수는 지주 아들이었습니다. 조정래의 〈태백산맥〉에도 나오지만 우익청년단에 가입하는 것은 소작농의 아들들입니다. 거꾸로 된 거죠. 공산주의 사상은 소작농과 노동자들을 위한 사상인데, 그 아들들은 우익청년단체에 가 있고, 보수적이어야 할 지주의 아들들이 사회주의자로 활동합니다. 모순과 역설로 가득 차 있는 것입니다. 어쨌든 자신의 위치에서 반응을 했습니다. 그리고 독립을 우리 손으로 얻고 싶어했지만 그렇게 하지 못하고 전쟁으로 이어졌습니다.

이미 1947-48년부터 어느 정도 지식이나 양식이 있는 이들은 이대로 가면 전쟁이 날 것 같다, 3차 대전이 일어날지도 모르겠다는 우려를 이야기하기 시작했습니다. 한국전쟁은 1950년 6월 25일에 갑자기 일어난 것이 아닙니다. 발발은 갑자기 되었을지 모르지만 전쟁의 기원은 그 전부터 예기된 것이었습니다. 우리가 외세의 힘을 극복하지 못하고 스스로 독립하지 못한 상황에서 분할점령 당했고, 그 안에서 좌우로 나뉘어서 싸우다 보니 통일을 이루지 못하면 전쟁이 날 것 같다는 예상을 양식이 있는 이들은 누구나 했던 것입니다.

신탁통치가 갖는 역사적 의미는 굉장히 큽니다. 그 이후로 찬탁-친소-친공-매국, 반탁-친미-반공-애국이라는 등식이 강제됩니다. 이것이 종북론의 원조이기도 합니다. 반공주의를 보면, 이것은 충실한 이념체계가 아니라 그냥 안티테제(Antithese 반정립)입니다. 일제 시대 사회주의와 민족주의는 독립운동의 방편들입니다. 일제시기 사회주의자들도 독립운동가입니다. 천황제에 끝까지 저항했던 사람들입니다. 1945년에 옥문을 열고 나온 사람들 중에는 사회주의자들이 많았습니다. 일반의 눈으로 보기에 누가 애국자인지는 쉽게 알 수 있었습니다. 해방 이후 각지에서 인민위원회, 자치위원회, 치안대, 보안대 등이 만들어졌는데 그 때 민중들이 어떻게 하면 좋겠는가 하고 자신의 동네 유지들에게 찾아갈 것 아니겠어요? 그럼 이들이 누구를 찾아갔겠습니까? 옥문을 나온 사람들을 찾아 갔을까요? 아니면 이전에 순사일을 하면서 자신들의 놋그릇을 걷어가던 사람들을 찾아 갔을까요? 한국에서 왜 그렇게 많은 지주 아들이 사회주의자가 되었을까요?

3·1운동 이후에 한국의 독립을 위한 방편을 찾다 보니까 사회주의가 독립운동의 방편으로 훌륭한 무기가 되었기 때문입니다. 식민지 한국에 사회주의가 도입되고 유행하게 된 데에는 사회주의 사상에 매료된 측면도 있지만, 독립운동의 방편이라는 측면이 컸습니다. 이상재는 신간회 총재이자 YMCA 총재, 즉, 기독교 민족주의자였는데, 한국에서 좌우는 타협이냐 비타협이냐의 문제라고 봤습니다. 그래서 좌우협동전선인 신간회가 중요합니다. 일제하 독립운동은 처음부터 끝까지 전략적 목표가 어떻게 좌우 협동전선을 성공시킬 것인가였습니다. 그래서 좌우가 밀고 당기기도 하고, 갈라서기도 하는 것입니다. 일제시대에 민족주의자들에게 사회주의자들은 정치적인 경쟁자였지 때려죽여야 할 적이 아니었습니다.

그런데 찬반탁 논쟁을 거치면서 사회주의자는 국가보안법으로 때려잡아야 할 사람이 되었습니다. 반공주의의 역사성이 다릅니다. 식민지 시대에는 민족주의자와 사회주의자가 함께 좌우 협동전선을 만들어야 했는데, 해방 후 어느 시점에 불구대천의 원수가 되었습니다. 용어 자체도 그렇습니다. 좌우라는 말은 어디서 나왔습니까? 프랑스 대혁명에서 나왔습니다. 프랑스혁명 성공 이후 주도자들이 의회를 구성해서 한자리에 앉았는데, 공교롭게도 과격파인 산악당과 자코뱅당이 왼쪽에, 온건파인 국민공회파와 지롱드가 오른쪽에 앉으면서 시작된 것입니다. 절대적인 기준이 아닌 상대적인 차원에서 진보와 보수를 나눈 것입니다. 그러므로 극우가 보면 우익과 온건 좌파가 모두 좌익이고, 극좌의 입장에서 보면 온건 좌파와 온건 우파도 모두 우익입니다. 그러므로 이것은 빈 개념입니다. 고유의 대상을 지시하는 것이 아닙니다. 그런데 그것이 정치적으로 이용되거나 악용될 때에는 굉장히 무서운 폭력을 부릅니다. 한국사회에서도 마찬가지입니다. 좌우가 식민지기에 서로 어울렸습니다. 그런데 어느 시점에 바뀌었습니다. 이 무의식상에 일어나는 전환의 가장 커다란 전환점이 된 것이 신탁통치 파동이었습니다. 이처럼 반공주의의 역사성을 가지고 해방공간을 들여다 볼 필요가 있습니다.

공교롭게도 한국이 해방 되었을 때 독립운동가들이 공간적으로 각지에 분산되어 있었습니다. 국내에서는 워낙 탄압이 심해서 전부 지하로 들어가 버렸고, 만주, 연해주, 미주, 중국 등에 흩어져 있었습니다. 이들이 나라 찾겠다고 돌아다닌 것이니까, 가장 아름다운 모습은 이들의 뜻을 잘 모아서 한솥에 넣고 잘 끓여서 우리에게 맞는 길을 찾아내고 뽑아내야 하는 것인데, 해방 이후에 그렇게 하지 못하고 서로 싸웠습니다. 왜냐하면 외세에 의지했기 때문입니다. 이승만은 미국이 결국 자신의 편을 들어줄 것이라 생각을 했고, 김일성은 소련이 결국 자신의 편을 들어줄 것이라 생각했습니다. 만일 그들이 없었다면 우리들이 서로 싸워서 자체 정화를 하거나, 대화를 나눠 풀어 가거나 했을 텐데 말입니다. 그러므로 이 시기를 이념대립의 역사로만 보면 안되는 것입니다.

삐라로 보는 한국전쟁

심리전을 통해 6·25전쟁을 살펴 보니까 전쟁에 대해 교전 당사자들이 어떤 이미지와 기억을 만들려 했는가를 알 수 있습니다. 전쟁은 내전으로 시작했지만 16개국의 참전과 더불어 국제전으로 확대되었습니다. 1951년 여름부터는 선전이 더 중요해졌습니다. 미군은 심리전을 매우 중

〈삐라 1〉.

시해서 심리전을 수행할 매체로 당시 기술 수준을 고려해서 라디오방송을 하고 싶어 했는데, 한국에는 라디오가 적어서 삐라로 결정했습니다. 미국이 한국전쟁에서 수행한 최초의 전투행위도 군대파견이 아니라 남한군에게 전선을 지키라는 삐라를 뿌린 것이었습니다. 동요하지 말고 전선을 지키라는 것이었죠. 당시 미국 육군장관 프랑크 페이스는 '적을 삐라로 묻으라'고 했습니다. 당시 제작된 삐라가 3인치×5인치, 5인치×7인치 정도였는데, 뿌린 종이를 넓이로 환산해보면 한반도를 20번 덮는 면적입니다. 중국군과 인민군이 하루에 한 장씩 신문처럼 매일 받아볼 수 있을 정도로 굉장히 많은 양이었습니다. 여기서 도대체 어떤 이미지를 실어 나르고 싶어 했을까요? 당시 삐라는 B29용 폭탄에 넣어 1000피트 상공에서 뿌렸는데, 폭탄 하나에 2-4만장이 들어갑니다.

옆의 〈삐라 1〉을 보면 북한은 1945년 우리가 일제를 몰아냈는데, 미제가 다시 침략했다고 그리고 있습니다. 유엔 측 심리전은 유엔의 엠블렘을 썼지만 사실은 심리전은 미국이 전담했어요. 미국이 얼마나 심리전에 신경 썼는가 하면, 번역관을 시켜 영어로 쓴 삐라를 한글로 번역하게 한 뒤에 다시 다른 이에게 영어로 번역하게 하여 재차 확인할 정도였습니다.

〈삐라 2〉에서, 공산주의는 인민의 고혈을 빨고 있는 것으로 묘사를 하고 있습니다. 〈삐라 3〉은 중국군이 사용한 삐라입니다. 여기 써있는 것을 보면, 미국의 자본가들이 플로리다에서 여름휴가를 보내고 있는데, 너희

(군인)들은 추운데서 뭐 때문에 고생하고 있는가? 대자본가들을 위해 고생하고 있다는 내용으로 계급적 갈등을 부추기고 있는 것입니다. 이런 삐라가 뿌려지면 미군 정보부에서 수집을 해서 분석을 하는데요, 이 사진은 시카고 지역에서 나오는 주간지의 시가 담배 광고 사진을 쓴 것입니다.

〈삐라 2〉.

미군이 가장 많이 이용한 이미지는 중국과 북한이 소련의 괴뢰라는 것입니다. 한국도 역시 북한을 괴뢰라 했고, 북한도 남한을 미제의 주구라 했습니다. 전쟁은 한국에서 일어났는데, 두 명의 괴뢰가 싸운 것입니다. 우리가 전쟁의 주체가 아닌 것이죠.

앞의 논리를 연장한 것인데요, 〈삐라 4〉는 김일성이 가짜라는 것, 즉, 허수아비로 그린 것입니다. 허수아비, 가짜 노릇을 너무 많이 해서 얼굴이 없는 모습으로 나옵니다. 꼭두각시 모습입니다.

단군의 이미지를 활용해 국군과 인민군이 한민족이라는 것을 강조하

〈삐라 3〉.

〈삐라 4〉.

당신 없는 고향집 가족들은
이 날을 눈물로 지내는데

1953. 2
14
음력 1月
1

미국놈과 리승만
역도들은 환락에
취하고 있다

한시조_한뢰_한민족!

〈삐라 5〉.　　　　　　〈삐라 6〉.

는 일도 많았습니다. 그런데 〈삐라 5〉에서 단군 할아버지가 한국 사람이라는 것을 알려주는 것이 짚신밖에 없습니다. 머리에 월계관을 쓰고 있는 것 하며, 모습은 단군 할아버지가 아니라 그리이스 · 로마 신화에 나오는 제우스 같습니다. 디자인학부 선생님에게 그림을 보여주었더니 이것은 한국 사람이 아니라 서양 사람이 그림을 그린 것이라고 합니다. 신체 비례가 8등신인데, 한국 사람이 그리면 이렇게 그리지 않는다고 합니다.

　북한은 향수를 자극하더라도 반드시 정치적인 메시지를 넣습니다. 그래서 〈삐라 6〉을 보면 군인들의 집에서 가족들은 눈물로 지새우는데, 미국인과 이승만 정권의 사람들은 한가하게 놀고 있다는 것을 표현하고 있습니다. 날짜가 1953년 2월 14일(음력 1월 1일)입니다.

　전쟁은 상상을 초월하는 비상식입니다. 우리는 이미지를 갖고 있습니다. 그 이미지는 우리 스스로 사유한 결과이기도 하고, 외부에서 주입된 것이기도 합니다. 현재로서는 집단적으로나 개인적으로 내면화된 트라우마로 남아있습니다. 저는 전쟁을 제대로 이해하려면 개인적이고 집단적인 트라우마를 극복하지 않으면 안된다고 봅니다. 극복하는 방법은 온

갖 이미지 속에서 실체적 진실이 우리에게 무엇을 의미하는 지를 추구해 들어가는 것입니다.

아까도 말했듯이 전쟁은 어느 날 갑자기 일어난 것이 아닙니다. 전쟁은 build-up된 것입니다. 전쟁은 우리의 의지와 무관한 것이었고, 그 전쟁을 겪고 나서는 집단적이고 개인적인 트라우마를 겪었습니다. 그리고 사후 합리화되기도 하고, 공인된 역사가 등장하기도 합니다. 어떤 것들은 우리가 실제로 체험하지 않은 것들이고, 어떤 것들은 체험한 것입니다.

이를 극복하려면 어떻게 해야 할까요?

한국인들의 역사인식이 많이 바뀌었습니다. 한국인들의 역사인식이 얼마나 많이 변했는지는 〈웰컴투 동막골〉을 보면 압니다. 영화 보셨나요? 굉장히 재미있죠? 수류탄을 던지니 팝콘이 터지는 그런 상상력, 판타지를 보여 줍니다. 왜 감독이 판타지라는 서사문법을 그 영화에서 채택했을까? 조선일보는 그 영화를 매우 비판했습니다. 어떤 이는 그 영화에 대해 〈웰컴 투 김일성 공화국〉이라는 칼럼을 썼습니다. 인민군과 국군이 마을을 지키기 위해서 일시적으로 휴전을 하고, 미군 폭격기에 총을 들이대잖아요? 그리고 거기에 800만, 1,000만 관객이 들었다는 것입니다. JSA에 1,000만의 관객이 드는 것을 보고 저는 많이 놀랐습니다. 제가 어릴 때라면 상상을 할 수 없는 그러한 영화에 1,000만, 800만의 관객이 들었습니다.

그런데 왜 판타지라는 영화 문법을 취했을까요? 전쟁이 가지는 비극을 그것 외에는 달리 표현할 수 없기 때문에 결국은 판타지라는 영화 문법을 택하지 않았을까요? 판타지 이외에는 젊은 세대를 상대로 설명을 할 수가 없습니다.

나가며

20세기에 한국을 거쳐간 전쟁만 해도 6차례입니다. 다른 나라는 300-400년 걸리는 일을 한국에서는 100년 만에 다 해치웠습니다. 식민지, 분단, 민주화, 산업화 등 역량이 있다는 것이죠. 자부심을 가질만 합니다. 이 속에서 역사를 제대로 마름질 하면 세계사를 제대로 볼 수 있는 지혜를 찾을 수 있다고 생각합니다. 전쟁은 한국사의 역설과 모순을 반영하지만, 그것을 우리가 헤쳐 나오고 여기까지 인식을 확대해 온 것은 자랑해도 좋다고 봅니다. 그리고 우리는 역사에서 보다 많은 것을 배워야 한다고 생각합니다.

2001-2년에 미국 하버드 대학 옌칭 연구소에 객원 교수로 1년간 있었습니다. 당시 딸이 중학교 1학년이었는데, 어느 날 귀가해서 학교 이름이 내년부터 바뀐다는 것이었습니다. 이유는 잘 모르고 있어서 웹사이트에 들어가서 찾아봤는데요. 딸이 다니고 있던 학교 이름이 Agassiz에서 Baldwin으로 바뀌는 것이었습니다. 그 이유는 Agassiz는 원래 미국에서 가장 오래된 신학교 가운데 하나였던 하버드가 19세기 후반 대학의 형태를 갖추는 데 기초를 놓는 역할을 했던 스위스 박물학자의 이름입니다. Agassiz에 다니던 8학년 학생이 교내 방송을 위해서 이 사람에 대해서 조사를 하다가, 이전에 만들었던 신문 마이크로 필름을 보고 그가 인종차별주의자였다는 것을 발견합니다. 지금에야 미국에서 인종차별이 커다란 사회적 비판을 받지만, 그 당시 미국사회에서 인종차별이라는 것은 마치 개항기 조선에서 관료가 집에 하인을 두는 것과 비슷한 것이었습니다. 본인은 양반이고, 문명개화론을 신봉하지만 집에 하인이 있는 것이죠. 그렇다고 우리가 그를 봉건주의자라고 비난할 수는 없습니다. 시대적 상황

이 그랬으니까요. 어쨌든 이 사람이 인종차별주의자라는 것을 신문에서 찾아내고 학교 방송을 통해 알렸습니다. 이후 그 학교의 운영위원회가 그런 사람의 이름을 학교 이름으로 쓸 수 없다며 이름을 Baldwin으로 바꿨습니다. Baldwin은 아이티 출신의 흑인여성 사회 교육가로, 당시 캠브리지에서 열심히 활동하고 그 학교 교장도 역임했던 사람입니다.

역사는 단순한 과거가 아닙니다. 과거가 미래를 규정하고 현재를 바꿉니다. 한국에서 유수한 고등학교나 대학의 설립자가 친일파라거나 군사독재 시절에 반인권적 행동을 했다고 해서 그 학교의 운영위원회가 그 사람의 이름을 딴 학교 이름을 바꿀 수 있을까요? 바꿀 수 있으면 가능성이 있는 사회이고, 바꾸지 못한다면 우리에게는 개선의 여지가 적습니다.

역사는 그런 것이라고 생각합니다. 우리가 구조적 조건에 둘러싸여 있고, 자신이 선택할 수 있는 것이 얼마 안 될지 모르지만 자신의 주관적인 상황에서 최선을 다해 그 조건에 반응하고, 그것을 개선하려고 노력하는 것. 그것이 역사적으로 다시 현재를 규정하고, 현재가 또 다른 미래가 되는 것. 이게 역사라고 봅니다.

다른 강의가 이어질텐데요. 제 강의는 다른 강의들에 앞서 여러가지 문제제기를 했습니다. 역사가 우리에게 힘이 되고 역사가 무엇인가를 바꿀 수 있다는 생각을 서로 공유할 수 있기를 바랍니다..

냉전의 관점에서 보는 한국의 경제성장

박태균 · 서울대학교 국제대학원 교수

들어가며

저는 국제대학원에서 가르치고 있는 박태균입니다. 제 전공은 역사학인데요, 요즘은 역사학자로서의 정체성은 잃어버린 게 아닌가 합니다. 요즘은 주로 국제관계, 남북관계 등을 역사적 분석방법론을 통해 접근하고 있습니다. 어떤 사건이 있을 때 그 사건의 역사적 기원이 어디에 있는지를 밝히는 것이지요. 최근에는 천안함 사건과 연평도 사건의 기원을 '정전체제'라는 관점에서 접근하는 논문을 썼고, 그와 관련된 강의도 하고 있습니다. 오늘의 주제는 정전체제와 직접 관계있는 내용은 아니지만, 중간에 이 이야기가 조금 들어갈 것 같습니다. 박정희 정부 시대에 남북 간의 안보위기는 당시 경제성장 문제와 뗄 수 없이 밀접하게 연결되는 문제이기 때문에 이 부분과 관련한 언급을 할 것입니다. 이 강의 앞부분에서는 박정희 시대에 대한 다양한 시각에 대해 다루고, 중간 이후부터는 한국의 경제성장을 어떻게 바라볼 것인가에 대하여 초점을 맞추도록 하겠습니다. 개인적으로 제가 전공하고 있는 시기는 이승만·박정희 시대인데, 요즘은 박정희 시대 쪽에 집중을 하는 편입니다. 최근에는 주로 8·3조치에 대한 연구를 중점적으로 하고 있습니다. 개인적으로 저는 한국 재벌의 기원은 8·3조치에 있다고 생각하고 있습니다. 그래서 오늘도 이쪽에 초점을 두고 말씀을 드리도록 하겠습니다.

박정희 시대의 다양한 얼굴

박정희 시대는 참 다양한 얼굴과 다양한 모습, 다양한 사람들이 있었습니다. 제가 대학에서 한국학(Korean studies) 프로그램의 주임교수를 맡고 있다 보니 외국인 학자들을 많이 만나게 됩니다. 그 중에서도 미국에서 한국을 공부하는 이들은 대부분 1960-70년대 한국에 평화봉사단으로 왔던 사람들이 많습니다. 평화봉사단으로 한국에 와서 활동을 하면서 어떤 사람은 한국이 굉장히 매력적이라고 느껴서 한국에 대해 공부하게 되었고, 어떤 분들은 한국말을 배웠기 때문에 한국학을 하고, 제가 잘 아는 어떤 이는 주한미군으로 와서 근무를 하다가 제대 후에 귀국하지 않고 한국에 있는 대학교에 들어갔다가 미국에 있는 대학원에 진학해서 계속 한국학을 공부하는 사람도 있습니다. 흥미로운 것이 이들이 가지고 있는 1960-70년대에 대한 상이 다르다는 것입니다. 이것은 이들이 어디에서 평화봉사단으로 근무했는가 하는 것과 관련이 깊습니다. 미국의 유수 대학 중 한 학교에 2명의 한국학 교수가 있었습니다. 두 분이 동시대에 한국에 와서 평화봉사단으로 활동했습니다. 한 분은 지방의 농업고등학교에서 영어교사를 했고, 다른 한 분은 서울에서 영어교사를 하면서 평화봉사단 활동을 했습니다. 당시 평화봉사단원들은 고등학교에서 영어를 가르치는 일을 많이 했습니다. 그런데, 지방에 있는 농업고등학교에 계셨던 분은 60-70년대에 대해서 굉장히 어두운 인상을 가지고 있었습니다. 사람들이 너무 살기 힘들었고, 당시의 사회 시스템은 세계 어느 곳에서도 찾아보기 힘든 것이었다는 것입니다. 서울에 계셨던 분은 70년대에 대한 인상이 굉장히 좋았습니다. 한국에 중산층, 화이트칼라가 생겨나기 시작하면서, 유신이나 계엄령, 긴급조치 등이 있었음에도 불구하고, 경제적으로 매우 풍요로워지는 시기라는 인식을 가지고 계셨습니다. 이렇게 같은 한국이라는 공간 내에서도 그 사람이 어디에 있었느냐에 따라 서로 다른 인식을 가지고 있었습니다. 이러한 다양한 얼굴들이 1960-70년대 한국 사회에 존재했다는 생각이 듭니다.

그 중에서 몇 가지를 사진으로 보여드리려고 합니다. 이것은 박정희 대통령의 모습을 보여주는 사진인데요. 사실 박정희 대통령이라는 분도 5·16쿠데타를 했을 때와, 민정이양 했을 때, 청와대 습격을 받았을 때, 그리고 유신을 선포하고 난 후 다른 모습이었다고 봅니다.

첫 번째는 국가재건최고회의 의장시절 미국초청으로 방미시에 찍은 사진입니다. 이 사진은 굉장히 인상적이고 예외적인데요. 일반적으로 미국에서 제3세계나 개발도상국의 지도자를 초청하고 만날 때의 조건은 민주주의적 기제를 통해 당선된 사람일 경우에 한합니다. 그렇지 않고 어떤 불법적인 수단이나 쿠데타를

1961년 11월 미국을 방문한 박정희 의장이 케네디 대통령을 만나는 장면.

통해서 집권했을 경우에는 잘 만나주지 않습니다. 그런데 박정희 의장이 방문했을 때에는 법적으로 최고 지도자가 아니었습니다. 당시에는 윤보선이 대통령직을 유지하고 있었습니다. 5 · 16쿠데타 이후에도 윤보선은 거의 6개월 이상 대통령직을 유지합니다. 그래서 나중에 윤보선이 쿠데타를 승인한 것인가 아닌가를 두고 논란이 있었습니다. 왜냐하면 쿠데타 직후인 5월 16일 오전 10시에 유엔군 사령관이 윤보선 대통령을 찾아갑니다. 그가 대통령의 재가가 있으면 쿠데타 진압을 하겠다고 했을 때, 윤보선은 다른 이야기를 하면서 거국내각을 통해 정부구성을 바꿔야겠다고 말합니다. 이렇게 되니까 논란이 된 것입니다. 1963년 이후에 윤보선 대통령은 박정희 대통령 반대운동의 최선두에 선 사람이기도 합니다. 그리고 80년대에는 신군부를 도와줍니다. 굉장히 굴곡이 많았던 분인데요, 어쨌든 60-70년대 민주화운동에 큰 역할을 하신 분입니다.

본론으로 돌아가서, 이 시기는 윤보선이 대통령 자리에 있던 때인데 박정희 의장이 미국에 가니까 예외적으로 케네디 대통령이 만나주었습니다. 박정희 의장은 당시 최고 지도자도 아니고, 선거로 선출된 사람도 아니었습니다. 이것이 논란이 될 수 있는 부분입니다. 미국이 (박정희 정권을) 밀어주기 한 것이 아닌가라는 평가를 받을 수 있는 사진입니다.

그 다음 사진들은 박정희 시대에 변화하는 한국사회의 모습입니다. 사실 60-70년대를 통해서 양적으로 한국사회가 많이 변화하였습니다. 1인당 GNP성장률-요즘은 GDP를 쓰는데 당시에는 GNP를 썼습니다-이 매우 높았고, 전체적인 수출량도 크게 성장하였습니다. 그리고 새마을 운동, 이게 요즘 개발도상국들에서 하나의 아이콘이 되었습니다. 요즈음 KOICA 프로그램으로 한국에 오는 개발도상국의 관료들이나 학생들의 논문주제가 대부분 새마을운동에 관련된 것입니다. 최근에 이명박 대

1977년 100억 달러 수출
달성을 기념하는 우표.

1971년 새마을운동 발상지의 하나로 알려져 있는
문성리를 방문한 박정희 대통령.

통령이 미얀마에 갔을 때 미얀마와 새마을운동 수출 MOU를 체결했다고
합니다. 그래서 미얀마 학생에게 들으니까 미얀마에서는 이미 새마을운
동을 시작했다고 합니다. 1970년대의 새마을운동도 논란이 있습니다만,
어쨌든 매우 상징적 부분입니다.

경부고속도로 역시 고속성장의 상징으로 이야기되는 것입니다. 이 시
기 하나의 얼굴입니다. 반면에 또 다른 얼굴은 고속성장 속에서 발생했던
여러 인재(人災)들입니다. 당시는 빠르게 성장을 하다 보니 안정적으로 차
근차근 이뤄나가지를 못하고 사고가 끊임없이 발생하는 사고 공화국이
었습니다.

다음 사진은 청계천입니다. 원래의 청계천에 복개공사가 이뤄지고 세
운상가가 들어서는 모습입니다. 서울의 중심에 있었던 청계천과 세운상
가가 서울 중심의 모습을 완전히 바꿨습니다. 이것은 서울 근대화 프로
젝트였습니다. 여기만 그랬던 것이 아니고 김현옥 시장이 도시계획을 추
진하여 서울 전반이 바뀌었습니다. 김현옥 시장은 원래 군인이었는데, 쿠
데타 정부가 들어서면서 부산시장으로 부임했고, 부산에서 박정희 대통

항공촬영한 경부고속도로
개통 직후의 모습.

청계천 복개 후 퇴계로에서 그 주변에 들어선 세운상가.
지금의 주상복합 빌딩처럼 당시 서울의 근대적 모습을
대표하는 빌딩의 하나로 건축되었다.

령에게 깊은 인상을 남기면서 서울에 오게 되었습니다. 이후 그는 서울을
완전히 변화시키는 작업을 합니다. 재개발사업을 하게 되는 것이죠. 이
재개발사업에서 문제가 된 것이 소위 달동네 지역을 재개발하면서 그 곳
의 사람들을 지금의 성남인 광주지역에 옮긴 일이었습니다. 아무런 인프
라도 되어 있지 않은 곳에 사람들을 옮겼다가 거기서 폭동이 일어난 사
건인 광주 대단지 사건이 1971년도에 발생합니다.

한편 근대화의 상징으로 청계천을 복개하고 그 위에 도시고속도로로
서 청계고가도로를 세웁니다. 청계고가도로는 광화문 옆의 광교에서부
터 왕십리 지나서 마장동까지 이어지도록 만들었습니다. 왜 만들었을까
하는 것이 굉장히 궁금했는데요. 과학사 협동과정 학생이 쓴 청계고가도
로를 중심으로 한 도시계획에 대한 논문에서 이유의 일부가 밝혀집니다.
청계고가도로를 그렇게 만들었던 이유는 청와대에서 광장동 워커힐 호
텔까지 한 번에 갈 수 있는 길을 만들기 위해서였습니다. 처음 계획은 김
포공항에서 워커힐까지 한 번에 갈 수 있는 길을 만들겠다는 것이었습니
다. 고가도로가 광화문에서 시작되는 것이 아니고 서대문쪽에서 시작되

는 것입니다. 도대체 왜 그런 계획을 했는지 아직도 이해를 하지 못하겠는데요. 한편으로는 군사정권시기, 즉 쿠데타에서 민정이양되기까지의 시기에 발생했던 4대 의혹 사건 중 하나가 워커힐 호텔을 건설하는 과정에서 발생한 비리사건이었습니다. 워커힐 호텔은 한국전쟁 당시 전사한 워커 장군을 기념하는 차원에서 이름을 붙인 고급 호텔로, 외국 손님들을 맞는 곳이었습니다.

이러한 과정을 거쳐 서울시의 모습이 굉장히 급격하게 변하게 되고, 그 과정에서 재앙들이 발생하게 됩니다. 첫째는 와우아파트 사건입니다. 1970년에 아파트가 무너진 사건인데요, 짓다 무너진 것이 아니고 입주가 다 끝나서 사람이 살고 있는 중에 무너졌습니다. 아파트가 여러 동 있었는데 한 동이 많이 흔들리는 문제가 있어서 그 동에 있는 사람들을 옆 동으로 옮겼습니다. 그런데 그 옮긴 건물이 무너진 것입니다. 무너진 곳에다가 새로 다시 지었는데, 80년대 초에 다시 한번 토사가 무너져서 그 곳에 살고 있던 사람들이 죽었습니다. 홍익대 뒷산 근처인데요. 산이름이 와우산이라서 와우아파트라고 했습니다. 이런 사고는 부실공사 때문에

발생한 것입니다.

지금도 조금 남아있습니다만, 서울에 근대적인 주거시설을 공급하기 위해 도시계획을 하면서 와우아파트와 같은 시영아파트를 지었습니다. 서울시가 운영하는 아파트인데, 서울사람들을 거주하게 하려는 계획의 하나로 아파트를 지었다가 이런 참사가 발생한 것입니다. 빠른 기간 내에 아파트를 완공해서 실적을 내려다 발생한 것이 바로 이 사건이었습니다. 게다가 하청에 하청

대연각 호텔 화재 장면. (조선일보 제공)

을 또 주는 과정에서 비용을 아끼려다 보니 부실한 재료를 사용하는 문제로 발생했습니다.

옆의 사진은 대연각호텔 화재 사건입니다. 이 사건도 당시에는 굉장히 많은 이들에게 트라우마를 줄 정도로 엄청난 사건이었습니다. 이것 또한 완공된 후 얼마 되지 않은 상태였고, 화재검사 한지도 얼마 되지 않은 상태에서 화재가 났는데, 많은 사람들이 죽고 다칩니다. 외국인 투숙객들도 많이 죽고 다치는 사고였습니다. 이 사고를 모티브로 해서 〈타워링〉이라는 유명한 재난 영화가 제작되기도 했습니다.

문제는 이러한 재난 사고들이 연이어 일어나면서 한국 사회가 재난으로부터 무감각해지는 현상이 나타났다는 것입니다. 이것은 박정희 시대 급속한 성장이 가져온 또 하나의 '유산'입니다. 문제는 사고가 아닙니다. 사고가 일어났을 때 그 사고를 어떻게 처리하는가의 문제입니다. 사고를

조사해 보면 대부분의 경우 '인재(人災)'입니다. 그리고 앞으로는 더 이상 이런 사고가 없어야 한다는 여론이 팽배하게 됩니다. 그러나 그 때 뿐입니다. 대형 사고가 자주 일어나면서 이전 사고는 또 잊혀지고, 사고로부터 얻은 교훈도 잊혀집니다. 와우아파트 사건, 대연각 호텔 화재 사건, 대왕코너 화재 사건(1973), 이리역 폭파 사건(1977년)이 연이어 터졌고, 민주화 이후에도 서해 페리호 사건(1993년), 성수대교 붕괴 사건(1994년), 삼풍백화점 붕괴 사건(1995년), 씨랜드 사건(1999년), 대구지하철 방화 사건(2003년), 해병대 캠프 사고(2013년) 등에 이어 급기야 세월호 사건(2014년)이 터졌습니다. 압축적 경제성장의 상황에서 인재 사고가 끊이지 않는 것은 대형 사고로부터 무감각해진 한국 사회의 모습을 보여주는 것입니다.

또 다른 얼굴은 안보의 문제입니다. 60-70년대는 안보위기가 계속되던 시기였습니다. 오늘 외국인 학생이 저에게 찾아왔습니다. 독일학생이었는데, 저에게 굉장히 심각하게 물어보는 겁니다. 자신의 부모님이 뉴스를 보면서 한국에서 괜찮은지 묻는데, 자기가 부모님에게 뭐라고 이야기를 해야 하느냐는 겁니다. 그래서 저는 그랬습니다. 서울에 사는 사람들이 별다른 문제없이 신경 쓰지 않고 살고 있기 때문에 괜찮을 것이라고 대답하는 게 좋겠다고 했습니다. 그래도 불안해하신다는 것입니다. 외국인들은 정전체제를 불안한 상황으로 바라봅니다. 기본적으로 남한은 미국에 의존하고 북한은 중국에 의존하는 상황에서 중국과 미국이 억지력을 작동할 수 있고, 그러는 한 역설적이게도 한반도에서 국지적 차원의 충돌은 일어날지 몰라도 전면적 전쟁이 일어날 가능성은 낮다고 말씀드리면 된다고 했더니, 설명하기 너무 어렵다고 합니다. 어쨌든 별로 위험하지 않다고 말했습니다.

그런데 사실은 위험합니다. 정전체제라는 것이 전쟁이 완전히 끝난 것

평양 대동강 위에 전시되어 있는 푸에블로호.

이 아니기 때문에 전쟁을 다시 시작하겠다고 해도 막을 수 있는 방법은 없습니다. 그럼에도 불구하고 억지력이 작동하고 있는 것은 분명한 사실이지만 말입니다. 1960년대에는 이런 안보위기가 연이어 발생합니다. 특히 1968년에 세 번의 위기가 있었습니다. 1월 21일 김신조 사건, 〈실미도〉라는 영화를 보면 맨 앞에 나오는 이야기가 청와대 습격사건이죠. 이 사건 이틀 뒤에 동해에 있던 미국의 정보함 푸에블로호가 납북이 됩니다. 북한의 영해 안으로 들어갔다는 이유로 납북이 되죠. 거의 전쟁 직전 상황까지 갈 정도의 위기였습니다. 당시는 비행기가 날아다니면서 첩보활동을 하기는 어려운 시대였기 때문에, 푸에블로호와 같은 정보함이 다니면서 도청 같은 것을 했다고 합니다.

그리고 1976년의 판문점 도끼사건이 있습니다. 이 사건은 두 가지 역설적인 성격을 가집니다. 사건 자체는 명확합니다. 북한 군인들이 판문점에서 미군 장교를 도끼로 때려서 죽였습니다. 그래서 도끼만행사건이라 그렇게 말합니다. 지금도 판문점에 가보면 사건이 일어난 장소가 그대로 보존되어 있습니다. 1953년 정전협정을 맺은 뒤 남북한 사이에 교전이나 정전협정 위반사례가 여러 번 있었습니다. 대부분의 경우 어느 쪽도 자신에게 책임이 있다고 말하고 사과를 한 적이 별로 없습니다. 제가 기억하는 한도 내에서는 열 번도 안되는 것 같습니다. 그 중 한 번이 이 사건입니다. 북한 정부가 공식적으로 유감을 표시했습니다. 최근에는 북한에서 임진강의 댐을 방류해서 거기 있던 민간인들이 죽었을 때에도 유감표시를 했습니다. 사과를 하면 되지 유감표시를 하는 것은 무엇인지 이해가 잘 안 갑니다. 그리고 북한의 역사박물관인가 어딘가에는 도끼가 전시되어 있다

1976년 도끼만행 사건.
북한군들이 유엔군을 폭행하는 장면이 그대로 담겨 있다.

고 하고, 실제로 그것을 찍어온 사진도 본 적이 있습니다. 이것은 1976년 도에 있었습니다.

그런데 이것보다 중요한 건 그보다 일 년 전인 1975년에 베트남이 통일된 것입니다. 베트남이 공식적으로 통일을 선언한 것은 1976년이지만, 북베트남이 남베트남 대통령궁을 점령한 것은 1975년 4월 30일입니다. 이 점령 열흘 전에 김일성이 중국을 방문합니다. 최근에 관련 문서들이 공개 되었는데요. 당시 중국 주재 동독대사관 자료들이 공개된 것입니다. 자료를 보면 김일성이 북경을 방문해서 무언가를 제안했는데, 그에 대해서 마오쩌뚱과 덩샤오핑이 반대했다고 합니다. 당시 북경 주재 영국대사관 근무자에 따르면, 당시 북경에 파다하게 퍼졌던 소문은 북한이 제2의 한국전쟁을 하기 위해 계획을 승인받으러 왔다는 것입니다. 관련 문서들의 일부가 최근 공개되고 있습니다. 당시 북한의 시각에서 보면, 1969년 미국의 닉슨 대통령이 닉슨독트린을 발표하고 1971년 한국에서 주한미군 1개 사단을 철수시킵니다. 그리고 1973년 초에 베트남에서 미군과 한국군이 동시에 철수합니다. 북한의 입장에서는 북한이 전쟁을 일으켜도

미군이 한국에 들어오지 않을 것이라고 생각했을 가능성이 충분히 있다는 것입니다. 그러니까 1975년은 전쟁 직전까지 간 큰 위기의 시기였습니다. 남한 내에서는 정권을 안정적으로 강화하기 위한 긴급조치가 연속적으로 발동되는 시기가 1975년입니다. 굉장한 위기의 시기가 지나고 나서 1년 만에 이런 사건이 발생을 합니다. 1977년 카터행정부가 들어서고 나서는 주한미군 철수를 둘러싼 한미 간의 갈등이 시작됩니다. 사실 당시 많은 사람들은 도끼만행사건으로 한반도에서 안보위기가 고조되면 주한미군이 강화될 것이라고 생각했죠. 그러나 1977년 새로 취임한 카터대통령은 주한 미지상군 철수계획을 강행하려고 했습니다. 이로 인해 한미관계는 최악의 상황으로 치닫습니다.

한반도에서 위기는 베트남전쟁과 무관하지 않습니다. 제가 왜 경제 이야기를 하면서 안보 이야기를 하는가 하면, 한국의 경제성장에 있어 여러 가지 요인을 이야기 할 수 있습니다만, 1965년에 있었던 한일협정, 미국이 베트남 파병의 대가로 준 1966년의 미국 브라운 각서를 통한 특별원조들, 베트남·한국 군인들의 월급, 베트남에 있던 미국 무기를 한국에 양도한 것들, 이런 것들을 제외하고서는 한국의 경제성장을 이야기하기 힘들기 때문입니다. 이러한 요소들이 전부라고 할 수는 없지만, 베트남전쟁과 관련된 사건들이 경제성장에 중요한 밑거름이 되었다는 것은 부인할 수 없는 사실입니다. 당시 한국은 다른 나라 군대들에 비해서 상당히 많은 숫자의 군인들을 파병했습니다. 베트남 파병군은 미군, 태국군, 필리핀군, 호주군, 한국군, 뉴질랜드군 정도인데, 그 중에서 미국 다음으로 큰 규모로 파병한 것이 한국이었습니다. 특히 대규모의 전투부대를 보낸 것은 미국과 한국뿐이었습니다. 미군을 제외한 다른 나라들은 거의 전투부대를 보내지 않았는데, 한국은 전투부대를 보냈습니다. 당시 전투부대

를 보내서 전쟁을 하는 과정에서 두
가지 현상이 나타납니다. 첫 번째,
보통 사회주의 국가들은 이념에 따
른 연대가 강합니다만, 그 중에서도
북한이나 북베트남같이 작은 사회
주의 국가들은 자신들 사이의 연대
를 굉장히 강조합니다. 북한 입장에
서 북베트남을 도와줄 수 있는 방법
은 무엇이 있었을까요? 물론 직접적

한국군이 포로로 잡은 베트콩과
베트콩에 협력한 사람들(연도미상).

으로 북한이 무기와 식량을 지원해주고 군사고문을 보내는 방법이 있을
것이고, 실제로 북한의 북베트남에 대한 군사원조가 있었다고는 합니다.
하지만 다른 전략, 즉 남한과 분쟁을 만들어서 한반도에서 위기국면을 조
성하여 남한의 군인들이 베트남에 가지 못하게 하는 전략입니다. 사실 한
국은 미군의 도움으로 안보를 유지하고 있는데, 스스로의 안보를 책임지
지 못하면서 파병을 해서 남에게 도움을 준다는 것은 그 자체로 아귀가
맞지 않습니다.

그런데 1967년 박정희 대통령이 대통령 선거 유세기간 중 했던 말은
"우리가 안가면 미군이 간다. 그러므로 우리가 가야한다"였습니다. 실제
로 존슨 대통령과 회담을 하면서 한가지 약속을 받아냅니다. 만약 한국군
이 베트남에 파병을 한 상태에서 주한 미군의 숫자를 줄이려면 한국 정
부와 미리 사전에 협의를 해야 한다는 것이지요. 하지만 실질적으로는 파
병기간 중 주한미군의 숫자는 계속 줄어듭니다.

이 시기에 '젠킨슨'이라는 미군 한명이 DMZ를 넘어 월북하는 사건이
발생했습니다. 최근 이 사람이 미국으로 송환되었는데, DMZ를 넘어간 이

유가 베트남에 갈까봐 무서워서였다고 합니다. 당시 주한미군들은 베트남에 가면 자신들은 죽을 것이라는 생각을 했었고, 실제로 부대를 이동한다는 이야기도 있었습니다.

다시 안보위기 문제로 돌아와서 생각해보면 한반도에서 위기가 고조되면 한국의 전투부대가 나가는 것이 안보 상 큰 위험이 될 수 있습니다. 이런 관점에서 볼 때 북한은 한반도에서 위기를 만들어야 했던 것입니다. 1966년에 북한에서 당 대표자 회의가 있었는데, 그 직후부터 남북한 간의 충돌이 격화되기 시작합니다. 그래서 1966년 1년 동안 남북한 간 교전회수가 약 40회 정도인데요, 1967년 1년 동안은 교전회수가 400건이 넘습니다. 400건이 넘는다는 것은 하루 1건 이상 교전이 일어났다는 뜻이죠. 거의 준전시상태였습니다. 1968년에도 교전이 매우 많았습니다. 1966년 말부터 1969년까지는 한반도 자체가 준전시상태였다고 보아도 무리가 아닙니다. 68년의 위기는 이미 말씀드렸는데 69년에도 미군 정찰기가 북한에 의해 격추되고 남한 민간항공기가 공중 납치되는 사건이 일어납니다. 이 민항기가 납치된 후에 돌아오지 못한 승무원이 최근 이산가족 상봉에서 남쪽의 가족을 근 40년만에 만나는 일이 있었죠.

이상이 북한입장에서 본 것인데요. 남한 입장에서도 안보위기에 이해관계가 얽혀 있습니다. 한국이 전투부대를 파병한 만큼, 박정희 정부 입장에서는 미국으로부터 무언가 더 받고 싶은 것입니다. 사실 처음 1964년에는 의료부대와 태권도부대만 베트남에 갔습니다. 실제 전투와는 상관이 없었던 것이지요. 당시에는 미국에 대한 요구사항도 없었습니다. 그저 한국전쟁 당시 미국이 도와준 것을 갚겠다면서 베트남에 파병을 한 것입니다. 이후 전투부대가 가고, 브라운 각서가 등장하고, 미국이 한국군 월급을 모두 지불하겠다고 하니까 마음이 바뀌기 시작합니다. 브라운 각서는 1966년 당시 주한미국대사 브라운이 전달한 문서로 한국 전투부대 파병의 대가로 미국이 한국정부에 주는 특별원조의 내용을 담고 있었습니다. 군사원조뿐만 아니라 특별 경제원조의 내용도 포함하고 있었죠.

이후 박정희 정부는 미국에 더 요구를 하기 시작했습니다. 미국 쪽에서는 1966년 브라운 메모랜덤을 통해 특별원조를 한 뒤에는 더 이상 주지 않겠다는 입장이었습니다. 어차피 군인들 월급을 모두 지불하고 있으므로 더 이상 주지 않겠다는 것이었는데요. 그렇다면, 돈이나 원조의 형태로는 미국에서 더 이상 지원받는다는 것이 불가능합니다. 이제 무기원조밖에 없는 것입니다. 그럼 무기원조를 어떻게 받는가? 남북한 간에 사건이 터지면 북한의 침투를 막기 위해 우리에게 무기장비가 더 필요하다는 주장을 한 것입니다. 그래서 끊임없이 이를 요구합니다. "봐라 지금, 북한이 우리 쪽을 공격하고 있다."

실제로 UN군의 자료를 보면 1966년 말부터 1968년 초까지 일어난 사건의 1/3 정도는 남한에서 먼저 도발을 한 전투였습니다. 북한만 도발을 한 것이 아닙니다. 2/3은 북한이 먼저 도발을 했고, 1/3은 남한이 먼저 도발을 했습니다. 이것이 UN군 문서에 나오는 사실입니다. 왜 도발을 했을까? 박정희정부의 입장에서도 미국으로부터 더 많은 걸 얻어내기 위해서는 한반도에서 안보위기가 조성되어야만 했던 것입니다. 당시 박정희 정부가 미국에 요구한 것은 구축함과 헬리콥터였습니다. 미국은 사실 1953년 이후 한국군의 능력을 일정하게 제한했습니다. 물론 그것은 한국전쟁 이전에도 마찬가지였는데요, 1949년 문서를 보면 미국은 한국군의 규모를 8만 이하로 제한하고, 공군 창설을 금지했습니다. 이승만 대통령이 "아침은 서울에서 먹고, 점심은 평양에서 먹고, 저녁은 신의주에서 먹겠다" 그러니까 미국은 무기를 주면 한국 정부가 먼저 전쟁을 시작할 가능성이 있다며 무기를 주지 않았습니다. 게다가 공격에 필요한 무기들을 거의 제한했는데, 전쟁이 끝나고 나서도 똑같이 합니다. 공군이나 해군 무기는 주지 않았습니다. 그래서 육군에 비해 공군과 해군력의 발전이 굉장히 늦었습니다. 이것은 우리나라가 스스로 그렇게 한 것이 아니고, 미국 쪽에서 한국군에게 제약을 가한 측면이 있습니다.

1953년 한미상호방위조약을 맺을 당시에는 없었는데, 1954년에 합의 의사록을 체결할 당시 한국과 미국 정부가 교환한 것이 있습니다. 한국 정부는 한국군의 작전 통제권을 미국에 주고, 대신 한국군의 유지비용을 미국이 주기로 합니다. 미군이 한국군의 작전통제권을 가져간 이유는 한국군이 언제 북한에 도발을 할지 모르기 때문이었습니다. 한국군이 도발을 할 경우에는 도움을 주기 어렵기 때문에 이 상황을 통제하기 위해서 입니다. 사실 주한 미군의 역할은 크게 세가지 정도가 있습니다. 제일 먼저는 북한이 남한을 침략하는 것을 막는 것이고, 두 번째는 남한 내부에서 문제가 일어나는 것을 막는 것이고, 세 번째는 한국군이 북한을 공격하는 것을 막는 것입니다. 민주화가 되고 나면 정보가 투명화되면서 시민사회의 동의 없이 지도자가 북한에 대한 도발을 벌일 수 없지만, 독재체제나 전체주의 체제 하에서는 시민사회의 동의 없이 지도자가 이를 할수 있습니다. 이를 막을 수 있는 길은 한국군의 작전 통제권을 갖는 것입니다.

어쨌든 이러한 상황 속에서는 한국군이 해군과 공군의 취약점을 갖기 때문에, 이 영역에서 무언가를 얻어내기 위해서는 한반도에서의 안보위기가 필요했던 것입니다. 이는 북한과 남한의 이해관계가 맞아떨어진 것이라 할 수 있죠. 베트남 전쟁에서 경제적인 부분도 굉장히 중요하지만, 베트남 전쟁이 한국의 안보상황과 직결되었다는 것도 아주 중요한 사항입니다. 베트남 전쟁은 1967-68년의 안보위기와도 직결이 되고, 1975년 북한이 제2의 한국전쟁을 일으키려고 한 것도 베트남 전쟁 종결의 연장선상에서 이해해야 합니다. 사실 한국은 함부로 해외에 파병 할 수 없습니다. 이는 한국의 안보와 직결되어 있는데요. 파병에는 멀고 가까움의 문제가 아니라 분단이라는 상황이 주는 불안감이 큰 영향을 미칩니다.

이러한 문제가 한미관계에서도 작용합니다. 베트남 파병을 한 상태에서 존슨 대통령은 주한미군을 베트남으로 보낼 경우 한국 정부와 상의를 하겠다고 했지만 그 뒤에 부임한 닉슨 대통령은 이를 취소했습니다. 그것은 존슨의 약속이고 자신의 약속은 다르다는 것입니다. 그리고 사전에 한국 정부와 의논하지 않은 채 주한미군 1개 사단을 뺍니다. 그 당시 문서들을 보면 박정희 대통령이 상당한 배신감을 느끼고 어떻게 자주국방을 할 것이냐를 고민합니다. 핵무기를 자체개발할 필요가 있다는 생각을 하기 시작하는 시점이 이때입니다. 이 시점에서 닉슨 행정부는 군대를 빼는 대신 선물로 한국이 군수무기를 만들 권리를 주었습니다. 원래 1960년대 후반까지는 한국정부가 군수무기를 만들지 못하게 되어 있었습니다. 이때 처음으로 만들기 시작한 것이 M16이라는 소총입니다. 이것은 K1이라는 모델로 바뀌었는데요. 그런데 군수무기를 만드는 것과 중화학 공업화는 같이 맞물려있습니다. 무기라는 것은 그냥 만들 수 있는 것이 아니고, 중공업이 뒷받침되어야 합니다. 이 부분에서도 베트남 전쟁은 한국의 경제성장과 상당히 중요한 관련성을 가집니다.

박정희 시대의 또 다른 얼굴은 민주화운동과 인권탄압의 문제입니다. 그리고, 문화적 변화가 이 시기에 나타납니다. 1950년대 문화와 다른 모습이 등장을 하는데요, 제가 생각하기에는 이것도 베트남 전쟁과 관련이 있습니다. 이 시기에 서양 대중문화들이 대거 들어오기 시작합니다. 한국

1975년 개봉된 영자의 전성시대.
3만 명을 동원하면 성공했다고 하던 그 당시 상황에서 45만 명의 관객을 동원했다. (왼쪽)
처음으로 미니스커트를 입고 등장해 사회적 파장을 일으켰던 가수 윤복희. (오른쪽)

에서 새로운 영화, 대중가요가 등장하는 것이지요. 양희은, 송창식과 같은 통기타 가수가 등장하고 '영자의 전성시대'같은 대중영화, 그리고 미니스커트와 같은 새로운 의상이 등장하는 것이 바로 이 시대였죠. 어쩌면 이 시대의 모습이 바로 오늘 우리 시대의 기원이었는지도 모릅니다.

이렇게 다양한 모습을 가진 이 시기의 박정희대통령과 이 시기의 경제성장을 어떻게 평가할 것인가? 제가 보기에 이것은 간단한 문제가 아닙니다. 앞서도 말씀을 드렸지만, 한국에서 인물을 평가하고 시대를 평가하는데 있어 가장 큰 문제 중 하나는 한마디로 평가를 내리려고 하는 경향입니다. 예를 들어, 김구하면 그냥 '민족주의자'라고 봅니다. 제가 보기에 김구는 1947년 중반부터 1948년의 시기와 1920년대 초반에는 민족주의자 혹은 민족을 사랑하는 사람이라고 이야기 할 수 있습니다. 그러나 1920년대 중반부터 1947년 초반까지는 민족주의보다는 반공주의가 더 중요한 규정력을 가집니다. 독립운동을 하는 시기에도 다른 사람들은 민족유일당 운동을 하고 좌우합작에 참여했지만 김구 선생은 안갑니다. 반공주의가 강했습니다. 공산주의자들과는 손을 잡을 수 없다는 것이었습니다. 1940년대 초반에 임시정부가 확대개편 하면서 거기에 일부 좌파민족주의자들이나 사회주의자들이 들어왔지만, 그것도 사실은 중국 국민당 정부 측에서 확대개편을 하는 조건으로 지원을 하겠다는 조건을 걸었기 때문입니다. 중국 국민당의 입장에서는 전쟁 후 한국에 어떤 정부를 세울 것인가를 생각했을 때 임시정부가 중국에 굉장히 유리할 수 있기 때문입니다. 김구라는 분은 그나마 초지일관 살아오신 분인데도 이렇게 변합니다. 1945년에서 1947년까지의 반탁운동을 생각하면 1948년의 남북협상을 추진한 것은 이해가 안될 수도 있습니다.

박정희대통령은 초지일관하게 산 사람은 아니었습니다. 초기에 박정희는 〈국가와 혁명과 나(1963)〉라는 책과 〈우리 민족의 나아갈 길(1962)〉이라는 책을 씁니다. 〈국가와 혁명과 나〉에서 박정희는 자신이 본받고 싶은 모델로 일본의 메이지유신과 터키의 민족 영웅인 케말 파샤, 그리고 이집트 나세르를 언급했습니다. 당시 나세르는 제3세계 비동맹국가들의 지도자였습니다. 박정희가 쿠데타를 일으켰을 때 지식인들이 이집트 나세르와 비슷하다는 생각을 했던 것도 무리가 아닙니다. 나세르가 당시 이집트에서 했던 사업들이 굉장히 유명했는데요, 결과적으로는 그렇게 성공적이지는 않았던 것 같습니다.

박정희에게도 변화의 계기가 여러 번 있었습니다. 예를 들어, 1962년 경제개발계획을 만들었다가 바꾸는 과정에서 미국이라는 벽에 부딪혔을 가능성이 있습니다. 〈국가와 혁명과 나〉라는 책을 보면 미국에 대해서 부정적인 표현들이 여러 군데 등장합니다. 조선시대에 대해서도 굉장히 부정적으로 평가를 하고, 미국에 대해서도 '한국의 필요가 아닌 미국의 입맛에만 맞춘 원조를 하니 이것으로 우리가 어떻게 경제성장을 하겠는가'

이런 표현들을 자기 책에 직접 씁니다. 그런데 막상 경제개발정책 만들고 통화개혁을 하는데, 미국이 반대하니까 할 수가 없는 것입니다. 결국에는 한발 물러서서 1963년 1년 동안 경제개발계획의 내용을 수정합니다.

박정희 정부가 처음부터 수출주도형 경제정책을 만든 것은 아니었고, 초기에는 국내자본을 중시하면서 수입대체형 경제성장 정책을 취했습니다. 수입대체형과 수출주도형은 굉장히 큰 차이가 있는데요, 수입대체형은 수입해서 들어오는 물품을 대체하기 위한 공장을 만들어 수입을 줄이기 위해서 하는 것입니다. 문제는 이를 만들기 위한 수요를 측정해야 하는데, 이때 국내시장만을 감안하게 됩니다. 반대로 수출주도형을 취하게 되면, 생산을 위한 수요의 측정 범위가 국내시장뿐 아니라 해외시장까지 확대되어야 합니다. 따라서 굉장히 큰 규모의 공장을 만들어야 합니다. 그만큼 생산을 더 하게 되는 거죠.

초기에 박정희 정부의 경제정책은 수출주도형이 아니었습니다. 그런데 미국 쪽에서 한국은 돈도 없고 기술도 없으므로 노동집약적 경공업을 하라는 권고를 했습니다. 당시 한국은 미국의 원조가 없이는 이 계획을 실행할 수 없는 상태였습니다. 원래는 통화개혁을 통해 국내자본을 축적하려 했는데, 통화개혁이 미국의 압력으로 실패로 돌아갔습니다. 통화개혁을 하게 되면 돈의 단위가 바뀌면서 10배의 가치가 올라가거나 내려갑니다. 이승만 정부시기였던 1953년에는 원제도를 환제도로 바꾸면서 100배로 통화가치를 올렸습니다. 그리고 군사정부기인 1962년에 환제도를 원제도로 다시 바꾸면서 10배를 올렸습니다. 그런데 통화개혁은 돈의 가치만 올리는 것으로 끝나는 것이 아닙니다. 통화개혁에서 제일 중요한 것 중 하나가 은행계좌를 봉쇄하는 것입니다. 돈을 뽑아가지 못하게 하는 것이죠. 이를 통해서 은행에 있는 돈을 국내자본 축적에 활용하는 것입니다. 이 당시 재무부장관을 했던 분의 회고록을 보면, 통화개혁을 했던 이유 중 하나는 화교들의 돈을 뽑아내려 했다고 합니다. 화교들이 돈이 많으니까, 이들 계정을 봉쇄하고 인도처럼 산업개발공사를 만들어서 투자하겠다는 계획을 세웠습니다. 그런데 미국이 여기에 개입합니다. "정부가 왜 투자를 하는가? 그리고 계좌를 봉쇄하면 기업들은 돈이 어디서 나오는가?" 이것은 완전히 사회주의적인 것이라 하면서 압력을 넣어 한달 만에 계좌를 다 풀어줬습니다. 그래서 통화개혁을 한 효과를 하나도 보지 못하게 됩니다. 국내 자본의 축적이 어려워진 것입니다. 수입대체산업화를 하려 하더라도 미국이 돈을 빌려주지 않으면 불가능했습니다. 의장시절의 박정희가 독일, 일본에 돈을 빌리기 위해 다녔지만 거기 가봐야 미국이 그 나라들에게 빌려주지 말라고 하면 빌리지 못합니다. 돈이 들어올 수 없는 것이죠. 이러한 상황에서 결국 경제개발계획이 수정됩니다. 이 과정에서 박정희라는 개인이 미국이라는 벽에 부딪히면서 뭔가 변화가 있었을 가능성이 있었다고 봅니다.

또 하나 중요한 것은 당시 대통령 선거의 영향이었습니다. 당시 색깔논쟁이 있었는데, 현재와는 반대되는 상황이 일어났습니다. 지금은 색깔논쟁 하면 무조건 진보세력과 야당은 '좌빨', 보수나 집권여당은 '꼴통' 이런 식으로 나뉘는데요, 그 당시는 지금과 정반대였습니다. 야당의 대통령 후보인 윤보선 쪽에서 박정희는 빨갱이라고 했습니다. 특히, 당시 황태성이라는 특사를 북한에서 보냈는데, 이를 폭로하면서 박정희는 여순사건에도 관련되었던 빨갱이다, 오히려 윤보선 쪽에서 이렇게 한 것입니다. 황태성은 박정희 형의 친구로 북한의 장관을 지낸 인물이었습니다. 이 색깔논쟁을 겪으면서 큰 충격이 있었다고 봅니다.

그리고 결정적인 것이 한일협정입니다. 당시 미국 쪽의 문서를 보면 한일협정 추진을 계기로 박정희 정부가 거의 붕괴할 수도 있을 것이라 예측했습니다. 1964년에 6·3사태라고 하는 한일회담반대시위가 광범위하게 일어났는데, 당시 야당은 박정희 정부가 무너진다고 생각하고 이미 내각을 구성했습니다. 미국도 박정희 정부가 무너질 경우 어떤 정부를 구성할 것인가에 대해서 연구했습니다. 그 정도의 위기가 있었습니다만, 이때 다시 한 번 박정희가 바뀌었습니다. 6월 3일 계엄령을 선포하면서 박정희 정부가 다시 소생하는데, 이때 미국이 한국군을 계엄령에 동원하는 것을 승인해주지 않았다면 박정희 정부가 무너질 수도 있었습니다. 그런데 미국이 UN군사령관을 통해 한국군이 서울로 이동해서 계엄령을 실시하는 것을 승인해줍니다. 이때부터 1968년까지 한미관계가 굉장히 좋았습니다. 박정희도 미국에 적극 협력하고, 미국도 박정희 정부를 적극적으로 도와줍니다. 한국 현대사에서 한미관계가 제일 좋았던 시기는 1964-68년에 한일협정과 베트남 파병을 했던 시기와 전두환 정부 초기였습니다. 전두환 정부는 이전 박정희 정부에서 미국과 갈등을 빚었던 이슈들에 대해서 미국의 주장을 다 들어줬습니다. 핵무기 개발을 다 취소하고, 경제안정화 정책을 취하면서 수입자유화의 폭을 늘립니다. 최근 문서들이 공개되면서 광주와 한미관계에 대한 논의의 초점이 바뀌고 있습니다. 이전에는 한국군의 이동에 대한 미군의 승인여부를 두고 토론이 있었지만, 지금은 경제적인 문제로 조금 돌아섰습니다. 어쨌든 1964-1968년이 박정희 정부에서 가장 한미관계가 좋았던 시기인 것 같습니다.

이후 베트남 전쟁을 통해 어느 정도 자본을 획득하고, 제1차 경제개발계획과 제2차 경제개발계획이 어느 정도 성공하면서 자신감을 얻고 두 번째로 대통령에 당선된 박정희는 또 다른 모습의 박정희였습니다. 그리고 안보위기를 겪고, 1960년대 말부터 1970년대 초까지 제1차 경제위기를 겪고, 사회적으로도 전태일 열사 사건이나 광주대단지 사건 등을 겪으면서 유신체제로 갔던 박정희의 모습에는 모두 차이가 있는 것 같습니다. 하나의 모습으로 인물을 보거나, 한 모습으로 60-70년대의 시기를 보는 것도 무리가 있다고 봅니다. 다양한 60-70년대의 모습이 있습니다.

여기에서 중요한 것이, 인물뿐만 아니라 시대를 하나로 재단해서는 안 된다는 것입니다. 지난 대통령 선거에 대해 여러 가지 측면에서 많은 이야기가 있었지만, 저는 그 선거의 초점을 박정희와 유신 시대에 맞춘 것이 매우 잘못되었다고 봤습니다. 물론 그 이슈도 중요하긴 하지만, 그 이슈에 매몰되어 버리면서 이 시기의 다양한 경험을 가진 사람들에게 이 이슈가 별로 공감되지 못했습니다. 그 시대를 경험해 본 적 없는 젊은이들에게까지 강요한 것도 문제가 있다고 생각을 합니다. 다양한 모습을 보여주었어야 하는데, 이전에 했던 방식대로 '우리는 계몽을 해야 한다', '우리 주장을 알려야 한다'는 생각에서 단일한 역사인식을 대통령 선거의 핵심으로 가져갔습니다. 사실 중요한 문제는 과거가 아닌 오늘과 미래의 문제입니다. 과거의 문제를 이야기하다 오늘과 미래의 문제에 천착하지 못한 측면이 있는 것 같습니다. 과거 문제를 보더라도, 과거 문제가 하나만 존재하는 것이 아닙니다. 다양한 모습이 있는 것을 인정해야 한다고 생각합니다.

박정희 시대의 연구에서도, 박정희가 어땠는지, 재벌이 어땠는지 등을 보고, 실제 그 시대를 살았던 99%의 민초들은 보지 않습니다. 먹고살기에도 바빴던 시기가 이 시기였습니다. 독재인가 민주화인가 이전에 자신은 일단 먹고 살아야 하는 것입니다. 이런 측면에 초점을 맞추어 한양대 비교문화연구소의 윤해동 교수가 〈식민지의 회색지대〉라는 글을 썼습니다. 회색지대라는 그 분의 표현은 굉장히 중요하다고 봅니다. 우리가 식민지를 볼 때 식민지에는 반일 대 친일 두 종류의 사람들만 산 것처럼 보입니다. 그런데, 사실 대다수의 사람들은 반일도 안하고 친일도 하지 않았습니다. 그냥 자신들이 먹고 사는데 바빴던 사람들입니다. 심정적 차원에서 반일감정이 있었겠지만 말입니다. 마찬가지로, 박정희 시대는 이러한 다양한 모습이 존재했다는 것을 인정하는 것이 이 시기를 보는 정확한 눈이 될 수 있고, 그래야만 역사를 풍부하게 할 수 있다고 생각합니다.

8 · 3조치, 한국 경제성장의 두 얼굴

저는 제3세계나 개발도상국에서 온 관료들이나, 학생, 전문가들에게 박정희 시대의 경제 정책에 대해서 강의를 많이 합니다. 이분들은 한국 모델에 대한 장밋빛 환상을 가지고 옵니다. 하지만 저는 강의를 하면서 성장하는 모습도 보여주지만, 중간중간 있었던 여러 가지 문제들도 많이 보여줍니다. 우리가 빠른 경제성장을 위해 이런 시스템을 활용했다고 이야기하는 것도 굉장히 중요하지만, 한국이 이 과정에서 치러야했던 비용들이 있는데, 이것을 어떻게 하면 치르지 않을 수 있는가에 대해서 이야기하는 것이 굉장히 중요하다고 봅니다. 저는 강의에서 이런 이야기들을 하면 어떤 반응이 올 지에 대한 의구심이 있었는데, 이런 이야기를 하면 의외로 굉장히 좋아합니다. 자신들은 한국에 와서 전부 잘했다는 이야기만 듣는다는 것입니다. 다 잘해서 여기까지 왔다는 것입니다. "그러면 그 사이에 한국 경제는 아무 문제가 없었는가?" 이런 질문을 하면 거의 없었다고 한다는 것입니다.

당시는 냉전의 시대였고, 지금은 탈냉전의 시대입니다. 당시는 세계무

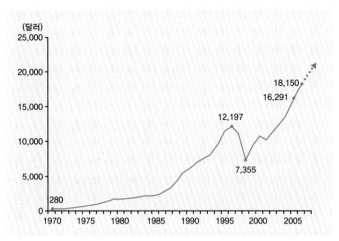

(달러)

280
12,197
7,355
16,291
18,150

LG 경제연구원, 2007년 국내외 경제전망, 2006년 11월 24일.
fki.or.kr/Common/Download.aspx?id=f0d5600f-aeb0-49c9-9f92-41ef429adffb

(단위 : %)

연도	1962-66	1967-71	1972-76	1977-81	1982-86	1987-91
경제성장률	7.8	9.6	9.6	5.8	9.8	10.0

강광하, 2000, 경제개발5개년계획, 서울대학교 출판부, 44쪽에서 발췌 인용.

역을 관장하는 기구가 GATT였지만, 지금은 WTO입니다. GATT는 위반사항이 조금 있더라도 감싸주는 분위기가 있었지만, WTO는 가차없습니다. 문제가 생기면 바로 소송을 진행합니다. FTA는 더욱 가차없습니다. 이런 시대에 GATT시절 한국 경제의 경험을 이야기하니까 개발도상국의 관료나 전문가들은 굉장히 혼란스럽게 됩니다. 그렇기 때문에 경제성장과 과정에서 치른 비용이 무엇이었고, 이를 왜 치러야했는지 정확히 알려주는 것이 꼭 필요하다고 봅니다. 이런 맥락에서 저는 오늘 부실기업문제와 8·3조치를 중점적으로 다루고, 그 이후에 신자유주의가 도입되는 맥락에 대해서 말씀드리도록 하겠습니다.

방금 말씀드렸지만, 1960-70년대 경제성장이 계속해서 탄탄대로를 걸은 것은 아닙니다. 경제정책들이 모두 다 성공한 것도 아니었습니다. 앞의 그림은 단순화된 1인당 GDP 성장률 그래프입니다. 그래프를 보면 경제성장률이 쭉 올라가다가 1970년쯤에 1차로 굴곡이 한번 생깁니다. 그리고 1980년쯤에 2차로 굴곡이 생깁니다. 이후 다시 계속해서 성장하다가 1998년 IMF당시에 큰 위기를 겪게 됩니다. 계속해서 경제가 성장한 것이 아니고, 특정 발전 방식을 취하면서 그에 따르는 위기를 겪게 되는 양상들이 나타납니다. 한국이 초기에 실시했던 경제개발계획은 그 성격에 사회주의적인 색채가 있었습니다. 이것이 1963년에 미국의 압력에 의해 수정·보완되고, 1964년에 수정·보완을 거친 새로운 계획이 나와서 본격적인 수출주도정책이 시작됩니다. 이를 본격화하기 위해 1964-65년 사이에 조세제도, 수출입제도, 금융제도 개혁이 뒤따랐습니다.

이 시기에 가장 핵심적인 것 중 하나가 지불보증제도입니다. 경제를 양적으로 빠르게 성장시키기 위해 외국으로부터 많은 돈을 빌려와야 하는데, 그러려면 기업들이 탄탄해야 합니다. 은행이 아무에게나 돈을 빌려주는 것이 아니라 갚을 능력이 있는 사람들에게만 빌려주기 때문입니다. 당시는 한국이 경제성장을 시작하는 시기였으므로 외국의 입장에서 보면 믿을 수 있는 기업은 없었습니다. 그러므로 돈을 빌려주지 않습니다. 다만, 돈을 빌려주는 경우는 정부가 돈을 갚겠다는 지불보증을 해줄 때입니다. 지불보증을 해주고, 이 보증금액 내에서 돈을 빌려온 것입니다. 이렇게 해서 양적 성장을 이루게 됩니다.

또 하나는, 사적 은행을 없애는 것입니다. 모든 은행을 공적 은행으로 만들고, 정부가 금융에 개입합니다. 금융이라는 것은 자본주의의 꽃입니다. 1997년도의 위기도 우리가 금융위기라 부르고, 2008년도 위기도 서브프라임이나 부동산 문제라고 하지만 사실은 금융위기였습니다. 금융은 자본주의의를 움직이는 핵심적 시스템이기 때문에 금융이 흔들리면 경제가 흔들립니다. 한국 자본주의의 시작점에서 금융은 전혀 시장적 기능을 못했습니다. 정치논리에 의해서 좌우되는 것입니다. 정권의 낙하산 인사를 통한 은행장 인사가 이뤄지고, 대출과 금리를 비롯한 모든 중요 부분들이 정부에 의해서 결정됩니다. 수출주도형 정책과 맞물려 기업들이 빌릴 돈을 정부가 뒷받침해주는 시스템이 1960년대에 자리잡았습니다. 사실 한국은 경제규모에 비해서 은행구조가 취약한 편입니다. 1997년의 IMF 위기가 찾아온 것도 이것과 관련이 있습니다. IMF를 겪으면서 많은 은행들을 통폐합해서 이전에 있었던 은행들이 많이 없어졌습니다. 이때 서울은행은 국민은행으로 통폐합하고, 조흥은행은 신한은행으로 통폐합하고, 상업은행과 한일은행은 통폐합해서 우리은행을 만들었는데, 이러한 경쟁력 없는 금융기관 구조는 박정희 시대의 유산이기도 합니다.

일본과 수교를 맺고, 베트남 전쟁을 계기로 달러와 엔화가 들어오면 어느 정도 수급의 문제가 해결되어야 하는데, 정부가 지불보증을 하면서 기업들이 무리하게 돈을 들여오게 되니까, 1960년대 말에 1차 경제위기가 찾아옵니다. 일본하고 수교를 하면서 들어온 자금과 베트남 전쟁으로 들어온 자금은 엄청난 액수였습니다. 그럼에도 불구하고 외환위기가 옵니다. 1967-69년 사이에 기업들이 외국에서 빌려온 돈의 액수가 엄청나게 증가했기 때문입니다. 이것 때문에 청와대에서 부실기업 정리팀을 만들어서 부실기업 정리를 주도할 정도로 경제적으로 중요한 이슈였습니다. 식민지 시기부터 조선 최대의 재벌로 불렸던 화신백화점의 박흥식도 이 때 망합니다. 8·3조치가 한국 재벌의 기원이라고 말씀드린 이유는 이 부실기업 정리 과정에서 한국의 기업 순위가 바뀌기 때문입니다. 여러분들이 알고 있는 현재의 재벌 순위, 대우가 없어진 것을 제외하고는 삼

성, 현대, LG, SK 등으로 이어지는 구도가 부실기업 정리 과정 이후 1970
년대 중반에 생겨납니다. 따라서 8·3조치가 재벌구도의 기원이라고 할
수 있고, 곧이어 등장한 유신과도 무관하지 않습니다.

한국은 1970년대 중반의 오일쇼크를 다른 나라보다 잘 견딘 편이었는
데, 여기에는 베트남전쟁 과정에서 베트남에 진출했던 건설기업들이 중
동에 가서 누린 건설특수, 그리고 75년부터 수출의 전진기지 역할을 했
던 종합상사제도 등이 역할을 했습니다. 하지만 70년대 말 2차 오일쇼크
국면에서는 경제가 완전히 휘청합니다. 여기에는 정부의 문제도 있지만,
한국 기업가들의 기업윤리 문제도 굉장히 중요한 변수로 작동합니다. 군
수산업과 중화학공업 부문에 과잉투자를 한 것이 문제가 된 부분도 있습
니다. 1970년대 초 부실기업 정리 과정에서 없앴어야 했지만 정리하지
않고 공적 자금을 투여해서 회생시킨 기업들 중 몇 개가 건설특수와 종
합상사 붐을 타고 벌게 된 돈을 1970년대 말에 기업에 재투자하지 않고
부동산 투자를 했습니다. 그런데 오일쇼크가 터지자 이 부동산 투자 금액
을 완전히 날려버린 것입니다.

또 하나 중요한 점은 정부의 관치금융을 이해하는 것입니다. 박정희
정부가 초기인 1960년대 급속한 성장 드라이브를 위해서 시행한 정책적
인 뒷받침이 지불보증이라면, 1970년대의 정책적인 뒷받침은 보조금제
도였습니다. 중화학공업에 진출한 기업들에 엄청난 규모의 보조금을 주
는 것인데, 영어로는 서브시디(Subsidy)라 부릅니다. 이 보조금이 70년대
한국경제의 상징이었습니다. 한국기업들의 체질이 약한 것은 국제적 경
쟁력이 떨어지기 때문이라기보다는, 새로운 사업에 진출해서 손해를 보
더라도 그 부분을 전부 보전해주는 국가 보조금제도 때문이었습니다.

1997년 경제위기 당시 기억에 남는 것은, 1996년 말, 1997년 초

〈Economist〉에서 당시 아시아에서 한국 기업들이 가장 순이익이 낮은 상황에서 그러한 기업들을 대상으로 인터뷰를 했습니다. 그런데 이 기업들의 높은 위치에 있는 사람들이 '우리는 정말 순수하다', '우리는 이익을 바라보고 기업을 하지 않는다', '우리는 이익이 없더라도 우리의 성과를 소비자들에게 돌려주고자 한다' 이런 말을 했는데, 이것은 변명입니다. 기업을 하는 것은 돈을 벌기 위함이고 이익을 얻기 위함인데, 이런 식의 변명을 한 것입니다. 당시 기업들이 해외덤핑 수출을 했습니다. 손해보고 수출을 해도, 수출을 많이하는 기업들에게는 국가가 보조금을 주니까 괜찮았습니다. 그런데 한국이 94년과 95년에 OECD와 WTO에 가입하면서 보조금제도를 유지하기 어렵게 되었습니다. 정부가 보조금을 주면 규정위반입니다. 심지어는 기업들이 부품을 자기 나라 하청 기업에게만 주문 생산하는 것도 WTO에 제소가 가능했습니다. 공정경쟁을 해야 한다는 것입니다.

1980년대 이후 일본 자동차 산업이 고생한 것은 토요타, 닛산, 혼다 같은 자동차 기업들이 가격이 비싸더라도 일본 하청기업에 대부분의 부품을 의뢰한 것 때문이었습니다. 이를 두고 미국 측과 무역분쟁이 일어났습니다. 이것은 공정경쟁이 아니며, 입찰을 통한 공정경쟁을 통해 하청생산 주문을 해야 한다는 것입니다. 이러한 상황에서 관치금융에 의한 보조금이나 지불보증제도는 불가능한 것입니다. 한국기업들이 이 국면에서 보조금이 끊기니까 나가 떨어져버린 것입니다. 이 위기를 한국의 은행들이 탄탄한 자금력을 통해서 막아주어야 했는데, 은행들도 튼튼하지 않았습니다. 박정희 정부 시기부터 시작되었던 은행구조 문제, 정부의 지불보증 문제, 보조금 문제, 그리고 중복투자의 문제가 1997년에 와서 한꺼번에 터져버린 것이라고 볼 수 있습니다. 물론, 이러한 제도들이 한국 경제

현금차관의 문제점 및 대책

구분연도	차관액		차관목적			
	외화	원화	부채상환	운영자금	시설비용	물자구입
1966	5,000달러	14억원	2,000	–	3,000	–
1967	21,262달러	60억원	–	3,711	4,051	13,500
1968	14,494달러	41억원	–	–	10,494	4,000
1969	167,616달러	469억원	33,181	76,752	28,767	28,946
계	208,402달러	584억원	35,181	80,463	46,312	46,446

대통령비서실; 재경; 대통령기록관, EA0000371.

의 급속한 성장에 역할을 했던 것도 부인할 수 없습니다. 규모가 있는 기업을 만들기 위해서는 이런 제도가 필요하긴 합니다. 그러나 이것이 무한대가 되어서는 안되고, 이 과정에서 철저한 심사와 감독이 필요합니다.

최근 들어 대통령 기록관을 통해 청와대 문서들과 대통령 비서실 문서들이 공개가 되었고, 저도 현재 이 문서들을 분석하는 중입니다. 1960년대 말에 부실기업들이 문제가 되니까, 청와대에서 시장원리를 통해서 부실기업들을 처리할 것에 대해 심각하게 고려했습니다. 또 그게 맞기도 합니다. 부채가 너무 많고, 스스로 유지되기 어려운 기업은 시장경제의 논리를 통해 정리해야 합니다. 이러한 기업들은 대부분 윤리의식에 문제가 있는 경우가 많습니다. 위의 표가 이를 대표적으로 보여줍니다. 이 표를 보면, 1966년부터 차관이 본격적으로 들어옵니다. 여기서 보면 1967-69년 사이에 엄청나게 늘어나죠? 이때 돈이 들어오는 것 자체가 문제는 아닙니다. 경제성장을 위해서는 돈이 필요하니까요. 문제는 들어오는 돈을 어떻게 썼는가 하는 것입니다. 초기에는 시설과 원료구입에 썼습니다. 그런데, 어느 틈엔가 운영자금이 들어옵니다. 부채상환은 돈이 없으면 다시 빌려서라도 갚아야 하는 부분이므로 어쩔 수 없다고 치더라도, 운영자금이라는 것은 어찌 보면 그냥 돈놀이를 하는 것에 불과합니다. 이 돈놀이로서의 운영자금이 1969년을 기준으로 보면 시설비용, 물자구입비용보다 더 큽니다. 1969년에 청와대에서 나온 문서에 '저질 기업의 행태'라는 말이 등장할 정도입니다. 당시에 외국에서 공적 차관을 가져오는 것은 복덩어리입니다. 왜냐하면 장기저리라서, 5년 거치 5년 상환 이런 식입니다. 게다가 은행이자가 1~4%정도 밖에 안됩니다. 굉장히 낮은 것이죠. 당시 한국의 은행 금리가 15%를 육박했습니다. 이런 자금이 기업으로 유입된다면, 기업의 입장에서는 은행에 맡겨두기만 해도 일 년에 상당한 액수의 이자수입이 발생합니다. 이런 행위들을 했다는 것입니다. 시설비용, 물자비용, 부채상환 이것들보다 운영자금이 더 크다는 것은 실제로 이런 쪽으로 상당히 자금이 흘러들어갔다는 것을 보여줍니다. 부동산 투자도 이루어졌습니다. 마침 경부고속도로가 개발되면서 부동산 투기에 적합한 환경이 조성되고 있었거든요. 이는 기업윤리의 문제입니다.

　정부는 스스로 손해를 보면서까지 계속해서 지불보증을 서 주는데, 기업들은 외국에서 들여온 돈으로 부동산 투자를 하거나 은행 이자놀이를 했습니다. 그래도 당시 정부가 정신을 차리고 있었는지, 그런 행태를 보자 정부가 기업 지불보증제도에 대한 재심사에 들어갑니다. 당시까지의 제도가 잘못된 것이고, 제대로 된 심사를 통해 정말로 필요로 하는 기업에게만 차관을 주는 제도를 도입하려 합니다. 기업들이 돈을 빌리기 어렵게 되자 사채시장에서 돈을 빌리기 시작했습니다. 사채문제가 생기게 되는 것입니다. 사실 이런 기업들은 돈을 빌리지 못할 경우 그냥 부도를 맞고 쓰러지고 시장논리에 의해 기업윤리를 가진 기업들이 크는 것이 정상입니다. 청와대도 부실정리 기획단을 만들어서 부실기업들을 모두 분석합니다. 심사를 통해 시장논리를 통해 살릴 수 있는 기업과 그렇지 못한 기업을 구분합니다. 당시 가장 중요했던 은행이 산업은행입니다. 1950년대 말에 생긴 국책은행인데요, 국가가 산업자금을 방출하는 중요한 통로 역할을 한 은행입니다. 그런데, 이 산업은행은 1950년대에도 비리의 온상이었습니다. 산업에 투자하겠다는 명목으로 산업은행에서 융자를 받아 다른 곳에 돈을 쓰는 기업들이 굉장히 많았습니다. 그래서 1960년에 부정축재자 처리 과정에서 산업은행을 둘러싼 비리가 중요한 정치적 문제가 되기도 했습니다. 박정희 정부는 산업은행을 없애지 않고 오히려 엄청나게 키웠습니다. 부실기업이 생기면 산업은행으로 하여금 인수하게 한 후 공매도하려 했습니다. 물론 회생가능성이 있는 기업에 국한된 이야기입니다. 제가 보기에는 이때까지만 해도 시장논리를 통해 뭔가를 구하려는 노력이 있었던 것 같습니다. 앞서 말씀드린 박흥식의 화신백화점 사례처럼 몇몇 기업들이 부도를 맞기도 합니다. 하지만 어느 순간 이 정책이 무효화됩니다.

어떤 기업만 특별히 무너뜨리거나, 다른 기업만 특별히 회생시킬 이유가 없음에도, 부실기업으로 조사된 것들 중에 한 쪽은 넘어가고, 다른 한 쪽은 살아남습니다. 사실 조사된 기업들은 모두 부도처리를 해야 옳은, 회생시켜선 안되는 기업들이었습니다. 이 리스트에 오른 기업들은 윤리경영에 문제가 있고, 돈을 빌려 문어발식 확장을 했기 때문에 기업주들의 재산을 몰수해서 기업을 회생시키는 것이 해결방안이었습니다. 하지만 제가 지금까지 조사한 바에 의하면 실제로 기업주의 재산을 몰수해서 기업을 회생한 경우는 거의 없었습니다. 조사도 하고 실시방안도 마련했지만 실행이 안 된거죠.

이것은 시장논리와 윤리경영으로 기업의 문제를 해결하려는 기조에서 돌아섰다는 것인데, 왜 돌아섰는가? 이 때 제일 중요한 역할을 한 것이 기업가들의 이익단체인 전경련이었습니다. 지금도 물론 중요합니다만. 1969-70년에 기업들에게 위기가 닥치니 전경련이 매우 긴장합니다. 그런데 이 위기는 돈을 너무 많이 빌렸다가 갚기 어려워진 것도 있지만, 미국 닉슨 행정부가 들어서자 한국의 경공업 수출에 어려움이 생겼기 때문이기도 했습니다. 그 전의 존슨 행정부는 베트남전 당시 전쟁에 참전하는 모든 이들의 월급과 보조금을 책임졌기 때문에 굉장히 많은 재정을 사용했습니다. 그래서 닉슨 행정부가 들어섰을 때 재정의 잔고가 없었습니다. 그래서 시작한 것이 닉슨 독트린입니다. 닉슨 독트린의 기조는 아시아의 문제는 미국의 재정이 없으므로 스스로 알아서 하라는 것입니다. 아시아가 해결해야 하고, 미국이 해결해줄 수 없다는 것입니다.

여기서 그치지 않고 IMF제도도 바뀝니다. 원래 IMF는 자신에게 모여 있는 자본을 빌려주는 기구였는데, IMF도 돈이 없으니까 가상의 돈을 만들어서 빌려줍니다. 특별인출권(SDR)이라는 것이 그것입니다. 그런데 이것으로도 해결이 안되니까 1970년에 닉슨 대통령이 수입세를 부활시킵니다. 미국이라는 나라는 자유무역으로 먹고 사는 나라인데, 외국에서 들어오는 물품에 수입세를 부과한 것입니다. 미국이 스스로 체면을 구긴 행위라고 볼 수 있습니다. 그리고 면직물 쿼터제를 실시합니다. 그 전의 케네디 행정부 시절엔 상황이 나쁘지 않았기에 케네디 라운드라는 것을 만들었어도 한국에게는 유예조건을 만들어 주었습니다. 한국은 냉전의 최전선에 있으니까, 한국에서 들어오는 섬유제품에 대해서는 쿼터제를 적용하지 않는다는 것이 골자였습니다. 한국은 냉전의 최전선에 위치해 있고 남북 간의 대립이 존재하는 이념전의 전장이기 때문에 남한이 잘되어야 미국이 지지하는 국가가 성장할 수 있다는 것을 보여줄 수 있다고 판단한 것입니다. 만일 북한이 좋은 모습을 보인다면 제3세계 국가들이 미국의 동맹국이 되려는 생각을 하지 않을 것이기 때문입니다. 그래서 남한에 경제적 혜택을 많이 주었습니다.

한국의 면화산업은 미국의 면화를 원료로 수입해서 가공한 뒤 다시 수출하는 형태였기 때문에 미국의 섬유업자들에게는 굉장한 불이익을 주는 것이었습니다. 냉전적 상황에서 한국에게 유예조건을 주다가 닉슨정부가 이를 중단했습니다. 많은 이들이 박정희 대통령이 주한미군철수 문제로 갈등을 빚고 나서 자주국방을 기치로 내걸고 핵개발을 시작하여 갈등이 고조되었다고 합니다만, 이 시기 자료를 보면 더 중요한 것은 이 섬유쿼터제였습니다. 미국이 수출쿼터 시스템을 만들어 한국, 홍콩, 타이완과 협상합니다. 그리고 어느 나라에 대해서도 이를 유예하지 않았습니다.

그러니까 전경련에서 난리가 났습니다. 주력 품목이 경공업이었는데, 쿼터제의 시작과 더불어 자신들이 생산한 것을 수출할 길이 막힌 것이었습니다. 막힌 길을 뚫기 위해 전경련 측에서 경공업에서 중공업으로 주력 품목을 전환하겠다고 제안하기도 합니다. 따라서 중공업 정책은 박정희 정부가 군수산업을 육성하려는 의도와 세계 무역구조 전환에 따른 전경련의 업종변경요구가 일치한 것이라고 해석할 수 있습니다. 이 시기에 업종변경을 하지 못했던 기업들이 노동문제를 일으키고 자진폐업을 하게 되었습니다. 1970년대 중반 이후 동일방직이나 YH무역 등은 1960-70년대 전환기에 업종 변경을 하지 못하고 노동자들을 착취 하다가 문제를 일으킨 기업들입니다. 전경련은 업종변경을 요구하면서도 한편으로는 문제가 된 부실기업들을 정리하지 말고 회생시켜달라고 했습니다. 경제성장에 있어 기업이 반드시 필요하니까 정부가 기업들을 살려줘야 한다는 건의를 합니다. 실제로 이 때 정부 내에 어떤 이야기가 있었는지를 말해주는 정확한 자료는 없지만, 당시 이를 담당했던 분들의 회고록을 보면, 이 기업들을 어떻게 처리할 것인가를 두고 내부논쟁이 있었음을 알 수 있습니다. 당시 이 문제를 담당했던 분들은 대부분 돌아가셨는데, 제일 핵심적인 역할을 했던 분은 당시 재무부차관이었고, 김대중 정부에서도 경제분야에서 중요한 역할을 했던 김용환입니다.

8·3조치를 통해 박정희 정부는 부실기업 문제의 책임을 기업이 아닌 사채업자에게 넘겼습니다. 이때 사채를 동결시켰습니다. 당시의 경제개발계획은 시장 경제를 떠난 것이 아닌 시장경제 위에 존재하는 것이었습니다. 시장논리를 통해 해결해야 하는 문제를 기업회생이라는 대전제를 세워 윤리경영을 외면한 기업인들까지도 회생시켜준 것이 8·3조치입니다. 방만한 경영을 했던 기업주들을 살려준 것입니다. 제가 보기에는 여기서부터 한국경제가 꼬이기 시작하고, '재벌'이 형성됩니다.

8·3조치 후 8일 후인 1972년 8월 11일자 동아일보 기사를 보면 이 점이 잘 드러납니다. 사채신고를 통해 드러난 것은 당시 사채의 60%가 재벌에 의해 사용되었다는 사실입니다. 기업들이 사용한 사채를 국가가 동결시켰습니다. 고리대금이나 사채라는 행위를 좋다고 할 순 없지만, 자본주의 시스템 속에서 개인의 소유권을 부정한 것입니다. 그래서 채무가 큰 기업들은 쾌재를 올렸다는 표현도 나옵니다. 이 기사에는 A, B, C 등의 이니셜로 표현되어있기 때문에 이 조치를 통해 혜택을 본 기업들이 어딘지 정확히는 알 수 없지만, 확실하게 확인되는 한 기업은 H그룹입니다. 그때나 지금이나 언론의 보도에서 빠져나가는 재주가 좋은지, S그룹에 대한 기사는 안나옵니다. H그룹은 확실히 이 조치를 통해 회생했다는 것이 확인됩니다.

위장사채도 매우 심각한 문제였습니다. 기업은 기본적으로 주주들이 주인이고, 이런 견지에서 보면 최대 10%도 되지 않는 주식을 소유한 이들을 기업주라고 부르는 것도 어폐가 있지만, 기업주가 투자를 통해 회사를 운영하고 여기서 나오는 이윤을 취하는 것이 자본주의입니다. 자본주의 발전의 핵심은 사실 연구하고 개발하고 투자하여 이윤을 취하는 것입니다. 지주는 별다른 노동을 하지 않고 소작인이 가져오는 소작료를 받습니다. 그러나 기업인은 끊임없이 일하고, 생각하고, 개발해야 합니다. 이런 기업주가 기업에 투자를 하지 않고, 자신의 회사에 사채를 줍니다. 투자를 통해 이익을 창출하는 대신, 한 달에 30%나 되는 고리의 사채를 주고 회사로부터 이자를 받는 것입니다. 자기 이름으로 하면 비판을 받으니까 가족이나 친척의 이름으로 회사에 사채를 줍니다. 이것들이 모두 적발되었지만, 정부는 이것도 넘어가 줍니다. 위장사채에 대한 처벌을 하지 않고, 회사 주식으로 바꾸도록 합니다.

또 다른 문제는 서민들이 다쳤다는 점입니다. 사채가 동결되더라도 속칭 '큰손'들의 경우에는 크게 문제가 되진 않습니다. 그간 취한 이익이 상당하기 때문에 얼마간 유예가 되더라도 큰 문제는 생기지 않습니다. 기업들 입장에서도 나중에 다시 돈을 빌릴 상황이 발생하면 큰손은 다시 살아납니다. 그런데 당시에는 큰손들만 사채를 하는 것이 아니었습니다. 자신의 월급에서 남는 돈을 모아 계를 한 뒤 이를 기업에 사채로 준 사람들이 있는데, 이들이 문제가 됩니다. 이들은 제 살을 깎아가면서 사채를 주었습니다. 동결조치가 이뤄지니 돈을 받을 수 없습니다. 한참이 지난 후에 개인생활 자금이라고 해서 동결조치를 풀어주었지만, 중산층에게는 큰 충격이었습니다.

8·3조치는 자본주의의 기본원칙의 ABC를 어긴 조치입니다. 공정경쟁, 시장원리, 사적 소유 모두 무시하고 기업에게만 혜택을 주었습니다. 이것으로도 모자라서, 당시 5000억 원의 산업합리화자금을 지급했습니다. 1977년 기준으로 국립대학 한 학기 등록금이 10만원임을 감안하면 지금과 30배 차이, 그러면 15조 정도가 됩니다. 이 15조라는 자금을 중화

학공업 전환의 보조금으로 지급합니다. 사실 당시 제일 중요한 것은 외채 문제였습니다. 당시 가장 이름난 경제학 권위자였던 교수 한 분이 신문에 기고를 통해서 "문제는 외채인데 사채는 왜 건드렸냐?"라고 했습니다. 외채를 마구 쓰다가 외채를 쓰기 어려운 상황에서 사채를 쓰는데, 그것으로도 모자라 산업합리화자금을 씁니다. 산업합리화자금은 어디서 나왔겠습니까? 모두 국민들의 세금에서 나온 것이었습니다. 국민들이 세금 낸 것으로 정부가 돈 찍고, 빌려와서 만든 것이 산업합리화자금입니다. 우리나라 재벌기업들이 경제성장 초기에 했던 역할들, 70년대 중반 오일쇼크 극복하는 과정에서 종합상사가 했던 역할들을 부인할 수 없습니다. 하지만 산업합리화자금은 기업들이 스스로의 윤리의식 부족으로 겪은 위기들을 국민들의 세금과 공적 자금으로 살려준 것을 뜻합니다. 기업이 여기까지 성장하는데 있어 국민들의 도움, 사회적 도움이 너무나 큰 역할을 했습니다. 이를 사회에 환원해야 하는데, 전혀 그렇게 하지 않습니다. 기업을 크게 해놓으면, 문제가 되더라도 정부가 도와줄 거라는 '대마불사'가 이들의 철학이었습니다. 박정희 대통령이 1972년 8·3조치를 시행하면서 담화문을 발표하는데, 처음에는 사채동결, 산업합리화자금 등등을 통해 경제정상화를 할 것이며, 이를 위해 금리와 환율관련 조치를 더불어 시행하겠다는 말이 있고, 담화문의 맨 마지막 부분에 "그러나 이 문제의 핵심은 기업 경영가들의 윤리의식 부재입니다. 이들이 책임경영을 해야 합니다"라는 말이 있습니다. 윤리 경영을 제대로 하지 않으면 제재하기 위한 안도 마련했습니다. 하지만 그 뿐입니다. 75년이 되면 다시 기업자금으로 부동산 투기를 합니다. 원유가가 올라서 원자재가격이 상승하고, 돈이 필요해지니까 다시 외채를 끌어다 쓰는 등의 행위를 반복하다가 1979년에서 1981년까지 다시 외채위기를 맞게 됩니다.

우리나라의 기업가들이 갖고 있는 윤리의식은 정말 큰 문제입니다. 사실, 기업가들의 윤리의식은 자본주의의 작동에 있어 굉장히 중요한 요소입니다. 그런데 그러한 윤리의식이 기업가들에게 있는가? 창업 당시의 기업가들은 거의 다 돌아가시고 2세, 3세까지 내려와 있습니다. 재판만 받으면, 몇천 억을 내겠다고 합니다. 하지만 실제로 어떻게 되었는지는 모릅니다. 정말 어떤 용도로 어떻게 쓰는지에 대해서는 생각해볼 필요가 있다고 생각합니다.

또 하나 중요한 것은 민주주의의 문제입니다. 저는 현재 한국 현대사에 대한 인식에 있어 가장 문제가 되는 것은 건국, 산업화, 민주화, 선진화라는 선형으로 보는 도식이라고 봅니다. 왜냐하면 이러한 과정들이 서로 분리되어 있는 것이 아니기 때문입니다. 건국이라는 이야기도, 나라를 그냥 세우는 것이 아닙니다. 국가를 세우는 것은 그 사회의 사람들이 국민이라는 정체성을 갖는다는 것 입니다. 이것이 네이션 빌딩(Nation building)입니다.

1948년 대한민국 정부를 세운 순간 모든 사람들이 '나는 대한민국 사람이다'라는 정체성을 가졌을까요? 저는 절대로 그렇지 않다고 봅니다. 남한에 있는 사람이든, 북한에 있는 사람이든 간에 자신이 조선인이라는 생각은 있어도 대한민국 사람, 조선 민주주의 인민공화국 사람이란 생각을 갖기는 쉽지 않습니다. 게다가 조선 민주주의 인민공화국은 이름도 길어서 정체성을 갖기가 더 어렵습니다. 결국 내가 어떤 나라의 사람이라고 하는 것은 자신이 사는 지역의 역사가 흘러가면서 그 흘러가는 역사가 나의 역사가 될 때, 네이션 빌딩의 과정이고 건국의 과정입니다. 이 과정을 통해 이 나라 사람으로서의 자부심을 가질 수도 있고, 창피함을 느낄 수도 있습니다. 그러면서 자신이 이 나라 사람이므로 산업을 발전시키고,

정치를 민주화시켜야 한다는 생각을 하게 되는 것입니다.

우리나라 사람들은 스스로를 인종적으로 하나라고 생각하고, 한민족이라고 생각하고, 단군의 자손이라고 생각합니다. 사실로 보기 어려움에도 그러한 생각을 가지고 있습니다. 반면에 동남아시아 국가들의 경우 인종집단이 너무 다양합니다. 이들은 정부에서 발표하는 정책을 자신들의 정책이 아닌 다른 이들의 정책으로 느낀다는 것이었습니다. 제가 가장 당황했던 것도 태국에서 만난 미얀마 출신 망명자의 사례였습니다. 그분에게 제가 수치 여사의 정치활동 재개에 대해 이야기하면서 미얀마의 민주화가 이뤄지는 과정에 대한 축하의 말을 했더니, 그분은 축하받을 일이 아니라고 답합니다. 미얀마가 민주화되면 그 이후 소수민족 정책이 어떻게 변할지 모른다는 것입니다. 지금은 독재자 한 명만 설득하게 되지만 민주화가 이뤄지면 시민사회를 설득해야 하므로 정말로 골치가 아플 것 같으니, 민주화가 소수민족에게 도움이 될 것인지 아닌지에 대해 생각해 보아야 한다는 것입니다.

우리나라는 이러한 측면에서는 다른 나라에 비해 매우 축복받은 측면이 있습니다. 어쨌든 이러한 과정으로 산업화를 하고 민주화를 진행한 것입니다. 산업화와 민주화의 관계도 흥미롭습니다. 사실, 급속한 경제성장은 어떤 시기에 이르면 한계를 보입니다. 민주화를 통해 개인의 창의력이 다원화되고 극대화될 때 경제성장이 가장 빠르게 이뤄질 수 있습니다. 그런데 한국 사람들에게는 이상하게도 민주주의는 경제성장의 반대라는 인식이 있습니다. 민주주의를 비효율로 보고, 시간과 토론을 필요로 하는 것을 싫어합니다. 현명한 지도자가 한번에 결정하면 되는 일을, 토론을 통해 결정하면 시간을 지체한다고 보는 것입니다.

이러한 인식이 가지는 문제는, 지도자의 현명함에 대한 보장이 이뤄지는가입니다. 아무리 현명한 지도자라 하더라도 그가 내린 결론을 모든 동의하는가. 동의하지 않는 이들로부터 반대의사가 표출되게 마련인데, 이게 사회적 비용입니다. 우리나라는 엄청난 민주화운동을 겪었고, 동시에 엄청난 탄압이 있었습니다. 이 탄압과 저항의 과정에서 엄청난 비용을 지불한 것입니다. 그 당시에 많은 대학생과 노동자, 동민들이 희생되었습니다. 대학에 입학한 후 자신이 하고 싶은 일을 하면서 생산적인 발전을 이루어 기여를 해도 모자랄 터인데, 열심히 공부하고 똑똑한 이들이 대학에 들어간 후 사회를 바꾸겠다는 일념으로 자신을 희생합니다. 이는 엄청난 사회적 비용입니다. 분단을 통해서 우리는 또다른 비용을 지불합니다. 물론, 군대에서도 자기 계발을 하기는 하지만, 제일 머리가 잘 돌아갈 때 군대에 가야만 합니다.

　USC의 데이빗 강 교수가 쓴 〈Chronic capitalism〉이라는 책이 있습니다. 이 책은 한국과 필리핀의 발전국가를 비교한 것입니다. 양국에는 박정희와 마르코스라는 독재자가 있었고, 새마을운동과 New Society Movement도 있었습니다. 이에 더하여, 마르코스는 농지개혁까지 했습니다. 둘 다 부패는 많았습니다. 그런데 왜 한국은 경제성장에 성공하고 필리핀은 실패했을까요? 이 책이 내린 결론은 한국의 부패가 Short-cut을 만들었다는 것입니다. 모든 국가들은 관료주의가 존재하기에 새로운 사업을 위해 허가를 받으려면 여러 단계를 거쳐야 하고 이 과정에 많은 시간과 에너지를 낭비하게 됩니다. 그런데 한국은 뇌물을 통해 이러한 과정을 생략하게 됩니다. 반면에, 필리핀은 뇌물이 가족에게 갔습니다. 한국의 부패에도 Familism이 있긴 했습니다. 앞서 말씀 드렸던, 지불보증과 은행보증은 그냥 이뤄지는 것이 아닙니다. '뒷돈'이 필요했습니다. 이러한 비용도 존재합니다. 그런 점에서, 저자의 이야기대로만 되었다고는 볼 수 없긴 합니다.

제가 산업화와 함께 민주주의 이야기를 한 이유는 한국의 부패에도 불구하고 한국은 시민사회의 힘이 있습니다. 그래서 군사정부 시기에도 '4대 의혹'사건이 드러납니다. 그 엄혹한 시절에도 김·오하라 메모가 알려집니다. 어떤 부정부패가 있더라도 웬만하면 다 터져 나옵니다. 지난 대통령 선거에서 국정원장이 내린 지시사항이 바깥에 알려지게 되었잖습니까? 무슨 일을 하더라도 외부에 다 알려지게 됩니다. 인사청문회 같은 것을 할 때마다 제가 느끼는 것은 '저 사람들이 저 사실들을 어디서 찾았을까? 정말 대단하다'는 것입니다. 물론 현재는 많은 사항들이 전산화되어 있기 때문에 검색을 통해 나온다고 하지만, 아직도 일부는 제보를 통해 이뤄집니다. 시민사회라는 것이 견제의 역할을 합니다. 부정한 일을 하면 걸리게 마련입니다. 그러한 시민사회의 역할 없이 무한대로 증식하는 부패를 막을 수 없습니다. 그러므로 민주화의 과정과 산업화를 분리하면 한국의 경제성장을 이해할 수 없습니다. 때때로 시민사회가 견제를 하고, 건설적 비판을 하는 등의 상호작용이 현재까지 이르는 과정에서 굉장히 중요한 역할을 한 것입니다. 이것을 분리해서 보면 안됩니다. 8·3조치도 저의 연구를 통해 이제야 밝혀지는 것 같지만 그렇지 않습니다. 제가 이것을 연구하는 데 가장 도움을 받은 것이 80년 서울의 봄 시기에 경제신문들이 이 8·3조치를 다룬 기사들입니다. 당시 〈매일경제신문〉에는 8·3조치를 꿰뚫어 볼 수 있을 정도의 내용들이 게재되었습니다. 그것이 당시 기자들이 민주화 과정에서 했던 역할들입니다. 비록 전두환 정부에서 정치적 논리로 변질되기는 했지만, 80년대 초 구조조정이 가능했던 이유도 서울의 봄 시기에 시민사회가 보여주었던 경제민주화 또는 구조조정에 대한 바램이 있기 때문입니다.

결론적으로 말씀드리자면, 박정희 시대 경제의 다양한 모습을 봐야 하는데, 이 시기에 경제성장을 가능하게 했던 시스템과 그 시스템으로 인해 나타났던 문제들, 그리고 문제들을 제대로 해결하지 않고 미봉책에 그친 과정, 이것들이 모두 오늘의 한국경제를 만들었다고 봅니다. 한국경제가 건강하고 지속적인 성장을 하고, 경제적인 민주화를 이루기 위해서는 당시에 제대로 작동하지 않았던 시장 논리, 기업윤리, 시민사회의 역할, 윤리경영 이러한 것들이 건강하게 살아있어야 합니다. 과거로 되돌아가서 문제를 다시 고칠 수는 없지만, 지금부터라도 이 시기에 이루어졌던 건강한 논의들이 다시 살아나야 할 필요가 있다는 생각입니다. 이것을 이루면 사회주의로 가는가? 그렇지 않습니다. 이미 대세는 시장경제입니다. 핵심은 시장경제의 건강성과 건전성을 어떻게 지켜나갈 수 있을 것인가입니다. 한국의 경제성장 시대에 미봉책에 그쳤던 역사로부터 교훈을 가져와야 한다고 봅니다.

열심히 경청해주셔서 감사합니다. 질문이 있으시면 해주시기 바랍니다.

질의응답

Q. 민주화 이후에 경제가 성장했다고 했는데, 이러한 사실에도 불구하고 박정희 시대를 살았던 분들은 박정희 시기의 경제성장에 대한 환상과 향수가 있는 것 같습니다. 이걸 어떻게 이해해야 할까요?

A. 저의 개인적인 의견은 있는 그대로 이해하면 된다고 봅니다. 박정희 시대에 이르러 먹고살게 된 것은 부인할 수 없는 사실입니다. 다만, 누구 덕분인가는 생각을 해봐야 할 것 같습니다. 박정희 대통령 개인의 역할이 전혀 없진 않았습니다. 경제정책에 있어 상당한 역할을 했다고 생각합니다. 군수산업과 중화학공업화를 하는 과정에서 다수의 개발도상국들이 국유기업화를 통해 이를 진행하는 것과 달리 민간기업에게 이를 실행하게 하면서 보조금을 주었습니다. 이 시기 청와대의 논의를 보면 누가 하자고 했는지는 모르지만, 민간기업을 토대로 해야 한다는 주장을 한 이들이 있었습니다. 내부에 논쟁이 있었던 것입니다. 이 과정에서 박정희의 역할도 있었지만 정부 내 관료들의 역할도 있었습니다. 그리고 민주화 운동을 한 시민사회의 역할도 절대 부인할 수 없습니다. 저는 박정희 시대에 대한 향수를 가진 이들에게 '맞습니다. 박정희 시대가 한국 경제가 이만큼 성장하는 기틀을 쌓았는데, 그것이 박정희의 덕 만은 아니고, 선생님의 역할도 중요했습니다'라고 이야기 합니다. 한편으로는 우리나라만 그런 것이 아니고, 다른 나라에도 이런 현상이 있습니다. 벌써 몇 년 전 일인데요, 타이완에 가니까 공항에서 장개석 초상화가 그려진 컵을 팔았습니다. 이 장개석이라는 사람은 진정한 독재자입니다. 1949년부터 1980년대 타이완이 민주화될 때까지, 1975년 장개석이 사망하자 아들인 장경

국으로 대를 이어가며 철권통치를 했습니다. 그래서 이들에 대한 비판이 굉장히 심했고, 타이완 원주민들은 정치에 진입도 못했습니다. 타이완이 민주화 과정에서 어려움을 겪고 있는 것은, 민주화와 독재, 분단과 이념의 대결구도까지 한국과 비슷하지만, 여기에 종족문제가 더해져 있습니다. 타이완 원주민과 중국대륙 출신 사람들 사이의 갈등이 동시에 존재합니다. 그런데, 장개석과 장경국을 경제성장의 지도자로 보는 향수가 있습니다. 칠레도 마찬가지입니다. 피노체트라고 하는 독재자의 경제개발에 대한 향수가 있습니다. 그렇다면 이것이 자본주의에만 존재하는가? 제가 작년에 러시아에 가서 일부러 대학생들과 대화를 나누어봤는데, 이 친구들이 가장 동경하는 시대가 스탈린 시대입니다. 스탈린 시대는 안전했고, 계속해서 성장했다는 것입니다. 그 시대에 많은 이들이 죽었던 사실에 대해서는 별로 신경 쓰지 않습니다. 사회가 굉장히 양극화되고 패자부활이 허용되지 않는 절망적인 사회가 되면, 이를 건강하게 바꾸려는 세력도 존재하지만 파시스트가 생깁니다. 제 2차 세계대전 당시 파시즘이 생겼던 국가들에게는 공통점이 있습니다. 맹자는 그런 말을 합니다. "항산(恒産)이 있어야 항심(恒心)이 있다." 자신이 항상적으로 생산하는 것이 있어야 항상적인 마음도 존재하게 됩니다. 항산이 없으니 항심이 없어지는 것입니다. 우리 사회도 이런 측면이 있다고 봅니다. 이런 차원에서 나타나는 세계적 현상이기도 하고, 사실을 반영하는 측면도 있다고 저는 생각합니다. 이를 이야기할 때 저는 굳이 이를 강하게 반박하지 않습니다. 그러한 측면이 있다고 이야기합니다.

Q. 1970-80년에 대한 강의를 듣다 보니 최근의 이슈인 금산분리 같은 것들과 연결되는 것 같습니다. 경제민주화와 맞물려 이야기되는 금산분

리나 순환출자제한이 타당성을 가지고 있다고 보시는지요?

A. 예, 저는 타당성이 있다고 봅니다. 그러한 제도들은 자본주의의 가장 큰 기준이 되는 '공정경쟁'을 헤칠 수 있는 가능성이 큽니다. 공정경쟁이 보장되어야만 새로운 기업들이 출현할 수 있고, 그러한 기업들로부터 새로운 가능성들이 창출될 수 있습니다.

Q. 많은 이들이 산업화시대의 재벌과 대기업에 초점을 맞추고 있는데, 당시 중소기업의 역할은 어떤 것이었는지요? 향후에 중소기업은 어떻게 가야 한다고 보시는지요?

A. 제가 생각하기 1960-70년대만 해도 수출에서 중소기업의 역할이 상당했다고 봅니다. 전자산업을 예로 들면, 지금은 삼성과 LG만 있는 것 같지만, 그 당시에는 그렇지 않았습니다. 작은 전자산업 기업들이 존재했습니다. 그런데 지금은 중소기업들이 거의 모두 하청기업으로 전락하고 역할을 많이 못합니다. 반면에 대기업들은 재벌이 되었죠.

재벌에 대해서 많은 이들이 이야기하는 것이지만, 제가 제일 화가 나는 것은 재벌기업들의 프렌차이즈 편의점입니다. 재벌이라는 집단이 경영을 통해 얻게 된 수익을 특화된 부분을 발전키는 데 사용해야 하는데, 그렇지 않고 경영을 통해 얻은 수익을 가지고 돈이 되는 부분에 모두 진출합니다. 동네 구멍가게를 하는 서민들의 이익까지도 허용하지 않겠다는 거죠. 굉장히 비윤리적인 경영을 하는 것입니다. 그래서 한국은 특화된 기업이 없는 편입니다. 현재 삼성이나 현대 같은 대기업의 내부를 보면 특화된 부문들이 있는 것 같지만, 이는 특화를 위해 특화한 것이 아니라 2세 경영을 하기 위해 자녀들에게 기업을 쪼개서 떼준 것에 불과합니다. 그러므로 특화가 되었다고 하지만, 내부적으로는 관계가 존재합니다. 저는 이 부분에 있어서 개혁이 필요하다고 생각합니다.

Q. 그렇다면 동반성장에 관한 이야기나 중소기업 권장품목 지정 등에 찬성하시는지요?

A. 저는 매우 찬성을 합니다. 제가 경제 전문가는 아니지만 동반성장을 위한 정책에 찬성하는 입장입니다. 제발 동네의 구멍가게는 건드리지 말아주었으면 좋겠습니다. 동네에 대형마트들이 들어서고 24시간 편의점도 들어오게 되니까, 저희 집 앞에 30년된 구멍가게가 있는데 거기에 잘 안가게 됩니다. 24시간 편의점에 가면 1+1도 있고, 2+1도 있는데, 구멍가게에 가면 그런게 전혀 없습니다. 그러다 보니 잘 안가게 됩니다. 제가 구멍가게 주인과 잘 아는 사이인데요, 포장마차에서 술을 마시다 보면 가끔 만나게 됩니다. 다른 가게에 갈 때마다 구멍가게 쪽 눈치를 보게 됩니다. 재벌들이 사람을 치사하게 만들고, 인간성을 피폐하게 만드는 겁니다. 최근에는 24시간 편의점 업주와 회사 사이의 불평등한 계약관계가 문제가 되었지 않습니까? 재벌기업들이 소비자도 괴롭히고, 업주들도 괴롭힙니다.

Q. 개발협력에 관심이 많아서 국제개발협력 관련 책들을 봤는데요. 처음에는 당연히 민주화가 더 옳은 것이라고 보았지만, 개발협력에 관한 책들을 읽으면서 박정희 시대의 리더십 덕분에 이 나라가 발전하게 되었다는 이야기를 많이 듣게 되었습니다. KOICA는 공공기관임에도 불구하고 초기에는 강력한 리더십을 가진 분들이 많습니다. 그리고 개발도상국에

대해서는 수입대체산업화를 선택한 중남미와 다르게 수출주도형을 선택한 박정희의 결단이 유효했다거나 IMF나 World Bank에서 반대함에도 불구하고 포항제철을 만든 것은 박정희 개인의 선택이었다 등의 이야기들을 하는데, 이와 관련하여 다양한 생각들이 공론화 될 수 있을까요?

A. 공론화를 해야 한다고 봅니다. 저는 발전국가론에 관한 토론에 마침표를 찍고 싶지 않습니다. 제 자랑을 하자면, 봉고 대통령의 아들인가 손자가 대통령을 하고 있는 가봉의 외교관들에게 지금 말씀드린 것과 같은 강의를 한 바 있습니다. "이러한 성장사가 있지만, 반면에 어려움을 겪은 부분도 있기 때문에, 정부가 지급보증을 할 때 시장 논리를 외면하면 이러한 어려움에 봉착하니까 이 부분은 시행착오를 하지 않았으면 좋겠다"고 했습니다. 이들이 평가한 강의자 중에 제가 1등을 했다고 합니다. 그 사람들에게 한국경제 발전 과정에서의 문제점을 이야기해준 첫 번째 사람이라는 것입니다. 아무도 그런 이야기를 하지 않았다는 것입니다. 저는 이 부분을 명확히 이야기 해줘야 한다고 봅니다. 아무런 견제가 없는 개발독재정권(Developmental dictatorship)은 끝에 가면 문제가 생기기 마련입니다. 현명하다는 한 사람에 의해서만 결정이 이뤄지면 속도는 빠를 수 있을지 몰라도 끝에 가서는 문제가 굉장히 커집니다. 저는 한국이 그래도 그렇게 큰 문제가 없었던 이유는 민주화와 산업화가 같이 진행되었기 때문이라는 점을 명확하게 이야기해줄 필요가 있다고 봅니다. 민주적 과정을 거치면 30%정도 속도가 더딜 수 있습니다. 그러나 빨리 성장한 뒤에 IMF를 맞는 것과, 조금 흔들리더라도 탄탄하게 가는 것은 큰 차이가 있다고 봅니다. 2008년 경제 위기 당시 충격이 적었던 것은 우리 경제가 탄탄해서가 아니라고 봅니다. 한국 경제가 이전과 다르게 미국과 중국 양측에

발을 담고 있었기 때문인 것입니다. 미국이 흔들리더라도 다른 한발로 지탱할 수 있는 것입니다. 또한 민주주의 역시 중요한 역할을 한다고 생각합니다. 그런 점에서 본다면, 한국은 경제적인 체질이 좋아진 것이 아니고 상황이 바뀐 것입니다. 이런 이야기들을 명확히 전달해야 우리나라의 경제성장을 배우고자 하는 국가들에게도 도움이 된다고 생각합니다.

Q. 지금 말씀하신 것들이 해외뿐 아니라 국내적으로도 공론화가 되어야 된다고 생각하시는지요?

A. 공론화가 되어야 한다고 봅니다. 이 강의가 생긴 이유 중 하나도 그것이라고 생각합니다. 이 강의의 한 축이 민주주의입니다. 경제성장을 이야기하면서 왜 민주주의를 이야기하는가? 경제성장이 잘 이뤄지려면 민주주의가 존재할 필요가 있기 때문입니다. 경제개발론에 있어서 중요한 조건은 다음과 같습니다.

첫 번째, 자신이 열심히 하면 경제성장을 할 수 있다는 자신감(Confidence)입니다. 두 번째, 사회적 공감대입니다. 8·3조치에서도 그랬지만 경제개발 과정에서 개인의 선택권을 제한 할 수 있습니다. 저에게 얼마간의 돈이 있다고 할 때, 저는 커피전문점을 하고 싶어 할 수 있습니다. 그날 그날 돈이 들어오니까요. 하지만 정부에게 필요한 것은 고속도로일 수 있습니다. 그래서 고속도로에 투자할 것을 정부가 강제하면, 저는 고속도로를 전부 만들 때까지 기다려야만 돈을 받을 수 있습니다. 물론 보조금도 받고 나중에는 통행료도 비싸게 받는 등으로 문제가 된 서울시의 민자사업들의 사례도 있습니다만, 그것은 나중의 이야기입니다. 일단 저와 같은 소시민들은 백 원이라도 벌어야 합니다. 그런데 국가의 입장에서는 백 원 버는데 집중하지 말고 다른 곳에 투자를 하라고 해야 합니다. 그때 제가 공감대를 느껴야 투자를 해주는 것입니다. 그게 네이션 빌딩입니다. 제가 공감대를 느끼려면 이것이 우리나라이고, 내가 발전시킬 가치가 있는 사회라 느껴야 하고, 이것이 내 사회라고 생각해야 합니다. 나와는 별개의 문제이며, 나와 가족이 잘살면 된다는 생각만 가진다면 정부가 원하는 대로 투자를 하지 않습니다. 그러므로 공감대와 자신감이 너무 중요합니다. 여기서 공감대는 민주주의적 기제가 없이는 만들어지는 것이 불가능한 것입니다. 개발독재를 선호하는 경제학자들도 이 공감대의 문제는 꼭 다룹니다.

유신체제와 민주화운동
: 억압과 저항의 드라마

한인섭 · 서울대학교 법학전문대학원 교수

최종길 · 장준하 두 의문사

제가 맡은 주제는 유신체제와 민주화운동입니다. 유신체제는 1972년 부터 1979년까지 시행된, 박정희 대통령의 영구집권을 위해 총통적 대통령제를 만들어낸 시스템이라고 할 수 있습니다. 만일 1979년에 박정희 대통령이 암살당하지 않았더라면 어떻게 되었을까 라는 생각을 가끔 해보곤 하는데, 이는 1977년에 서울대학교에 입학해서 1979년 당시 3학년이었던 한인섭 학생의 중요한 질문사항이기도 했습니다. 내 인생의 진로와 직결되는 실존적 질문이었기 때문입니다. 박정희 대통령이 1917년생이니까 79년 당시에는 62세 정도 됩니다. 아직 창창한 나이죠. 한 18년 정도를 더 산다고 한다면, 1997년까지 집권했을지 모릅니다. 그 당시에 제3세계 독재자들이 대를 물려가며 지속되는 상황이었음을 고려할 때, 만일 1990년대 중반까지 집권하게 되었다면 59년에 태어난 저로서는 제

나이 마흔 가까이까지 박정희 대통령의 통치하에 살아야 한다는 계산이 나옵니다. 그런데, 정의를 부르짖거나, "유신체제 철폐하라" 이러한 주장을 하게 된다면, 내 인생이 마흔 이전까지는 합법적인 취업의 기회를 잡지 못하게 됩니다. 즉 직장을 잡는다거나 교수가 된다거나 하지 못하게 되는 것이죠. 그래서 대학생 당시 내 인생은, 내 청춘은 굉장히 깜깜한 것이었습니다. 정의로운 길을 선택해야 하는데, 그 길을 선택하면 40세까지는 내 앞날이 깜깜해지는 상황이었습니다. 그러다가 1979년 김재규 씨가 박정희 대통령을 저격해서 암살하고, 약간의 우여곡절 끝에 신군부 통치가 시작됩니다.

강제로 정권을 잡았고 광주학살까지 저지른 전두환 정권의 폭압성은 훨씬 더했습니다. 당시 4학년, 5학년, 대학원 1학년이었던 제 입장에서 1980년대 초를 되돌아보면, 전두환 독재가 훨씬 폭압적이었음에도 불구하고 아주 무섭지는 않았습니다. 왜냐하면 권력이 유한하다는 것을 체득했기 때문입니다. 박정희조차도 저처럼 우연한 변수에 의해 죽는다면, 전두환 정권은 더욱 유한할 것이라는 느낌이 들었습니다. 이젠 권력의 유한성을 깨닫고 공포감에 스스로 가위눌리는 것을 벗어났다는 것이죠. 원래 억압권력은 폭력으로 시작하여 공포로 지속하는데, 그 공포감의 사슬에서 벗어난 것입니다.

대학생 여러분들은 그 시대에 태어나지도 않았죠? 우리는 40년 전 이야기를 하고 있는데요, 이 40년 전 이야기가 현재와 어떤 관련이 있을까? 이 질문을 함께 나눠보고자 합니다. 여러분들에게 이 박정희 체제는 아무 의미나 관계가 없는 것일까? 이를 한번 생각해보고자 하고요. 우리는 서울대라고 하는 공간에서 지내고 있는데 서울대와 유신체제와의 관련성은 무엇일까도 생각해보면 좋겠고, 21세기에 본격적 활동을 할 여러분들과의 관련성, 나와의 관련성은 무엇일 까? 이런 것들을 대화의 소재로 삼고자 하는 것입니다.

故 최종길 교수의 주검.

현재와의 관련성, 서울대와의 관련성 을 이야기하겠습니다. 우리 강의가 이뤄 지고 있는 이 강의실 이름이 무엇인지 아 십니까? 「최종길 홀」입니다. 최종길은 어 떤 사람이죠? 저 옆에 부조가 붙어 있습 니다만, 1973년 10월에 중앙정보부에 끌 려가서 목숨을 잃은 분입니다. 그런데 최 교수님이 유신체제에 반대하고 자 하는 강력한 정치적 의지를 가지고 민주주의 수호를 위해 애쓰다가 죽었는가 하면, 속으로는 그랬을지 몰라도 겉으로 그런 걸 표현한 적은 없는 분입니다. 이분은 서울대 법대에서 민법전공 교수였습니다. 법학도 들이라면 알겠지만, 민법은 읽어야 할 텍스트가 월등히 많기 때문에 민법 을 선택하면 공부 바깥으로 빠져나오기가 어렵습니다. 그래서 공법계통 교수들이 주로 사회적 발언을 하지, 민법 교수들이 나서서 강력한 정치 적 발언을 주장하는 경우는 별로 없습니다. 속은 몰라도 겉으로는 그렇습 니다. 만일 유신체제가 서울대 법대 교수를 미워해서 순차적으로 한 명씩 끌고 가서 속된 말로 '조진다'고 가정하면, 이분은 앞 순위에 들어올 분이 아닙니다. 그런데 왜 끌려갔을까요? 독일에서 유학 중일 당시 만났던 사 람과의 관계를 조사해보겠다는 이유로, 또 당시 서울대 법대 학생과장으 로 있으면서 학생운동을 하다 잡혀간 학생들을 위한 우호적 발언을 했던 것이 새어 나간 이유로 끌려갔다는 것입니다. 그리고 끌려간 지 사흘 만 에 죽었습니다. 중앙정보부 안에서 죽었는데 중앙정보부가 밝힌 죽음의

故 최종길 교수의 아들 최광준.

과정은 이렇습니다. 중앙정보부에서 취조를 받으면서 자신이 간첩이라는 것을 자백하고, 화장실에 가고 싶다고 하여 화장실에 들어간 뒤 갑자기 소변기 위에 올라가서 창문으로 뛰어내려서 추락사했다고 발표했습니다. 이 사건 당시가 1973년도 10월이었습니다. 진상규명이 제대로 될 리가 없던 때였습니다. 중앙정보부가 발표한 것에 대하여 조사도 하지 못하고, 진상을 밝히라는 주장조차도 제대로 못했습니다. 증거라고는 중앙정보부에서 내놓은 사진 한 장 밖에 없습니다.

당시 최종길 교수에게는 8-9세 정도 된 아들이 한 명 있었습니다. 최광준이라는 분인데요. 이 아들이 아버지의 책과 원고 등을 뜻밖에도 모두 남겨놓게 했습니다. "하나도 버리지 말아달라, 자신이 아버지가 쓰다 만 책을 완성하겠다" 했다는 것입니다. 하지만, 한국에서 너무 힘들었기 때문에 최종길 교수를 독일에서 지도했던 쾰른대학의 케겔 교수가 이 아들을 독일로 불러서 박사학위를 받도록 지도했습니다. 케겔 교수는 아버지와 아들 모두의 지도교수 역할을 했습니다. 최광준이라는 그 소년은 현재 경희대학교에서 민법 교수를 하고 있습니다. 아버지에서 아들로 전공과 직업이 이어진 것이지요.

이 최종길이라는 분을 기념할 수 있게 된 것도 최근의 일입니다. 2003년도에 서울대 법대에서는 최 교수를 기념하여 이 강의실을 「최종길 홀」로 헌정했습니다. 최 교수의 유족들은 2007년도에 가서 결국 국가배상

소송에서 이겼습니다. 국가가 고의로 죽였는지, 혹은 국가가 제공한 환경 속에서 죽었는지는 모르지만, 국가의 고의 혹은 중과실은 분명히 인정되기 때문입니다. 누가 죽었는지까지는 끝내 밝히지 못한 상태여서, 가해자 처벌은 없고 피해자 유족에 대한 약 20억 정도의 국가 배상이 내려졌고 이것이 과거사 사건을 여는 중요한 기폭제

1945년 중국 시안에서 찍은 사진.
장준하(오른쪽), 김준엽(가운데), 노능서(왼쪽).

가 되었습니다. 보십시오. 당장 강의가 열리는 이 교실부터가 유신체제의 가장 어두운 부분과 현재가 만나는 지점입니다. 1973년에 최종길 교수가 돌아가셨으니까, 정확하게 40년 뒤에 여러분과 만나는 지점인 것입니다.

이 사진을 아시는 지요? 본 적이 있습니까? 굉장히 의미심장한 사진입니다. 1945년이라고 쓰여 있습니다. 임시정부 산하의 광복군 소속부대로 목숨을 걸고 낙하산을 타고 국내에 들어와서 진공 작전을 수행하기에 앞서, 이를 지휘하기 위한 훈련을 받았던 중국 시안에서 찍은 사진입니다. 맨 오른쪽이 장준하 선생입니다. 가운데에는 김준엽 선생, 왼쪽이 노능서라고 되어 있습니다. 이 청년들은 일제 말에 학병으로 끌려가 중국 양쯔강 근처까지 간 후에 순차적으로 일본군으로부터 목숨을 걸고 탈출하여 중경까지 6,000리를 걸어서 임시정부를 찾아간 용사 중 용사입니다. 가운데 김준엽 선생은 해방 이후 고려대학교 교수를 하면서 평생 학문의 길을 걸으면서 〈한국 공산주의 운동사〉(5권)에 이르는 대저를 남기고, 군

사정권과 노태우 정권 하에서 각종 장관·총리 제의들을 뿌리치고 지조를 지킨 분입니다. 정말 훌륭하신 분이죠. 오른쪽 장준하 선생은 1945년 8월 15일 직후 광복군 대장 이범석 장군과 함께 비행기를 타고 당시 군사공항이 있던 여의도 공항에 착륙했는데, 일본군이 비행기 문도 못 열게 만들었습니다. 문을 열면 다 죽이겠다 한 것입니다. 1945년 8월 15일에 해방 당시 일본군이 항복하여 바로 도망한 것 같지만 실제는 아니었습니다. 일본군이 전체 군권을 장악하고 있었고, 치안 부분 중 일부를 한국인에게 양보했던 것입니다. 요즘 표현으로 '멘탈붕괴'상태가 되어서 어떻게 해볼 수 없는 상태였다고 하지만 철권은 여전히 장악하고 있었습니다. 일본군의 허락 없이 광복군이 와서 접수하겠다고 하니까 죽이겠다고 협박을 해서 비행기를 타고 중국으로 되돌아갑니다. 그리고 나서 1945년 11월 김구 선생의 경호대장 역으로 돌아왔습니다. 이후 자유당 시절에 〈사상계〉라는, 한국 현대사에서 가장 유명하고 영향력 있는 잡지를 만들었는데요. 4·19직전에는 월 7만부 정도가 팔렸고, 글을 읽을 줄 아는 사람은 모두 〈사상계〉의 영향을 받았다는 이야기까지 있었습니다.

장준하의 일생에는 그와 같은 시대에 태어나 대조적인 삶을 산 사람도 있고, 친화성을 가진 인물도 있습니다. 완전 대조되는 인물이 박정희입니다. 장준하는 학병으로 징집되어 갔다가 탈출하여 중경에 갔을 때, 박정희는 만주군 장교를 하고 있었습니다. 이 둘을 비교하면 박정희가 속된 말로 굉장히 '꿀리는' 상황이었습니다. 장준하는 민주주의의 주창자이자 시민사회에 기대어 민주주의를 주장하는 쪽이었고, 박정희는 군권을 틀어쥐고 민주화를 억압하는 쪽이었다는 점에서도 대조가 됩니다. 유신체제 하에서 일반 정치세력이 붙들려 꼼짝 못하고 있을 때, 재야세력이 일어났는데 장준하는 그 재야민주화운동의 구심점이 되었습니다.

1973년 최종길 교수가 의문사 당했다고 했는데, (장준하는) 1974년 유신헌법에 정면으로 도전하는 행동을 시작합니다. 도전하는 방법은 아주 간단한 것이었습니다. 「유신헌법 개정 청원 100만인 서명운동」을 했습니다. 이상한가요? 어느 헌법, 어느 법률이든 개정을 위한 서명운동을 당연히 할 수 있습니다. 유신헌법 그 자체에도 개

100만인 서명운동 개시 당시에 성명서를 낭독하는 장준하 선생의 모습.

정을 위한 개정 절차가 들어있습니다. 그러므로 개정을 청원하는 운동을 하는 것은 너무나 정상적이며, 합헌적이고 합법적인 것입니다. 유신헌법을 개정하기 위해 총칼을 들고 싸우자는 것이 아니고 100만인의 서명을 받겠다는 것입니다. 시작한 지 3-4일 만에 거의 100만에 도달하게 됩니다, 유신체제 하임에도 불구하고 말입니다. 그렇게 되니 권력의 입장에서 좌시할 수 없게 되었습니다.

그로부터 바로 일주일 뒤에 박정희 정권은 이 서명운동을 금지하면서 유신헌법에 들어있던 긴급조치라는 형식을 이용하여 긴급조치 제1호를 선포했습니다. 그리고 반유신 투쟁도 본격화되었습니다.

1972년 10월 17일에 유신체제는 시작됩니다. 유신헌법 공포를 위해 대통령이 국회해산을 합니다. 그래서 1963-1972를 제3공화국이라 부르고, 1972년 유신부터 1979년까지를 제4공화국이라 부릅니다. 왜 이렇게 나눴는가 하면 이유는 이렇습니다. 원래 있던 헌법에 규정한 절차에 따라

다음 헌법으로 개정된다면 공화국의 순차를 나누는 것은 어렵습니다. 하지만 당시 헌법에 의하면 대통령은 국회해산을 할 수 없습니다. 당시 대통령이 헌법을 개정하려면 국회의원 2/3의 동의와 국민투표라는 두 절차를 거쳐야 하는데, 이를 지키지 않고 국회를 해산해 버렸습니다. 그리고 계엄령을 선포하여 민간의 정치표현을 억압한 상태에서 국민투표를 밀어붙였습니다. 이러니 10월 유신은 형법적으로는 정확히 내란죄에 해당합니다.

그리고 나서, 1973년 10월 최종길 교수의 죽음이 있습니다. 이 죽음은 굉장히 공포스럽습니다. 예를 들어 장준하 선생이 죽었다고 하면, 워낙 전면에 나섰던 사람이니까 정치적 테러를 당한다 생각하고 정치적 전면에 나서지 않는 사람들은 관계없는 일로 치부할 수 있습니다. 하지만, 최종길 교수가 죽는다고 하는 것은 지식인 누구나에게 죽음이 다가올 수 있다는 공포로 느껴지게 됩니다.

긴급조치의 시대

이듬해인 1974년 1월 긴급조치 1호가 공포됩니다. 긴급조치 1호의 내용은 쉽게 말해 이렇습니다. "유신헌법을 비방·개정, 유언비어 날조, 유포 등등하면 15년 이하의 징역에 처한다"는 것입니다. 그때까지 완전히 합법적이었던 행위가 갑자기 불법이 되어서, 헌법 개정운동을 주도했던 장준하와 백기완이 15년형을 언도 받았습니다. 이 재판은 군사재판으로 열렸습니다. 민간재판이라면 공판에 시간도 좀 걸리고, 변호사와 검사의 공방전도 치열하게 벌어지게 됩니다만, 군사정부는 국민들에게 공포감

긴급조치 제1호

1. 대한민국 헌법을 부정, 반대, 왜곡 또는 비방하는 일체의 행위를 금한다.

2. 대한민국 헌법의 개정 또는 폐지를 주장, 발의, 제안, 또는 청원하는
   일체의 행위를 금한다.

3. 유언비어를 날조, 유포하는 일체의 행위를 금한다.

4. 전 1, 2, 3호에서 금한 행위를 권유, 선동, 선전하거나, 방송, 보도, 출판
   기타 방법으로 이를 타인에게 알리는 일체의 언동을 금한다.

5. 이 조치에 위반한 자와 이 조치를 비방한 자는 법관의 영장 없이 체포,
   구속, 압수, 수색하며 15년 이하의 징역에 처한다.
   이 경우에는 15년 이하의 자격정지를 병과할 수 있다.

6. 이 조치에 위반한 자와 이 조치를 비방한 자는 비상군법회의에서
   심판, 처단한다.

부 칙

7. 이 조치는 1974년 1월 8일 17시부터 시행한다.

을 심어주기 위해서 민간법원에서가 아닌 군사법정에서 재판을 받도록 했습니다. 개헌 청원운동 당시에는 이를 금지할 법도 없었고, 군사법정에서 재판을 받을 거라는 예상도 없었습니다. 그러므로 죄형법정주의와 형벌불소급의 원칙에 완전히 저촉되는 것입니다. 국민의 청원권, 국민의 표현의 자유, 헌법에 대한 의견의 자유로운 표명에 관련된 모든 기본권을 부인한 것입니다. 이 법조항, 긴급조치가 문제가 있지 않느냐는 문제제기를 할까봐 이 긴급조치는 "사법심사의 대상이 아니한다"는 것을 헌법에 못 박아 놨습니다. 게다가 검사가 청구하여 판사가 발부하는 영장의 경우에도 비상조치 하에서는 필요로 하지 않는다고 하였고, 소급입법을 하여서 발효 이전 행위에 대해서도 소급적용하여 처벌할 수 있는 것이 긴급

조치의 내용입니다. 위헌적이고 위법적인 조항들로 적철됩니다.

1974년 4월 긴급조치 4호가 선포됩니다. 전국 대학생들이 유신체제에 반대하는 학생데모를 조직적으로 하기위해 민청학련(전국민주청년학생총연맹)을 조직하니까, 이에 대응하여 긴급조치 4호를 발표했습니다. 민청학련이라는 학생조직에 가입하거나 그에 영향을 받아 행동을 하거나 하면, 쉽게 말해 대학생들이 유신헌법 개정이나 유신체제 반대운동을 조직적으로 하게 되면 이는 사형, 무기, 15년 이상의 징역에 처한다는 것이 골자였습니다. 만일, 1962년이나 1969년이라면 전혀 범죄가 되지 않는 행위였는데, 범죄로 바뀐 것입니다. 이 당시 잡혀가서 재판을 받은 학생 숫자가 1,024명입니다. 민청학련과 관련되는 단체를 조직, 가입, 구성, 찬양 고무, 이에 동조, 심지어는 밥사주는 것도 처벌대상이 되었던 것입니다. 이를 위반하게 되면, 또는 이 조치가 너무 가혹하거나 불합리하다고 비방하는 사람도 있을 텐데요, 그런 일을 하게 되면 사형, 또는 무기, 5년 이상 징역에 처하게 됩니다. 현행 형법상 이와 동일한 형량을 가진 죄목이 있습니다. 고의 살인죄입니다. 그러므로, 이런 활동을 하는 사람은 고의 살인범 수준으로 다스린다는 이야기입니다. 그리고, 유기징역에 처하는 경우는 15년 이하의 자격정지를 병과할 수 있다고 되어 있는데요, 74년부터 15년이면 나이 40세까지는 공직 같은 것들을 맡을 수 없다는 것입니다. 미수에 그치거나 예비

민청학련 사건 판결문 사진.

음모한 자도 마찬가지다 이런 식의 어마어마한 조항이었습니다.

 민청학련 사건의 판결문입니다. 판결문이 워낙 깁니다. 33명을 처벌 뒤에 20명을 처벌하고, 계속해서 1,000명의 인원을 처벌했기 때문입니다. 주범에 해당하는 이들이 있습니다. 이철, 유인태, 김병곤, 여정남, 나병식, 김영일, 이현배를 각 사형, 총 7명입니다. 그리고, 황인성, 정문화, 이근성, 서중석, 안양로, 김효순, 류근일 등 7명은 무기징역. 줄을 잘 맞춰서 판결했습니다. 만일 이 형이 그대로 집행되었으면 어떻게 되었을지 한 번 봅시다. 이철 씨는 그 뒤에 여러번의 국회의원을 했던 사람입니다. 유인태는 국회의원과 청와대 비서실장을 했던 사람입니다. 여정남은 인혁당 사건으로 연계되어 죽게 되었는데, 2007년에 재심으로 무죄판결을 받았습니다. 학생운동의 지도자였던 김병곤은 90년대 초 암으로 죽었습니다. 민청학련 재판 당시 최후 진술을 하라 하니 '영광입니다'라고 했다고 합니다. 별로 한 것이 없는데, 자신을 민주제단에 올려주니 영광이라는 것입니다. 한국의 최후 진술 중 가장 심장을 찌르는 말씀을 했습니다. 나병식은 출판업(풀빛)을 했습니다. 김영일, 김영일은 김지하의 본명입니다. 김영일은 민청학련 사건 당시 32세. 용기의 절정이었던 것 같습니다. 순결성을 유지할 수 있는 나이의 상한이 32세인 것 같습니다. 안중근 의사도 32세에 돌아가셨거든요.

 지난 2013년 4월 3일 민청학련 39년 기념식을 서대문 형무소에서 했습니다. 그곳에 가니 이철, 이현배 이런 분들이 옆에 앉아 있었습니다. 저는 왕년의 사형수들 옆에 앉았던 것이지요. (웃음) 정문화, 황인성은 기독교 관련 활동을 하였고, 서중석은 성균관대 역사학과 교수로 오랫동안 있었습니다. 안양로, 대전 시민운동을 했던 분이고, 이근성은 프레시안 창립자입니다. 김효순은 중앙일보 기자였고, 류근일, 류근일은 조선일보에 있습니다. 여러분들께서는 현재 조갑제, 김대중, 류근일 이런 사람들을 극우논객의 화신처럼 알고 있을 텐데, 류근일은 1961년부터 장기간 엄청난 고초를 받았고 70년대에도 엄청난 고초를 받았습니다. 류근일의 부친이 북한에서 김일성대학 교수와 관료를 지냈습니다. 그래서 1957년 서울대 정치학과 입학하여 1958년 필화사건으로 감옥에 간 이후로 부친의 경력으로 인해 내내 고초를 받았습니다. 류근일의 변신은 80년대 후반부터 이뤄집니다.

그 뒤에 더 많은 수의 사람들이 20년형에 자격정지 15년 등을 언도받았습니다. 여기에는 현재 우파로 변신한 서경석 등이 있습니다. 그리고 징역 15년에 자격정지 15년형. 이 형을 언도받은 구충서 씨는 모진 고문 끝에 정신이상이 되었습니다.

이렇게 엄청난 인원을 혹독하게 처벌했으니 반유신 민주화투쟁은 그 싹조차 잘렸겠지요? 그러나 이정도 잡아 넣으면 사실 체제가 견디지를 못합니다. 감옥의 수용인원도 한계가 있거든요. 국내외적 압력도 거세고요. 그래서 이듬해 2월 15일 당사자들을 형집행정지로 석방했습니다. 당시 군사재판에는 관할 지휘관 확인 절차라는 것이 있어서 판사가 선고한

故 장준하 선생의 함몰된 두개골.

【서울=뉴시스】 김기태 기자 = 26일 오전 서울 용산구 효창동 백범김구기념관에서 장준하 선생 사인진상조사 공동위원회 주최로 열린 장준하 선생 유해 정밀감식 결과 국민보고대회에서 이정빈 명예교수가 장준하 선생의 유해정밀 감식 결과보고를 하고 있다.

형을 깎을 수 있었고, 형집행정지에 즈음해서는 여정남을 제외하고는 사형을 무기징역으로 낮춘 상태였습니다. 사형선고를 받고 확인 단계에서 무기징역이 되었다가 만 1년이 안되어서 가석방되어 나왔습니다. 무기징역이기에 죽을 때까지 감옥에 있을 줄 알았는데 만 1년도 안되어 감옥을 나오니까, 그 중 한 명인 김지하씨가 '세월이 미쳤나 내가 미쳤나' 이런 이야기를 한 적 있습니다. 이것이 1975년의 일입니다.

1975년 8월 장준하 선생이 의문사를 당합니다. 당시 장준하의 위치는 재야 대통령이라고 불릴 정도였습니다. 실제로 완전히 구심점 역할을 했습니다. 사망 당시 도봉구에 있는 약사봉에 올라갔다가 비탈에 미끄러져서 추락사했다고, 당시 동행했던 사람이 한 명 있는데 그 사람이 이렇게 진술했습니다. 그리고 나서 부검다운 부검도 하지 못했습니다. 뜻밖에도 작년에 무덤 봉분이 장마로 허물어지는 바람에 이장을 하기 위해 묘를 파보니까 두개골 오른쪽에 동그란 함몰 부위가 정확히 나왔습니다. 이러한 함몰 상태는 사람을 꽉 붙잡은 채로 큰 돌이나 해머로 찍었거나 하지 않았으면 생기지 않는 것이라고, 법의학의 권위자인 서울의대 이정빈 교수가 증언을 했습니다. 증언을 하지 않았더라면 어땠을지 모르겠지만, 법의학자로 감정한 결과 뼈들이 많이 상하는 타살과 달리 다른 뼈들이 온전한 상태에서 두개골만 함몰된 것으로 보아 누군가가 둔기로 타격을 가해 타살당한 것이고 추락해서 죽은 게 아니라는 증언을 했습니다. 그래서 이에 대한 진상조사도 중요한 의제가 되었습니다. 75년의 사건이 현재 쟁점이 된 것입니다. 현재는 국회에 진상조사를 위한 특별법이 상정된 상태입니다.

사실 박정희 집권의 처음부터 역사적·현재적 쟁점이 되어있습니다. 5·16은 쿠데타였는가? 혁명이었는가? 유신은 정당했는가? 잘못된 것인가? 이런 류의 이야기들이 현재 쟁점이 되어 있습니다. 2007년 한나라당 대선 경선 당시 박근혜 후보는 5·16은 "구국의 혁명"이라고 했고, 2012년 7월에는 "불가피한 선택"이라고 했습니다. 5·16과 유신, 그리고 인혁당 사건에 대한 박근혜의 인식과 발언에 대하여 어마어마한 비판이 쏟아질 무렵에 안철수가 지지율 역전을 했습니다. 그러니까 아주 다급하게 5·16과 유신, 인혁당 사건 등을 뭉뚱그려서 "헌법가치가 훼손되고 대한민국의 정치발전을 지연시키는 결과를 가져왔다고 생각한다"고 이야기했습니다. 그리고 나서 "인혁당 사건에 대하여 대법원 판결이 두 가지로 나오지 않았느냐, 그 부분에 대해서도 앞으로의 판단에 맡겨야 하지 않겠는가?"라고 이야기 했습니다. 이 말은 사람들을 어마어마하게 자극하는 것입니다.

인혁당 사건은 1975년 민청학련 사건과 관련이 매우 깊습니다. 한국사회에서 학생들은 사형시키기 어렵습니다. 왜냐하면 대한민국의 국민들이, 학부모들이, 학생들을 너무 사랑합니다. 학생이 죽는 문제를 바로 자신의 문제로 받아들이고 아파합니다. 김주열이 죽으니까 1960년 자기 아들 죽은 것으로 생각하고, 박종철이 죽으니까 1987년 자기 아들이 죽은 것으로 생각합니다. 고문까지는 참아도 사람을 죽이고, 그 뒤에 은폐까지 하는 것. 김주열을 죽인 뒤에 바다에 수장 시키고, 박종철의 사인을 조직적으로 은폐하는 것. 이것은 우리 국민의 인내의 한계를 넘는 것이었습니다. 고문을 하다가 사람이 죽는 것은 그 고문관 몇 명이 관계되었다고 할 수 있겠지만, 그것을 은폐하는 것은 국가 조직 전체가 개입되어 있는 것입니다.

사람을 죽인 범죄사실 그 자체만으로 국민이 궐기하지 않습니다. 예컨대 2000년대 초 서울지방검찰청에서 어떤 검사가 마약 혐의자를 가혹하게 취조하다 죽은 사건이 있었습니다. 이를 은폐하면 정권의 문제가 되는데, 그 당시 해당 검사를 면직과 동시에 형사처벌을 하니 개인 범죄가 되었습니다. 그런데 인혁당 사건 같은 경우 민청학련 가지고 강하게 처벌하기가 아무래도 어렵기 때문에, 순진한 민청학련을 부추기는 배후조직이 있고, 그 뒤에 북한이 있다라는 구도를 그린 것입니다.

민청학련 10년 전 1964년에 6·3사태, 6·3학생운동, 6·3민주화 운동 등으로 불리는 사건이 있었습니다. 이때 이명박도 고대 학생회장으로 관련이 되었고, 이재오도 중앙대 학생회장으로 관련이 되어 있었는데, 이

인혁당 사건 : 사형과 재심 - 무죄 (좌:1975년, 우:2007년).

당시는 이들을 탄압하기가 더 어려웠던 시기입니다. 헌정 장치가 나름 작동되었던 시대였기 때문입니다. 그래서, 일반인들은 잘 모르는, 빨갱이로 조작하기 쉬운 무슨 단체를 날조하여 만들었습니다. 그것이 소위 제1차 인혁당 사건이었습니다. 이 순진한 학생들을 꾄 것은 인민혁명당이라고 하는 녀석들이고, 그 뒤에는 북한이 있다, 이러한 내용으로 중앙정보부에서 조직도를 그려 학생들 배후에 인혁당이 있다는 것을 보여주면서 발표를 했습니다. 그런데 검찰 단계에 가서는 사건을 맡은 공안검사가 기소를 못하겠다고 해버렸습니다. 한국 검찰 역사에서 가장 용감하고 훌륭한 사건으로 기억될만한데요, 기소할 증거가 없다는 것입니다. 그러니까 중앙정보부에서는 '그게 바로 빨갱이라는 증거다'라고 했습니다. 보통 사람들 같으면 증거를 남길텐데, 배후 조종을 하고도 증거가 하나도 없으니 '일류 빨갱이'라는 증거라는 것입니다. 이와 더불어, 일단 기소를 하면 법원에서 유무죄 판단을 해줄 것이라는 논리도 들이댔습니다. 물론 검사들은 그럴 거라면 검사가 왜 있는가라며 해당 검사(이용훈 부장검사)는 사표를 내면서 저항을 했습니다. 대신 다른 검사가 사건을 맡았지만 김이 빠진 상태여서 무죄판결이 나온 경우도 많고, 징역 1~2년 혹은 집행유예로 끝나버렸습니다. 중앙정보부 역사에서 가장 큰 참패를 당한 사건입니다. 중앙정보부에서는 이를 갈고 있었습니다. 10년 뒤에 이르러 중앙정보부에서는 인혁당 재건 위원회 사건이라는 이름으로 10년 전에 기소되었던 사람들에게 같은 혐의를 다시 한 번 덮어씌운 것입니다. 그 사람들은 경상북도에서 서로 교우 관계를 가지면서 모임 자리에서는 약간의 정권 비판 발언도 조금 했던, 요즘의 민주노동당 수준보다도 낮은 수준의 모임이었습니다. 이에 대해서 사람들은 잘 모르고 있었습니다. 언론도 살아있지 않았던 때입니다. 이 사람들이 어마어마한 고문 끝에 허위자백을 했다고 하니까, 1975년 2월 15일 석방되어 나왔던 김지하씨는 〈고행 1974〉라는 명논설을 동아일보에 3일 연속으로 게재했습니다. 이에 김지하는 다시 구속되었습니다. 이와 같은 인혁당 사건 당사자들의 억울한 죽음이 2007년에 이르러서야 무죄로 확정 판결이 이뤄집니다. 얼마나 어마어마한 고통을 가한 것입니까?

쿠데타·군사정변과 혁명의 차이

이 사건 당시는 유신체제 하에서 육영수 여사는 저격당해 돌아가셨고(1974. 8. 15), 딸인 박근혜가 일종의 영부인 역할을 하면서 전국을 돌아다니고, 스포트라이트를 받고 있었던 때였습니다. 그런 때에 일어난 처참한 죽음을 두고, 박근혜 후보가 '앞으로 역사적 판단에 맡겨야 하지 않겠는가'라고 한 것입니다. 박정희 유신체제의 핵심적 인권침해사건이라고 할 수 있는 인혁당 사건에 대해 확정판결이 나왔는데도 이러한 발언을 하니까 사람들이 도저히 안되겠다는 쪽으로 쏠리면서 박근혜 후보가 정치적 위기에 처하는 상황을 맞게 되었습니다. 그러자 황급히 두루뭉술하게 "5·16과 유신, 인혁당 사건은 헌법가치가 훼손되고, 대한민국 정치발전을 지연시키는 결과를 가져왔다" 정도로 이야기를 마무리했고, 언론도 심하게 이를 추궁하지 않으니까 그 정도 상태에서 봉합이 되었습니다. 그 이후에는 이와 관련된 발언을 하지 않았습니다.

속마음은 어떨까요? 박근혜 씨가 직접 속마음을 말하지는 않았으나, 측근들은 속마음을 잘 읽습니다. 특히 장기간 관료생활을 한 사람들은 수십 년간 단련되었기 때문에 눈치가 100단입니다. 장관 인사청문회에서 이들이 한 발언을 보면, 정홍원 총리 후보자의 경우 정확하게 이야기를 했습니다. "5·16은 군사정변이고, 유신은 헌법가치를 파손시킨 반민주적 조치다"라고 했습니다. 이것은 박근혜의 워딩을 그대로 쓴 것인데요, 박근혜가 대통령이 되고 난 뒤에 이 청문회를 통해서 나온 발언을 듣고 박근혜 씨의 기분이 좋았을까요? 내심 불편했을까요? 총리 청문회는 그렇게 넘어갔습니다. 아마도 무엇인가 외부에서는 잘 알 수 없는 분위기가 형성되었을 것입니다. 그 뒤에 개최된 장관들 청문회에서는 한결같이 "답변드리기 어려운 점을 양해해 달라"고 했습니다. 이게 답변하기 어려운 문제일까요? 매우 명석하다고 알려진 조윤선 당시 후보자의 경우 다른 주제들에 대해서는 청산유수로 대답을 하다가, "역사적 관점에서 평가하고 결정할만한 깊은 수준의 공부가 되어있지 않다"고 말했습니다. 교육부 장관 후보자는 "어떻게 정하느냐에 따라 평이 갈리는 사안이다"라고 했습니다. 환경부 장관은 2005년도에 "5·16혁명"이라고 발언했던 사실을 문제 삼으니까 "교과서에 그렇게(쿠데타라고) 적혀있다면 교과서대로 봐도 무방하지 않은가?"라고 말했습니다. 장관들 중 자신의 입으로 "5·16은 쿠데타"라고 말한 사람은 아무도 없었습니다. 이들은 권력자의 속마음을 알고 그에 따라 행동한 것입니다. 유신 시절에 인권유린이 상당했다는 것은 부인할 수 없지만, 1961년의 5·16에 대해서는 논쟁을 하고 싶은 것입니다. 경제성장이라고 하는 성과도 컸다고 생각할텐데, 이를 쿠데타라는 이름으로 부르면 태생이 잘못되었다는 말이 되기 때문입니다.

쿠데타란 군인들이 정변을 일으켜 민간정권을 뒤집어엎는 것입니다. 이는 법적으로 정당화될 수 없습니다. 혁명은 밑으로부터 국민들이 위의 권력을 치는 것입니다. 가장 전형적인 혁명은 국왕을 타도하고, 왕정체제를 깨는 것입니다. 프랑스 혁명, 러시아 혁명, 일련의 영국 혁명들. 왕의 목이 한 번씩 달아났습니다. 목이 베이기 전에 왕은 하늘로부터 권한을 내려받은 사람이지, 인민들로부터 권한을 받은 사람이 아닙니다. 그런데 목을 베고 보니 같은 사람에 불과하게 됩니다. 이렇게 되면 후일에 왕이 다시 등장을 하더라도 하늘의 신성한 아우라가 사라진 상태가 됩니다. 루이 14세에서 16세까지는 하늘로부터 권한을 받은 국왕이지만, 프랑스 혁명이 발생한 뒤에 왕좌에 오른 루이 18세, 샤를르 2세는 힘이 조금 센 사람이라 그 자리에 오른 것일 뿐, 맘에 안 들면 교체할 수 있다고 사람들은 생각하게 됩니다. 이게 혁명입니다. 5·16이 혁명이라는 것은 그 당시에 정권을 잡은 사람들이 힘을 가지고 있었을 때에만 성립할 수 있습니다. 5·16혁명이라는 단어가 나오는 시기는 1961-79년 사이입니다. 심지어 전두환의 제5공화국 시절에도 5·16혁명이라고 쓰지 못했습니다. 제1공화국 헌법에는 "3·1운동"이 나오고, 제2공화국 헌법에는 "4·19"가 나왔습니다. 61년 군사정변을 통한 집권 후에는 "5·16"도 헌법 전문에 넣었다가, 1980년 헌법은 5·16도, 4·19도 빼고 "3·1운동"만 남게 되었습니다. 그 후 87년 여야합의에 의한 헌법 개정을 통해 "4·19"를 복권시켰지만, 5·16은 뺐습니다. 5·16을 우리 헌정사의 영속적 부분으로 인정할 가치가 없다는 것입니다. 5·16은 군사 정변이고, 정변을 통해서 집권을 한 사람이 의미 있는 활동을 했다고 하더라도, 활동을 그대로 평가하면 되는 것이지, 그것을 거슬러 올라가 5·16 자체가 쿠데타에서 혁명으로 전환될 수 있는 것은 아닙니다. 비유를 들어보자면, 강간으로 인해 태어난 아이가 훌륭하게 자라난다고 해서 강간이라는 죄가 면책될 수 없다는 사실과 마찬가지라고 봅니다. 이 사안은 박근혜 정권에 입각한 사람들이 쿠데타라 부르고 싶지 않다고 하는 속마음을 보여줍니다. 5·16의 역사적 규정 자체가 아직도 현재적 쟁점으로 살아있는 것입니다.

대학가와 유신

유신체제는 서울대와 무슨 관계가 있을까요? 서울대의 연도별 학생 징계현황입니다. 요즘 외부에서 서울대학교에 대해 부정적인 이야기를 많이 하는 것을 들을 수 있는데, 민주화운동 과정에서 서울대학교 학생들이 보여주었던 헌신, 희생 등을 생각하면 그 비중이 매우 큽니다. 당시 징계당한 전국 대학생 수의 절반 정도에 해당하는 숫자를 가지고 있습니다. 1970년까지는 3명 정도의 제명, 무기정학, 유기정학, 근신, 지도휴학 등 다양한 징계가 있었습니다. 1972년도는 유신 체제 선포 직전 강력한 철권통치가 이뤄졌는데, 이에 따라 제명인원이 꽤 늘어났습니다. 1973년도 10월부터 학생들이 저항을 하기 시작합니다. 그래서 23명이 제명되었습니다. 1975년에 이르러서는 129명이 되었습니다. 당시 긴급조치 9호 선포에 대해 학생들이 저항하니까, 현장에서 전투경찰에게 잡힌 학생은 모두 제명을 시켰습니다. 그 가운데에는 대학에 입학한 지 채 3개월 되지

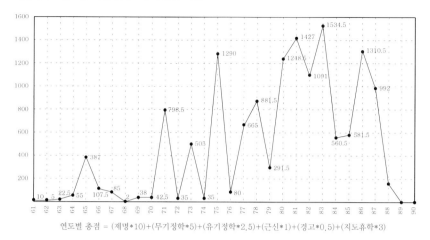

연도별 총점 = (제명*10)+(무기정학*5)+(유기정학*2.5)+(근신*1)+(경고*0.5)+(지도휴학*3)

않은 박원순 같은 1학년생들도 있었습니다. 박원순 서울 시장의 이야기를 들어보니, 당시 도서관에서 공부를 하고 있었는데 바깥에서 데모를 하기에 내려갔다고 합니다. 구호를 조금 외치다가 기숙사에서 낙성대 쪽으로 향하는 길을 통해 교외 진출을 시도하다가 잡혔다고 합니다.

이 시기 징계의 특징은 근신처분이나 유 · 무기정학 이런 것이 없고 잡히는 순간 모두 제명당했다는 것입니다. 보통 제명을 당하는 학생들은 데모를 주동하는 3-4명 정도의 학생들입니다. 그리고 가장 먼저 잡힌 사람들을 초기에 연락을 받고 참여한 사람들로 봐서 무기나 유기정학의 징계를 내립니다. 그 다음에 잡힌 사람들은 가벼운 구류 정도로 끝납니다. 그런데 이 때에는 학생운동의 씨를 말리려했던 것 같습니다. 청운의 꿈을 품고 있는 대학 1학년생들도 '씨를 말리려는' 의도에서 제명을 했습니다. 그 결과 1975년 제적생이 129명에 이르는 대규모였습니다. 1976년에는 8명으로 급감합니다. 그리고 학생운동의 재정비에 시간이 2년 정도 걸립니다. 이후 40명, 60명, 10명의 제적생이 존재합니다. 마지막으로 1980년 광주민주화운동의 여파로 111명이 제적당했는데, 이때도 전두환 정권이 학생운동의 씨를 말리려 했습니다. 이 때 '씨를 말린다'는 목적하에 제명당한 사람 중에 유시민 등이 있습니다. 그리고 1980년대에도 내내 저항이 이어집니다.

이 학생들의 제적 현황 자료는 서울대학교 학생처에 자료를 요구하여 받은 것입니다. 이 자료를 가지고 징계의 경중에 따라 점수를 차등하여 매긴 뒤에 총점을 바탕으로 그래프를 그려 봤습니다. 박정희 시대의 저항과 탄압의 정황을 알 수 있는 그래프를 그렸습니다. 1965년까지는 징계가 별로 없었습니다. 이때까지만 해도 경찰이나 군인이 학교 안으로 들어오지 못했습니다. 학교 안에 들어오려면, 위수령이라고 하는, 수도지역을 군사관할지역으로 하는 특별한 조치가 있어야만 했습니다. 하지만 유신 이후에는 상시적으로 경찰들이 캠퍼스 안에 들어왔습니다. 1960년대까지는, 당시에는 서울대학이 관악이 아니라 동숭동에 있었는데요, 밖으로 나가서 데모하다가도 학교 교문 안으로 들어오면 경찰이 들어오지 못했기 때문에 잡혀가거나 하지 않았습니다. 하지만 유신 이후에는 경찰이 학교 안에 상주했습니다. 캠퍼스 여기저기에 경찰차가 포진해있고, 각 단과대학마다 교무주임, 학생주임 등의 보직 교수가 있고 그 옆에 정보과 형사가 있었습니다. 예를 들어, 법과대학이 있다고 하면 법대의 동향을 보는 형사가 상주하면서 학생들의 상황을 늘 파악하고 다녔습니다. 사찰권력의 촉수가 학교 안에까지 들어와 있는 것입니다. 반회의나 학생회의를 하고 있으면 옆에 와 앉아서 무슨 말을 하는지 적었습니다. 이런 상황 속에서 회의를 하니 사회자도 학생 회장도 어떤 발언을 해야할 지 모릅니다. 모두가 조용히 앉아있는, 그러면서도 바로 일어서지도 못하는 그런 이상한 모임이 진행되었습니다. 긴급조치체제 하에서는 실외에서 3명

이상이 한자리에 모이면 신고를 해야 했습니다. 실외에서 2명이 이야기를 하다가 1명이 오면 저리 가라고 우스개를 하기도 했습니다. 교수들에게는 배정된 지도학생이 있습니다. 만약 학생이 문제가 있다고 하면 교수가 면담을 해서 그 면담을 기록으로 남겨야 했습니다. 그리고 학교 내에서 시위가 벌어지면 교수들이 가야할 포스트가 지정되어 있어 거기에 가서 있어야 했습니다. 그곳에서 자기학과나 단과대학 소속 학생들을 시위에 참여하지 못하도록 하는 역할을 해야 했습니다. 이런 시대였습니다.

체제 자체만 권력 집중체제였던 것이 아닙니다. 유신체제라는 것은 권력 기구상으로는 이렇게 됩니다. 입법부의 1/3을 대통령이 임명합니다. 그리고 2/3을 뽑습니다. 이렇게 되면 상시적으로 2/3가 여당 의석이 됩니다. 사법부가 헌법재판을 통해 행정부의 정책결정을 방해하는 일을 막기 위해 사법부 내에 헌법위원회를 만들었습니다. 그런데 누가 헌법위원인지도 모르고, 사무실도 없었습니다. 누군가가 월급만 챙겨갔는지 모르겠습니다. 사법부도 이렇게 틀어쥐었습니다. 평소에 요주의 대상이었던 법관 120명을 해직합니다. 그러자 사법부는 숨을 쉬지 못합니다. 그리하여 법원은 "권력의 시녀"라 불리게 되었고, 검찰은 "권력의 주구(走狗)"라 불리게 되었습니다. 시녀는 그래도 사람이니까 약간의 자율성을 가지고 있지만, 주구는 그저 시키는 대로 하는 것입니다. 한마디로 대통령이 모든 권한을 가지고 입법, 행정, 사법을 마음대로 주무르던 시기입니다. 스스로도 '영도적 대통령제'라 불렀습니다. '영도자'라는 말을 달리 표현하면 총통(독일어 the Führer)이라고도 할 수 있습니다. 히틀러를 지칭했던 표현들입니다. 이러한 체제에 대해서는, 헌법개정을 청원하거나 유신체제를 비판하는 등과 관련한 자그마한 저항도 불가능하고, 이러한 저항이나 시위를 보도만 해도 긴급조치 위반이 되어 처벌을 받았습니다. 보도 자

홍성우 변호사의 증언

인권변론 한 시대

민청학련사건부터 전두환재판까지, 홍성우 변호사가 풀어놓은 '한 시대'의 이야기.

인권변론 한시대.

체를 못하게 만들었던 것입니다. 그래서 1975-79년에 사이의 언론을 보면 유신체제에 대한 비판이 전혀 없는 나라처럼 보입니다. 국내 신문을 보면 매우 평온했고, 어떤 종류의 저항도 없었습니다. 그래서 당시 신문을 액면 그대로 보면 사회적 진실을 전혀 알 수 없습니다. 신문이 진실을 담는 게 아니었기 때문입니다.

그 당시 진실을 담은 기록들 중에 인권 변호사들이 만든 〈인권 변론 자료집〉이 있었습니다. 유신체제를 비판하다가 체포되어 법정을 거쳐 감옥에 간 사람들이 있습니다. 그리고 이 사람들을 위해 헌신적으로 변론을 했던 '인권 변호사'들이 있었습니다. 이들 중 한 사람인 홍성우 변호사는 이에 관한 기록들을 버리지 않고 보관을 했습니다. 이 기록은 아주 중요한 기록입니다. 당시 일간신문은 보도 자체를 할 수 없었던 상황이었기 때문입니다. 그래서 제가 2006년도에 이 기록들을 받아와서 정리하니 PDF로 4만 6천장 정도였고, 이후 추가로 정리하니 총 6만장 정도가 되었습니다. 1974년의 민청학련 사건부터 1979년까지를 자료집으로 간행해 냈습니다. 수록된 원문 페이지가 1만 페이지 정도의 분량입니다. 당시 상황에 대해 낯선 이들을 위해 정황을 설명하기 위한 홍성우 변호사와 저의 증언 대담 책도 〈인권 변론 한 시대〉라는 제목으로 출간했습니다. 당시의 진실을 온전히 이해할 수 있는 작업을 위해서입니다. 이런 류의 기록들이 당시 언론자료 등과 함께 비교 · 대조되어야 합니다.

권력은 언론을 탄압만 하는 것이 아닙니다. 항상 당근과 채찍을 같이 구사합니다. 1975년도 권력은 120여 명의 동아일보 기자를 해고했습니다. 그리고 나서 남은 기자들에게는 당근을 주었습니다. 판사들 120여명을 자른 이후에 남은 판사들에게 월급을 올려주곤 했습니다.

한세대 후의 재심 · 무죄판결

유신체제 하에서의 긴급조치 위반 사건은 진정한 의미의 범죄라고 보기 어렵습니다. 폭력시위를 한 것도 아니고, 화염병도 등장한 적이 없습니다. 문자 그대로 비폭력 시위인데다 사상적으로도 자유민주주의 카테고리 내에 존재합니다. 사회주의적 색채가 전혀 없습니다. 그런데 이것을 공산주의로 덮어씌우고, 북한과의 연결선을 덮어씌워 사건을 만듭니다. 판사들이 그것을 모를까요? 압니다. 하지만 검찰이 제출한 공소장을 판결문에 그대로 쓰고, 심지어는 검찰이 공소장을 2부 만들어서 법관에게 주면 법관은 공소장 대로 판결을 했습니다. 이를 이름하여 '정찰제 판결'이라 했습니다. 그래서 대한민국 백화점보다 정찰제가 먼저 정착된 곳이 법원이라는 우스개가 있었습니다. 너무나 부끄러운 일입니다. 이것은 한국 사법부의 큰 치부가 되었고, 그 치부 중에서도 한 가운데에 자리한 것이 인혁당 사건입니다. 사람이 죽었기 때문입니다. 이철 같은 사람들은 국민들의 인정을 받아 국회의원도 여러번 했잖습니까? 그런데 인혁당 피해자들은 죽임을 당했습니다. 한국 사회의 치부 중 치부가 되어 있는 것입니다. 이 가시를 빼내야만 했습니다.

그래서 겨우 가시를 빼낸 것이 2007년도의 일입니다. 그리고 나서 그 뒤에 재심재판의 물결이 일어나게 됩니다. 하급심에서 고심 끝에 재심-

무죄, 재심-무죄의 연쇄 판결이 이어졌습니다. 이제는 더 근본적인 차원에서 판결의 기초가 되는 긴급조치 그 자체의 위헌성 자체를 따지고 있습니다. 종래에는 재심을 하면서 고문사실이나 수사기록, 공판기록 조작, 불법적 장기구금 등의 이유로 재심 개시결정을 통해 재심을 했습니다. 그래서 국가보안법 사건이나 간첩단 사건 같은 경우는 재심을 통해 원래의 판결이 번복되는 경우가 많습니다. 간첩이 아닌데 간첩으로 만들었다든지, 고문을 했다든지 등의 이유로 고문에 의한 증거는 인정될 수 없고, 조작된 사실들도 걸러 내고 다시 판결을 받으면 무죄로 판결이 납니다.

하지만, 긴급조치 9호 사건 같은 경우에는 그런 류의 조작이 별로 없습니다. 데모만 해도 징역 3년 정도를 받았는데, 조금 두들겨 맞긴 했지만 대놓고 조작한 사실도 없습니다. 이런 경우는 검찰과 법원의 조작이 문제가 아니라, 법령 자체가 문제가 있는 것입니다. 법령 자체를 무력화 시키지 않으면 안 됩니다. 그래서 대법원과 헌법재판소가 위헌선언을 했습니다. 위헌선언은 헌법재판소가 하는 것이 맞습니다. 그런데 이 사건의 주심을 맡은 이가 이동흡 재판관이었습니다. 최근 많이 회자되고 있습니다만, 주심을 맡은 뒤에는 계속 검토 중임을 이유로 사건을 회부하지 않았습니다. 그러는 사이 대법원은 명령에 대한 위헌심사를 할 수 있다는 대법원 규정에 의거하여 명령의 형태로 반포된 긴급조치 1호가 위헌이라고 선언을 했습니다. 헌법재판소가 망신을 당한 것입니다. 헌법재판소의 존립 근거에서 가장 빛나는 것 중 하나가 이러한 긴급조치를 위헌 선언하는 일입니다. 그런데 그것을 못한 것입니다. 이동흡이라는 이는 결국 여러 곡절 끝에 물러나고, 그 사이에 나머지 8명의 재판관들이 전원일치로 위헌 판결을 냈습니다. 만약, 국회에서 긴급조치를 무효화하는 법을 만들면, 헌법재판소는 더 큰 망신을 당하게 됩니다. 그래서 서둘러 대법원과 마찬가지로 전원일치 위헌 판결을 내렸습니다. 대법원은 긴급조치를 대통령에 의한 명령이라 보아서 대법원이 판결해야 한다고 보았고, 헌법재판소는 명령이지만 법률과 같은 효력을 가진 실질적 법률이라고 보면서 헌법재판소가 소관해야 할 일이라 보았습니다. 이렇게 대법원과 헌법재판소가 경쟁하듯이 위헌 선언을 함으로써, 긴급조치는 완전히 역사적 유물이 되었고, 피해자들에 대한 구제조치만 남게 되었습니다. 그래서 긴급조치 자체를 법적으로 어떻게 처리하는가 하는 문제를 둘러싸고 유신체제가 종결된 이후에도 30년 가까이 되어서야 법적으로 청산하게 된 것입니다.

Q. 몇 일 전 뉴스에 보니까 요즘 학생들이 3·1절을 삼점일절로 읽는 등 기본적 현대사 교육이 안된다고 봅니다. 기본교육이 이뤄져야 한다고 보는데, 어떻게 생각하시나요?

A. 오늘 이야기가 재미있었나요? 재미가 있었다면 현재와의 관계 속에서 이야기를 하려고 노력했기 때문일 것이라 생각됩니다. 예를 들어, 3·1절이 있었다면 그때 무엇이 있었다는 것과 함께, 현재 3·1절을 우리가 다시 언급해야하는 이유가 무엇인가를 계속 음미하면서 이야기해야 하지 않겠는가 합니다. 역사는 과거에 머무르는 것이 아니라 현재와의 대화이자, 그 대화 속에서 계속 재음미되어 하는 것이라고 봅니다. 예를 들어, 장준하는 37년 전에 사라지고 없지만, 하지만 이분이 가진 의미를 되살리려는 노력이 필요하다고 봅니다. 이 사람의 삶이 주는 감동을 음미하고, 현재적인 계승을 생각해 보는 것. 만약 지금 살아있으면 어떻게 되었을까? 당시에 민주화운동을 함께 했던 일부 인사들처럼 변절을 했을까? 이러한 역사적 상상력을 발휘해볼 필요가 있다고 봅니다. 역사와의 대화를 통해 미래에 필요한 많은 자원을 얻을 수 있다고 봅니다.

제가 역사를 살면서 느낀 교훈이 있습니다. 박정희 시대를 살고 있을 당시에는 권력이 무한하다고 느꼈습니다. 그때는 시위를 한다는 것은 대의명분을 가지고 절망 속에 몸을 던지는 것에 다름없었습니다. 마치, 용궁같은 것이 있을 것이라 생각하지 못하고 인당수에 몸을 던진 것과 같습니다. 그렇게 해서 감옥에 가게 되면 자신이 선택할 수 있는 미래라는 것의 폭이 매우 협소해지게 됩니다. 혹독한 겨울을 나야만 했던 것입니다. 당시는 유신체제를 직접적으로 비판하기 어려우니까 '겨울'이라는 표현을 많이 썼습니다. "겨울공화국"이라는 양성우 시인의 장시도 있었습니다. 글을 매우 잘 써서 대학 재학 중에 이미 문학상을 여러 번 받았던 서울대 미대 김병종 교수는 〈대학신문〉에 "겨울기행"이라는 긴 시를 썼습니다. 봄의 기미가 보이지 않는 겨울이라는 느낌 속에서 살았던 것입니다. 이 긴 겨울이 지나고 다서 또 다른 겨울이 찾아오겠지만, 역사를 공부함으로써 우리는 인간의 욕망과 권력이 유한하다는 것을 알게 됩니다. 이렇게 되면 권력을 상대화하게 되고 권력에 대한 일방적 공포감에서 벗어날 마음의 여유가 생기게 됩니다. 어떤 체제에 충성함으로써 현재적인 권력을 탐한다고 하더라도 그게 유한하다는 것을 느끼면 굳이 그렇게 살 필요가 없다는 생각도 하게 됩니다. 과거와의 대화를 통해 미래를 위해 필요한 양식을 얻는 게 역사공부의 이유라고 흔히 말합니다. 그렇다면, 암기식으로만 접근하면 안 된다고 생각합니다. 역사교육을 산교육으로 만들어나가야 한다고 봅니다. 그렇지 않다면 역사교육이 사람들에게 감동을 불러일으키기 어렵지 않을까 합니다.

Q. 박정희 정권은 61년부터 독재정치를 시작했는데, 72-79년부터를 다루고 있습니다. 유신체제가 훨씬 더 엄혹한 정치체제였다고 하지만 유신 이전의 박정희 정권도 군사독재정권이라고 생각하는데, 왜 유신에만 초점을 맞추어 다루고 있는지요?

A. 61년부터 79년을 쭉 펼쳐보면 이렇습니다. 1960년에 4·19라는 사건을 통해 난공불락처럼 느껴졌던 이승만 정권을 학생과 시민이 일거에 무너뜨린 경험이 있습니다. 4·19혁명이라는 경험은 어마어마한 것입니

다. 그래서 5 · 16은 스스로를 4 · 19의 계승자라고 말할 수밖에 없었습니다. 4 · 19는 5 · 16과 더불어 끝이 났다고만은 볼 수 없습니다. 1961-63년까지 헌법에 없는 국가재건최고회의법을 만들었고 일종의 "군사혁명 위원회"를 통해 통치를 했습니다. 제2공화국 헌법을 기능정지시켰고, 새로운 헌법은 1963년에 등장하게 됩니다. 그 사이에는 군사철권 통치를 하면서 다른 세력을 억압했지만, 출범한 권력이 처음부터 막강할 수는 없었습니다. 유신체제기의 권력과 61-63년 사이의 권력을 비교해보면, 박정희 1인의 통제력은 유신 때가 압도적이었고, 61-63년은 오히려 군사집단의 통치시대였다고 할 수 있습니다. 그리고 군정이 들어서자마자부터 조속히 "민정이양"을 하겠다고 반복적으로 밝히지 않을 수 없었습니다. 이양 과정에서 제3공화국 헌법을 만들었는데, 이 헌법은 별 문제가 없이 잘 만들어져 있습니다. 군사정권이 만든 것이기는 하지만, 각계로부터 의견 수렴을 했습니다. 그래서 한국 헌법사에 비춰볼 때 별다른 문제는 없는 헌법이라고 할 수 있습니다. 출범 초기 박정희 정부 시대는 미국의 압력이나 4 · 19의 영향으로 인한 여론의 압력, 이런 것들 사이에서 헤엄쳐가는 시대였다고 할 수 있습니다. 그리고 1963년 대통령 선거에서 15만표 차이로 겨우 이겼는데, 당시는 부정선거가 만연했었습니다. 그래서 선거에서 진 윤보선 씨가 "정신적 대통령"이라 자칭 할 정도로 박정희 대통령의 기반이 강하지 않았습니다.

이후 베트남파병 등을 통해 미국과 밀월관계가 만들어졌습니다. 미국으로부터 대량의 군사지원을 얻게 되고, 이를 가지고 경제성장을 추동해나갈 힘을 얻게 됩니다. 여기에 일본과의 외교관계 수립으로 대일청구권에 따른 차관이 도입되면서 60년대 중후반에 가서는 경제성장이 급속하게 이뤄지게 되었습니다. 1967년 박정희 대통령이 재선에 도전했을 때에는 야당의 도전을 뿌리치는 것이 어렵지 않았고, 150만표 차이로 이겼습니다. 이 당시에 박정희 대통령은 상당히 잘한다는 평가를 받았습니다. 잘 살아보세, 우리도 할 수 있다, Yes we can 이런 정신을 심어주고, 성장에 불을 붙였다고 할 수 있습니다. 〈김일성과 박정희의 경제성장〉이라는 책이 재작년에 나왔는데, 독재자가 리더십을 가지고 국민들의 지지를 얻게 되었을 때 현장에 뛰어들어 문제를 해결하는 것이 1950년대 김일성의 행동방식이었는데, 이것이 1960년대 박정희의 행동패턴과 비슷하다고 합니다. 현장에 가서 막걸리를 마시면서 문제를 해결해가는 젊고 역동적인 리더십을 보여준다는 것입니다.

1971년 김대중과 대결한 선거에서는 매우 팽팽한 결과가 나왔습니다. 1969년 헌법상 두 번밖에 하지 못하게 되어있는 규정을 삼선개헌을 통해 고친 뒤에 딱 한번만 더 하겠다 그랬습니다. 5·16에 이어 두 번째의 헌정파괴를 한 거지요. 그래서 1971년 선거에서는 지역감정 유발 전략으로 신승을 했습니다. 그 임기는 1975년도에 끝나게 됩니다. 이 때 끝냈으면 개인적으로도 좋았을 것 같습니다만. 흔히들 권력을 일컬어 기호지세 (騎虎之勢)라고 합니다. 호랑이를 탄 것과 같다는 것이지요. 달릴 수는 있어도 멈출 수는 없는 것입니다. 어마어마하게 외부로부터 국민들의 견제가 들어오지 않는 이상에는 달려갑니다. 또한 그의 옆에 사람들도 그가 계속 달리는 것을 원합니다. 떡고물이 나오기 때문입니다. 그래서 70년대 초부터 3선개헌을 넘어선 어떤 것을 준비해야 했습니다. 하지만, 3선개헌으로도 이미 엄청난 진통을 치른 상태에서 4선개헌을 하자거나 박정희 대통령에게는 예외를 주자, 이런 설득의 논리가 성립이 되지 못했습니다. 그러므로 정상적 방법으로는 개헌안이 통과될 수 있는 수단이 전혀 없었습니다. 1971년도에 총선에서 야당이 약진하여, 의석수 비율을 여당 110,

야당 79정도로 만들었습니다. 따라서 의석수로 봐도 개헌이 불가능했습니다. 그러니까 국회를 해산시키고, 국민의 뜻을 계엄령으로 억누르고 헌법을 만들어 냈습니다. 따라서 5·16도 쿠데타이지만 유신이야말로 진정한 쿠데타라고 할 수 있습니다. 두 번의 쿠데타, 두 번의 내란죄를 벌한 것입니다. 유신헌법 이후에는 동의에 기반한 통치 체제가 존재하지 않았습니다. 짓누르는 일만 남았습니다. 짓누르지 못하면 자신이 깨지기 때문입니다.

따라서 61-63년은 군사정권 통치의 물리적 기반을 마련했다면, 63-71년까지는 입헌정치가 외양적으로 가동된 시기였고, 여야간의 정쟁이 존재했으며, 경제개발이 가속화된 시기로 정의할 수 있습니다. 유신체제 이후에는 경제성장과 무관하게 정치적으로는 절대적인 강압 없이는 유지될 수 없던 체제가 됩니다. 경제의 성장 여부를 가지고 정치적으로 정당화할 수 있는 문제가 아니었습니다.

Q. 현재 민주화는 다소의 희생이 따랐고 또 따라야 했으나 꼭 필요했던, 올바른 목적을 가진 움직임 정도로 이해되고 있습니다. 하지만 민주화 과정을 직접 겪어보지 않은 학생으로 과정이 언제나 정당화 될 수 있는 것인지 궁금합니다. 그 운동이 가진 한계와 문제점이 있을 듯 합니다.

A. 아마도 질문자가 염두에 둔 사건이나 예시가 있을 것 같은데요. 질문한 학생에게 다시 한번 구체적으로 이야기해 줄 것을 부탁드려도 될까요?

Q. 특정 예시가 떠오른 것은 아닙니다. 우리나라 민주화 과정에서 보면 굉장히 많은 희생이 따랐는데, 꼭 그런 희생이 필요해야만 했나 그런

의문도 있습니다. 구체적인 예는 떠오르지 않아서 설명하기가 어려운 데요. 전반적인 과정에서 보면 목적은 정당했지만 수단 자체가 정당했는지, 당시 상황을 잘 모르기 때문에 정확한 판단이라고는 할 수 없는 부분도 있고, 희생이 필요했던 것도 인정하지만, 수단이 잘못된 측면이 있지 않은가 싶습니다.

A. 수단적 차원에서 문제가 있었다는 것이지요? 그렇다면, 올바르지 못한 수단의 예를 든다면 무엇이 있을까요?

Q. 인명피해가 날 정도로 과도한 시위 등이 있을 것입니다. 완전히 잘못되었다는 뜻이라기보다는 말 그대로 한계라는 점에서, 희생만 하면서 오히려 변화를 이끌지 못하지 않았나 하는 생각이 듭니다.

A. 학생운동의 시기를 나누어 볼 때, 1970년대 초반 유신체제를 반대했던 운동들은 사실 지금에 와서 보면 너무 단순했습니다. 개헌청원운동을 한다거나, 3·1절을 맞아 명동성당 앞에서 유신체제가 반민주적이고, 반민족적이고, 반민중적이라는 내용을 담은 유인물을 만들어서 몇 백부 정도를 돌리는 정도였습니다. 폭력성은 일체 없었고, 내용도 완전히 자유민주주의 내에 있었습니다. 그렇다면 폭력성을 띄기 시작한 것은 언제부터인가? 굳이 나누어 보자면, 70년대 말에 남조선민족해방전선(남민전) 사건이라고 있습니다. 베트남민족해방전선에서 이름을 따온 것인데요, 성명서 낭독 정도같은 정상적인 방법으로는 유신체제가, 총칼을 쥔 권력이 무너지지 않으므로 투쟁을 통해서 무너뜨려야 하는 것이 아닌가? 정당한 폭력을 통해 무너뜨려야 한다고 주장하기 시작했습니다. 또한 거기에 성

공 모델이 있습니다. 쿠바의 카스트로는 온건한 운동을 했던 초기에는 성과를 거두지 못하고 감옥에 갔는데, 감옥에서 탈출을 해서 소수인원이 멕시코로 건너가 폭약제조나 대중동원 등의 방법을 배웠는데, 이 전술로 쿠바 전체를 움직여서 구정권을 쫓아내게 됩니다. 굉장히 매력적으로 보일 수 있는데요. 이런 것들을 해야 한다는 이야기가 나옵니다. 폭력이라는 단어를 거부할 이유가 없다, 폭력은 굉장히 유쾌한 단어다, 폭력으로써 타도하자 등의 주장을 담은 문건들이 70년대 후반 80년대 초에 나왔습니다만, 실제로는 폭력이라는 단어만 사용했을 뿐 폭력혁명적 방법을 구사하지 않았습니다. 학생들 혹은 학생 출신 인사들이 할 수 있는 방법이 아니기 때문입니다. 점거농성 과정에서 방화 등은 있었지만 70-80년대 학생운동 기조는 지나칠 정도로 평화주의적이었다고 봅니다. 70년대는 화염병이 없었습니다. 화염병이 등장한 것은 1983-4년부터인데, 화염병의 용도는 경찰 살상이 아니라 경찰과 시위집단 사이에 거리 확보를 위한 방편이었습니다. 세계운동사 가운데서 한국의 민주화운동은 폭력의 정도가 아주 낮은 편입니다. 우리나라 역사상 가장 큰 시위는 3·1운동입니다. 전국에서 몇 백만의 사람들이 죽음을 무릅쓰고 참여했지만 폭력을 사용한 일이 거의 없습니다. 왜냐하면 이 나라는 국가 권력이 폭력을 거의 완전히 독점하고 있고, 개인들은 폭력장치를 갖지 않는 전통이 있습니다. 국민들이 무력을 통해 스스로를 보호할 안전장치가 없다고도 할 수 있는데요. 그렇기 때문에 국민을 상대로 발포를 할 경우 국민들이 인내의 한계를 넘어섰다고 보게 됩니다. 제한적이나마 시민이 총을 빼앗아서 군대와 대결했던 것은 광주 민주화운동 4일 정도입니다. 그 또한 군대가 먼저 총칼로 사람들을 죽인데 반발하여 시민들이 자위 차원에서 예비군 무기고를 탈취하여 시위를 한 것입니다. 게다가 당시에 시민군에 죽은 군인도 거의 없습니다. 따라서 일종의 반작용에 지나지 않는다고 생각합니다. 폭력의 정도는 매우 약했다고 봅니다.

민주화과정에서 국민들은 민주화에 대한 헌신을 존중하고 고마워했으며, 미안해하기도 했습니다. 1985년도 총선 당시 이철 전 의원이 성북구에 출마하면서 '정치사형수 이철'이라는 표어를 포스터에 쓰고, 민청학련 사건으로 복역하다가 석방되어 나올 당시에는 사람들이 무등을 태워줬던 사진을 쓰면서 단 8일간 캠페인을 하고 당선되었습니다. 그만큼 사람들이 민주화운동의 가치를 인정하고 공로를 인정해준 것이라고 봅니다.

70년대 학생운동은 암흑 속에서 맨땅에 부딪히는 기분이었고, 80년대는 광주라는 경험이 있었습니다. 1981년도 당시에 '어두운 죽음의 시대/ 내 친구는 굵은 눈물 붉은 피 흘리며/ 역사가 부른다 멀고 험한 길을/ 북소리 울리며 사라져간다' 이런 비장한 노래를 불렀습니다. 이 노래의 중반부 가사처럼 투신을 많이 했습니다.

다가올 4·19일에 서울대 캠퍼스 내의 〈민주화의 길〉을 돌아볼 텐데, 학생들이 언제 많이 죽었는가 하면 5공 초반입니다. 절망의 한 가운데에서, 그에 더하여 광주에서 죽어간 사람들이 주는 양심의 가책 가운데 학생들이 죽어간 것입니다. 81년 5월 17일과 18일 서울대 경제학과 4학년 학생이 중앙도서관에서 "전두환 독재 타도하자" 외치면서 뛰어내려 죽었습니다. 1985년도에 학생회관 건물 보건진료소 위쪽에서 학생 한 명이 외마디 절규를 외치고 온몸에 신나를 부은 뒤 불을 붙이고 뛰어내렸습니다. 불꽃이 되어 뛰어내리는 장면을 기자들이 마침 그 자리에 있다가 찍었습니다. 이렇게 '사랑도 명예도 이름도 남김없이' 싸우면서 학생운동을 했을 때, 학생들 중 장차 국회의원을 한다거나 출세하겠다는 생각이 조금이라도 있는 학생은 참여할 수 없었습니다. 절체절명의 세계 속으로 뛰어드는 과정이었기 때문입니다. 그러다가 보니까, 군사정권 타도를 위해서라면 누구와도 손을 잡을 수 있다는 류의 생각도 생겨나게 되었습니다.

특히 1980년대가 되면 학생운동 세력들은 '왜 군사작전 지휘권을 가진 미국은 신군부의 군대가 광주에 투입되는 것을 용인했는가' 라는 질문을 던지기 시작했습니다. 이제는 미국을 비판하고 자극해야겠다는 생각에서 광주 미문화원을 방화했습니다. 하지만 언론에 제대로 보도가 되지 않아 효과를 거두지 못하자, 부산 미문화원에 다시 불을 질렀습니다. 방화는 예비 연습이 불가능하므로 조금 불을 붙이자 크게 불이 타올랐습니다. 그리고 그곳에 공부하러 왔던 동아대 학생 한 명이 죽은 비극이 있었습니다. 폭력이라면 이런 예를 들 수 있습니다. 하지만 이러한 사건에 들어 있던 의도는 학생을 죽이려 한 것이 아니라 온전히 군사정권에 항거하는 뜻을 표출하기 위한 것이었습니다.

또한 1980년 5월 광주 이전에는 학생운동 진영 내에 반미파라는 게 없었습니다. 광주 이후에 군사정권과 미제국주의에 대한 동시적 공격이 시작되었습니다. 그런데, 미국공격을 가장 잘하는 것이 북한입니다. 반미운동을 상당히 오랜기간 해온 것이 북한입니다. 당시 학생운동 진영은 군사정권에 대한 반대를 반파쇼라 불렀고, 반미운동을 반제운동이라고 했습니다. 군사정권을 깨기 위한 투쟁을 지속하면서 이러한 운동에 대한 아이디어를 계속 생산해낸 북한 쪽으로 기울어져, 북한방송을 듣고 그들을 옹호하는 한 그룹이 생겨나게 되었습니다. 그 또한 북한과의 연계로부터 생겨난 것이 아니라 서울대 학생 두 명이 자생적인 주사파가 되면서 시작한 것이었습니다. 그러자 군사정권을 어떻게 깨어야 할 것인가를 두고 북한까지도 등에 업을 수 있다는 쪽과, 노동자 농민이 주력이 되어야 한다는 쪽으로 나뉘게 되었습니다. 후자의 범주에 심상정, 노회찬 등이 해당

합니다.

맑스·레닌주의와 주체사상 사이에는 큰 차이가 있습니다. 맑스 레닌 주의는 공부를 하면 할수록 모를 정도로 너무 어렵습니다. 공부를 굉장히 잘하는 사람이 맑스주의로 들어갈 수 있습니다. 반면에 주사파는 공부를 많이 할 필요가 없이, 지침 몇 개를 통해서 쉽게 이야기할 수 있었습니다. 그래서 학생대중을 폭넓게 확보하는 데 유리한 점이 있었습니다. 주사그룹은 1985년쯤부터 시작하여 순식간에 늘어나서 80년대 후반이 되면 주류가 되었습니다. 반면에, 노동자와 농민을 강조하는 그룹은 실제로 노동자와 농민 속으로 뛰어들었습니다. 스스로 노동자가 되어서 노동조합활동을 하는 것입니다. 그래서 분산되게 됩니다. 하지만 주체사상파는 대학가에 거점을 계속 두었습니다. 이른바 메이저 캠퍼스 보다는 서울 외곽에 있는 캠퍼스를 중심으로 영향력을 행사했습니다. 1988년 즈음부터 제도적인 민주화가 정착되자 공장에 위장 취업했던 학생들이 다시 학교로 돌아왔습니다. 다른 한편 시민운동으로 출구를 찾아 나서게 됩니다. 동시에 일군의 주사 그룹은 약화되면서도 그 일부는 과거의 정보편향으로 인한 왜곡된 북한당을 탈피하지 못한 경우도 있습니다.

Q. 민주화운동과정을 함께한 사람들의 관계가 역설적으로 비민주적이었던 것을 보게 됩니다. 또한, 소수는 보상을 받은 듯 하지만, 다수는 트라우마를 간직한 상태로 남았는데, 이에 대한 보상이 필요하다고 봅니다.

A. 맞습니다. 1980년대 초반에 나온 〈임을 위한 행진곡〉이라는 노래를 아시는지요? '사랑도 명예도 이름도 없이 한평생 나아가자던 뜨거운 맹세'라는 가사로 시작합니다. 그런데, 민주화가 이뤄지면서 보상을 받은

이들이 있습니다. 특히 정치 쪽에 간 일군의 사람들이 그렇습니다. 하지만 그것은 빙산의 일각입니다. 대부분은 청춘이 송두리째 날아갔습니다. 민주화운동과정에서 남긴 다수의 트라우마는 없애고 치유하기 위해 최선을 다해야 할 것입니다. 하지만, 역사의 수레바퀴를 움직이기 위해 수레 밑에 깔리는 사람도 있고, 앞에서 끌다가 기진맥진 하는 사람도 있는 것이 역사가 아닌가 합니다. 이런 것들을 제대로 평가하기 위해 자료집 같은 것을 내는 것도 명예회복의 차원에서 중요한 일이라고 생각합니다. 정신적 고통을 치유하고, 그들의 활동을 정당하게 평가하고 존중하는 것도 필요합니다.

Q. 민주화운동인사들의 양성평등에 대한 무지를 보게 됩니다. 여학생으로써 불편함을 느낍니다.

A. 질문자께서 불편을 느끼는 예를 말해줄 수 있을까요? 2000년대 이후 학번의 경우 이런 것들을 느끼기 어려운 상황이 아닌가 하는 생각도 드는데요.

Q. 언론에서 보면, 인권을 위해 활동하는 사람들이 하는 행동에 실망스런 것들이 많고, 대학에 와서도 작은 상황이지만 그런 부분들을 많이 느꼈습니다.

A. 아주 중요한 지적입니다. 반독재운동을 하기 위해서, 군부세력과 싸우기 위해서는 모든 에너지를 다 모아야 했었습니다. 모든 것을 민주화운동을 위해야만 한다고 했었습니다. 최열이 감옥에 들어간 뒤에 환경운

동이 중요하다는 것을 깨달아서 출소 이후 공해추방운동을 하겠다고 했습니다. 그러자, "한가한 소리하지 말아라, 지금이 공해추방운동 할 때인가? 우선은 군부를 타도해야 하지 않는가? 공해, 매연 이런거 가지고 싸우는게 말이 되냐? 전열을 흩어뜨리고 힘을 약화시키는 것이다." 그렇게 비판하기도 했습니다.

그리고 여성들이 여성적 어젠다를 제기하면 민주화 운동을 하는데 왜 편을 가르는가? 라면서 이러한 목소리를 억압했습니다. 민주화운동 과정은 매우 전투적이었고, 싸우는 과정에서 매우 남성지향적이고 가부장적이며, 군대적인 문화를 받아들이지 않을 수 없었습니다. 70년대에는 여학생의 숫자도 적었지만, 당시에는 남자 선배를 부를 때 오빠같은 호칭을 쓰지 못하게 했습니다. 오빠라고 부르면 마음에 울림이 있어서 그런 것인지, (웃음) '형'이라고 부르도록 했습니다. 오빠라고 하면 '부르주아적'이라면서 못쓰게 했습니다. 대신 2000년대 들어서 '형' 대신 '언니'라는 단어로 바뀌었습니다.

여성운동이 민주화운동과 구별되는 흐름을 갖게 된 것은 90년대부터입니다. 1980년대는 여성운동이 민주화운동의 하위파트로 여겨졌습니다. 예를 들어, 인천의 공장에 위장취업을 했던 권인숙이라는 서울대 의류학과 학생이 있었습니다. 당시 부천경찰서에서 성고문을 당했는데, 당시 '노동자 권인숙'이라고 불러달라고 했었습니다. 노동운동이 절대명제이고, 군사독재정권 타도가 절대명제였던 당시에 자신은 노동자로서 파쇼 경찰에 의하여 핍박을 받았다고 해석을 한 것입니다. 그로부터 10년 뒤 여성학자가 된 권인숙 씨는 이 사건을 여성 권인숙에 대한 성폭력으로 인식을 전환했습니다. 이처럼 성희롱이나 성폭력개념은 1990년대 이후에 뿌리를 내리기 시작했습니다. 그전까지는 민주화운동의 대의를 위해 참으라고 했습니다. 만약, 남성노동조합 간부로부터 성폭력을 당하여 문제제기를 하려고 해도 노동조합 대오가 깨져서는 안되기 때문에 발설하지 못하게 했었습니다. 이런 일이 1980년대부터 2000년대 초까지 있었습니다. 여성들은 대의를 위하여 폭력을 당해도 참아야했던 역사가 있었던 것입니다. 그래서 노동조합이나 시민사회운동세력 내의 성폭력에 대한 고발과 비판이 일어나기도 했습니다. 이러한 역사를 돌이켜보면서 이것이 우리나라 전체의 가부장제의 반영이었고, 가부장적 성격을 가진 군사정권에 대항하는 집단도 가부장적 의식을 내재하고 있다고 하는 반성적 의식도 있었습니다.

　사람은 자신이 바뀌고 있다고 생각하고 이전보다 더 나아져간다고 생각을 하게 마련입니다. 하지만 세상은 더욱 빠르게 바뀝니다. 그래서 진보라고 생각했던 사람도 어느 순간 보수가 될 수 있습니다. 그런데, 사람들이 자신을 보수라 보면 불쾌해지고, 소외감을 느끼게 됩니다. 그러면 자신이 속해있던 집단을 공격하는 방식으로 자기 정당화를 하려 하는 경향이 있습니다. 자신의 의식이 낡아져 버렸을 때 다른 사람을 공격하는 쪽으로 기울게 되는 것입니다. 요컨대 끊임없이 자기를 점검하고 스스로의 껍질을 깨려는 노력 없이 가만히 있으면 보수화 되어가게 됩니다. 가만히 있으면 중도가 아니라 보수가 됩니다. 하지만 사람은 언제나 자신의 입지를 정당화 하게 되어있습니다. 자기를 정당화하고 자신을 공격하는 이들을 나쁘게 말해야 스스로 살아갈 맛이 나겠지요. 한때의 진보가 영원한 진보가 아니라고 봅니다. 좋은 의미에서의 진보는 진실해야 하고, 자기반성과 성찰을 끊임없이 해야 하고, 스스로 낡은 껍질을 깨어나가려는 노력을 지속하지 않으면 안된다고 생각합니다.

Q. 같은 곳을 바라보던 동료들이 변절하는 모습을 보면 어떤 생각이 드시는지요? 신념을 어떻게 지켜냈고, 얼마나 변한 것 같으신지요?

A. 변절한 사람 스스로는 변절한 것이 아니라 변화했다고 생각할 것입니다. 새로운 것을 받아들이면서 변화했다고. 우리가 변절이라고 할 수 있는 사람은 누가 있을까요? 김지하, 김문수, 이재오, 류근일 등입니다. 이들은 한때 민주화운동의 최전선에 서 있던 사람들이었습니다. 이재오, 김문수는 엄청나게 고문을 받았고, 이재오는 이름처럼 다섯 번이나 교도소를 다녀왔습니다. 김문수는 무지막지한 고문을 받으면서도 현장에 들어가서 노동자들과 같이 살면서 노동운동을 했던 용사 중의 용사였습니다. 진보정치를 하기 위해서 민중당을 만들기도 했습니다. 그런데 현실정치의 세계로 들어가자 민중당 간판으로는 도저히 국회의원이 되기 어려웠습니다. 그래서 김영삼 대통령이 진보적 정치인을 영입하던 시기에 한나라당에 들어갔습니다. 한국에서 진보정치가 성공하기 어려운 요인이 지역주의 아니겠습니까? 지역주의가 워낙 강고해서 이에 편입하지 않는 사람이 설 수 있는 땅이 생기지 않는 것입니다. 정치는 현실이고, 국회의원은 되어야 되겠다고 생각해 그렇게 한 것입니다. 그런데 변절이라고 해도 그들이 하는 행태를 보면 노동운동할 당시와 비슷한 패턴이 있습니다. 선거운동을 할 때, 현장에 가서 바닥부터 파고들어가는 것입니다.

아마 새로운 생각을 받아들이고 그것과 접촉하면, 과거에 의식적으로 부인했던, 상당한 절대악이라 생각했던 것들, 의도적으로 무시했던 것들이 나중에 보면 달리 보이고 흡인력이 있을 수 있습니다. 다만, 그 과정에서 자신의 정치적 욕심이나 현실적 이익을 위해 자신의 생각을 개조하는 방향으로 나아간다면 그건 변절입니다. 견리사의(見利思義), 이익이 눈앞에 있으면 의를 생각하라. 안중근 의사가 쓴 말입니다. 하지만 현실적으로 살아간다면 견의사리(見義思利)가 됩니다. 정의를 위해서가 아니라 이익을 생각하게 되기가 쉽습니다. 현실의 무게는 점점 무겁게 느껴지고 정의라 했던 것들이 상대화되면서, 자리나 돈 따위가 자신을 규정하게 되기에 거기에 끌려 자신을 맞추고 조절해 나간다면 그걸 변절이라고 말할 수 있을 것입니다. 하지만, 자신이 만나는 사물과 성실하게 교섭해 나가면서 성찰하고 표현하고 설명가능하게 변화한다면 변절이라 말할 수 없다고 봅니다.

1980년대 주체사상에 매력을 느꼈던 청년이 그런 사상을 2013년 시점에 와서 계속 고수하고 있다면, 아마 조금 이상한 사람으로 볼 것입니다. 사람은 자신이 마주친 시대, 역사, 삶과 끊임없이 대화하고 교섭해야 하고, 겸허한 자세로 자신의 낡은 틀을 계속 깨어가야 할 것입니다.

지역개발과 토건국가

박배균 · 서울대학교 지리교육과 교수

이제까지 교양강좌는 국가적, 혹은 내셔널 스케일에서 일어났던 역사적인 일들을 주로 다루었다면, 오늘 제가 할 이야기는 내셔널한 스케일보다는 로컬 스케일에서 일어나는 일들입니다. 특히 1960-70년대 지역에서 일어났던 일들을 이야기 하면서, 지역에서 일어났던 일들과 정치적 과정들이 어떻게 내셔널 스케일에서 발생하는 국가의 행위에 영향을 주었는지, 그리고 이것들이 민주주의 측면에서 어떤 의미가 있는지 이야기해 보고자 합니다.

배경 질문

이전에 나눠드린 자료집의 글을 이미 읽으셨으리라 생각합니다. 여기에 평소에 가지고 있던 상식적 내용들을 더해서 제가 던지는 질문에 대한 답을 주시면 감사하겠습니다.

　첫 번째로, 지역개발은 필요합니까? 왜 필요합니까? 아니면 문제적입니까? 의견을 한 번 이야기해 주시겠습니까? 상식적 차원에서 이야기하면, 여기서 상식이라 함은 중등교육을 이수한 우리나라의 건강한 시민들이 생각할 수 있는 정도라 할 수 있을 텐데요. 고등학교 지리교과서에 개발과 보전문제가 반드시 등장합니다. 지역개발을 하면 좋은 면이 있지만, 환경이 파괴되는 문제가 있다. 그러므로 개발과 보존을 잘 조화시킬 필요가 있다고 합니다. 제가 지리교육과에 있기 때문에 고등학교 교과서를 보다 보니까 그런 내용들이 있습니다. 지역개발의 필요성 여부에 대한 흔한 상식적 대답은 이러한 고등학교 교과서의 답으로 유추해볼 수 있지 않을까 합니다. 이와는 다른 측면에서 지역개발의 문제성 혹은 필요성에 대한 본인의 의견을 이야기해주실 분이 계신가요? 답이 없어도 괜찮습니다. 처음부터 답이 나오리라 기대하는 것은 무리일 수도 있겠습니다. 그렇지만, 지역개발이 필요한 것인가라는 질문에 대해서는 생각을 해보시길 바랍니다.

　두 번째로, 개발인가 보존인가라는 질문을 떠나서 이런 질문도 가능할 것 같습니다. '지방적 이해'와 '국가적 이해'가 있다고 할 때, 어느 것이 더 중요할까요? 특정 지역의 입장에서는 자신의 지역이 꼭 개발되기를 바라는 소망이 존재할 것입니다. 공항이 들어오든 산업단지가 들어오든, 무엇인가 들어와서 우리 지역이 개발되었으면 좋겠다고 이야기할 수도 있을 것입니다. 최근 언론을 통해서 개발 관련된 뉴스를 접할 때면 듣게 되는 레퍼토리 중 하나가 중복투자, 또는 국가 전체적 차원에서의 효율성 논란입니다. 혹은 최근 밀양의 송전탑 건설을 둘러싼 갈등 사례에서 잘 보여지듯, 국가 전체의 필요를 위한다는 명분하에 추진되는 개발사업에 대해 지역주민들이 반대할 때 이를 지역이기주의라고 비난하는 경우도 우리는 자주 목격합니다. 그렇다면, 지방적 이해와 국가적 이해, 어떤 것이 더 중요한 것일까요? 상식이라는 것이 반드시 정해진 것은 아니겠지만, 상식적 혹은 일반적으로는 국가적 이해가 더 중요하다고 우리나라 사람들의 다수는 대답할 것입니다. 하지만, 과연 국가적 이해라는 것이 지방적 이해보다 반드시 우위에 있어야 할까요? 제가 지금 던지는 질문들을 생각하시면서 제 강의를 들어주시면 좋겠습니다.

세 번째로, 우리나라 지역개발과 관련한 중요한 가치 혹은 담론 중 하나가 지역균형이라는 단어입니다. 어떤 이들은 특정 사업을 가리켜 지역균형을 위해 필요하다고 정당화하기도 합니다. 특히 수도권 규제의 경우 지역균형을 위해서 필요한 것이라고 말합니다. 반대로 어떤 이들은 전 세계 여러 나라들과 경쟁하는 세계화 시대에 자본을 끌어들여야 하는데 수도권 규제를 하면 오히려 우리나라가 못 살게 될 수도 있다, 경제적 효율성의 측면에서는 수도권 규제가 필요 없다고 말하기도 합니다. 여러분들은 어떻게 생각하십니까?

지금 제가 던진 이 질문들은 요즘의 지역개발 이슈들이 있을 때마다 주로 나오는 레퍼토리들입니다. 제가 오늘 강의에서 다룰 내용은 1960-70년대 이야기지만, 이러한 이슈들과도 직결되어있는 내용들입니다. 지역균형은 정치적 측면, 경제적 측면, 도덕적 측면이 있을 것입니다. 경제적 측면에서 볼 때 수도권 규제는 효율성이 떨어지므로 푸는 것이 옳다고 하는 사람이 있을 것이고, 경제적으로는 효율성이 떨어질지 몰라도 정치적인 차원에서 국가의 통합을 위해서는 꼭 필요하다고 하는 사람도 있을 것이고, 도덕적인 차원에서 지역균형은 무조건적으로 옳다, 당위적이다 이렇게 말하는 사람도 있을 것입니다. 이런 것들에 대해서 생각해 보시기 바랍니다.

재미있는 것은 지역균형이 헌법에서 보장하고 있는 가치라는 점입니다. 현재의 헌법은 1987년 민주화투쟁의 결과로 만들어진 헌법이 현재에 이르고 있는데요, 그 중에서 무려 3개 조항이 지역균형과 관련되어 있습니다.

120조 2항, "국토와 자원은 국가의 보호를 받으며, 국가는 그 균형있는 개발과 이용을 위하여 필요한 계획을 수립한다."

122조 1항, "국가는 국민 모두의 생산 및 생활의 기반이 되는 국토의 효율적이고 균형있는 이용, 개발과 보전을 위하여 법률이 정하는 바에 의하여 그에 관한 필요한 제한과 의무를 과할 수 있다."

123조 2항, " 국가는 지역 간의 균형있는 발전을 위하여 지역경제를 육성할 의무를 진다."

제가 헌법학자는 아니기 때문에 100% 확신을 가지고 말할 수는 없지만, 세계의 국가들 중에서 지역균형을 헌법에 명문화 한 국가는 우리나라를 제외하고는 거의 찾아보기 어려울 것입니다. 근대국민국가의 헌법은 보통 인권에 대한 내용이나 평등, 자유에 관한 내용들을 명시합니다. 지역균형이라는 구체적 사안에 대해 무려 3개의 조항을 가지는 것은 매우 드문 일이라고 생각됩니다.

그렇다면 왜 우리나라는 헌법에서 지역균형에 대한 조항을 3개나 가지고 있을까? 일본, 미국, 영국, 독일 같은 나라들의 헌법에 지역균형에 대한 조항이 있을까? 법을 전공하는 분들이 있으시다면 한 번 찾아보시기를 권해드립니다. 이런 사실들을 통해 알 수 있는 것은, 우리나라에서 지역균형이 그만큼 중요한 가치로 취급되고 있다는 것입니다. 대체 무엇 때문일까요? 궁금하지요? 오늘 이에 대한 설명을 하고자 합니다.

이와 관련하여 다시 하나의 질문을 드리겠습니다. 우리나라 헌법에서 지역균형 관련 조항이 최초로 들어간 것은 언제일까요?

학생 유신헌법 같습니다.

교수 어떤 이유에서 그렇게 생각하세요?

학생 통제를 위해서 지역균형 관련 조항을 집어넣었을 것 같습니다.

교수 지역균형 조항은 통제를 위해 만들었을 것이다. 그래서 유신헌법이다? 굉장히 참신한 아이디어 같습니다. 지역균형을 통제를 위한 수단으로 보는 점이 그렇습니다. 저는 조금 순진하게 생각해서, 지역균형은 좋은 가치니까, 민주화와의 연관성 속에서 87년 민주화 이후에 헌법이 개정될 때 처음 들어가지 않았을까 생각했었습니다. 그래서 찾아봤더니, 학생이 대답한 것처럼 정말로 유신헌법이 처음이었습니다. 그런데 유신 당시에 지역균형에 관한 조항들이 전반적인 유신의 분위기에 맞게 통제를 위해서, 독재를 강화하기 위한 수단으로 집어넣었을까요? 미리 답을 드리자면, 그렇지 않은 측면이 많습니다. 통제보다는 어쩔 수 없이 이러한 조치를 취한 측면이 강합니다. 이 부분은 나중에 설명을 드리겠습니다.

문제 제기

지금까지 말했던 배경 질문들을 바탕으로 몇 개의 문제 제기를 해보겠습니다. 현재까지 지역균형에 관련한 기존의 논의들은 꽤 많습니다. 특히 앞서 말씀드렸던 수도권 규제를 해야 하는가 아니면 풀어야 하는가와 관련된 논의들이 그렇습니다. 그리고 수많은 지역개발문제와 관련하여 전문가들이 논의들을 합니다. 그런데 이러한 논의 과정에서 발견되는 문제적 경향이 있습니다. 한쪽은 지역균형의 필요성을 역설하면서 지역균형을 도덕적이거나 정치적 당위의 입장에서 접근합니다. 다른 한쪽은 지역균형의 필요성을 부정하고 수도권 규제를 풀 것을 요구하면서, 정치적·도덕적 관점보다는 기술적 효율성과 관료적 합리성의 관점에서만 지역균형을 평가하는 경우가 굉장히 많습니다. 그러다 보니까 앞서 제가 드렸던 질문, 왜 유신헌법에서 지역균형에 관한 조항을 도입했을까? 라는 질문에 대한 대답이 어렵습니다. 동시에 그러한 질문들이 함의하고 있는 의미. 즉, 우리나라에서, 대한민국이라는 정치공동체에서 지역균형이 가지는 의미는 무엇인지를 제대로 설명하기 어렵습니다.

그랬을 때 제기되는 여러 가지 질문들이 있습니다. 지역균형 담론이 한국에서 중요한 정책적 기조로 자리 잡게 되는 정치·경제적 과정은 어떠했는가? 지역균형 담론을 둘러싸고 벌어지는 다양한 세력들 사이의 갈등과 투쟁, 경합과 타협의 과정은 어떠했는가? 그리고 이러한 과정들이 한국 민주주의와 사회적 공공성에 주는 함의는 무엇인가? 저는 이러한 것들을 이해해야 현재의 시점에서 지역균형 정책을 계속 유지할 것인지 아니면 낡은 관념이라 여기고 버릴 것인지를 판단할 수 있다고 생각합니다. 지역균형 정책은 기술·관료적 합리성이나 경제적 합리성으로만 평가될 수 있는 것이 아니기 때문에 그렇습니다.

얼마 전 퇴임한 이명박 대통령이 취임할 무렵, 한반도 대운하 구상을 발표하고 난 뒤 수많은 논란이 생겨났습니다. 그리고 각종 부동산 거래 활성화를 위한 규제완화, 수도권 규제완화 정책, 한반도 대운하 사업이 좌초한 이후 시행한 4대강 살리기 사업 등 다양한 이슈들이 이명박 정부

이명박 후보의 한반도 대운하 구상

대선 유세를 펼치는 후보시절의 이명박 전 대통령과 한반도 대운하 구상도.

시기에 존재했었습니다.

이렇게 다양한 형태의 개발사업을 지속하는 것을 일컬어 언론에서는 '신개발주의' 혹은 '토건국가'라고 부르는데요, 한국이 토건국가적 성격을 띤 것이 이명박 전 대통령 때문일까요? 물론 이명박 대통령이 집권한 뒤에 이러한 성격이 강하게 부각된 측면은 있지만, 과연 토건지향적 신개발주의가 이명박 정권의 정책적 방향성에 기인하여 발생한 것일까요? 아니면, 정권이나 집권세력과 관련없이 한국이라는 국가가 지닌 구조적이고 전략적인 선택성의 문제일까요? 어느 쪽이 답일까요? 답은 후자입니다. 저는 신개발주의는 특정 개별 정권의 문제라기보다는 구조적인 문제라고 봅니다. 사실 이명박 정부 이전에도 신개발주의라는 비판이 강하게 제기된 적 있고, 특히 신개발주의라는 개념 자체가 등장한 것은 노무현 정부 시기였던 2004-5년 무렵이었습니다. 당시 추진되었던 새만금사업이나 S프로젝트, 신도시 개발사업 등을 두고 환경단체나 진보적인 학자들이 신개발주의라며 비판했던 것입니다. 그렇다면 이러한 질문이 제기될 것입니다. 이러한 개발주의가 특정 정권이나 정치지도자의 철학 문제가 아니라면, 한국이 이러한 경향성을 지니게 된 원인은 무엇일까?

앞서 지역균형 이야기를 하다가 개발주의 이야기를 하게 되었습니다. 이 둘은 큰 관계가 없어 보이지만, 사실 이 둘의 연관성은 큽니다. 그래서 다른 하나의 질문을 던져보겠습니다. 지역균형담론과 국가의 토건지향성은 어떤 관계가 있는가? 다른 하나의 질문. 한국이 토건국가적 특성을 가지는 데 있어 지방적 특성은 어떤 영향을 미쳤을까? 오늘 이러한 주제를 가지고 강의를 하도록 하겠습니다.

지역에 대한 대안적 인식론

저는 앞서 강의를 하신 분들과는 조금 다른 관점에 있습니다. 지리학을 전공한 사람으로서 공간 문제를 조금 더 예민하게 고려하는 관점에 서서 한국 현대사를 바라보게 됩니다. 그렇기 때문에 제가 가진 관점을 여러분들과 공유하고 소통하기 위해서 필요한 이론, 개념, 인식론적 틀을 소개하고 넘어갈 필요가 있을 것 같습니다.

지역을 어떻게 인식할 것인가? 지리학자인 제가 보기에는 기존 사회과학이 지역에 접근하는 방법에 문제가 있습니다. 첫 번째, 기본적으로 기술 도구적 합리성이나 경제적 합리성의 관점에서 지역문제에 접근하는 경향이 많습니다. 그러다 보니 장소적 이해와 정체성에 기반한 지역 차원의 정치적 동원 과정과 이 과정에서 형성되는 정치적 갈등이나 영역화에 대한 이해가 부족합니다. 두 번째, 한국의 일반적 사회과학 접근법은 국가단위 중심적인 경향이 있습니다. 중앙정부 관료나 국가적 스케일에서의 이해를 바탕으로 지역문제에 접근합니다. 따라서, 지방적 스케일에서 이뤄지는 정치 · 사회 · 경제적 현상에 대해서는 제대로 이해하지 못하고, 또 무신경한 측면이 있습니다. 그래서 저는 글로벌, 국가, 지역, 도시 등 다양한 공간적 스케일서 펼쳐지는 정치 · 경제 · 사회적 과정들이 다층적으로 중첩되고 상호작용하는 과정에 주목하는 다중 스케일적 관점이 필요하다는 입장이 필요하다는 점을 먼저 말씀드립니다.

조금 더 부연설명을 하면, 전통적인 사회과학 인식론에는 방법론적 국가주의라는 것이 있습니다. 이것은 국민국가라는 공간적 스케일을 기본적 인식론의 자리에 놓고 세상을 바라보는 것입니다. 근대 사회과학에는 정치학, 경제학, 사회학 등 중요한 분과학문들이 있는데요. 예를 들어 사회학의 경우, 사회를 연구 대상으로 삼습니다. 그렇다면 사회는 무엇입니까? 이러한 질문을 던지면 사회학자들은 매우 어려운 질문이라고 하면서 대답을 시작할 것입니다. 이때 이들이 연구하고 있다고 하는 사회는 대부분 한국사회, 일본사회, 미국사회라는 식으로, 국가를 중심으로 규정되는 사회입니다. 정치학도 마찬가지입니다. 정치학자들은 대부분 한국정치, 미국정치, 일본정치, 독일정치 등을 연구합니다. 국가가 중심단위가 됩니다. 경제학의 경우 개인을 설명단위로 하는 미시경제학이 있긴 하지만, 거시경제학이 연구하는 것은 주로 한국경제, 미국경제, 일본경제, 프랑스경제 등입니다. 따라서 전통적 사회과학의 분과학문체제에서 강하게 존재하는 방법론적 국가주의는 국가 스케일을 기본적으로 연구의 중심에 놓습니다. 국가 이외의 다른 공간적 스케일, 예를 들어 지방적 스케일, 도시적 스케일, 혹은 그보다 더 큰 글로벌한 스케일 등에 대해서는 상대적으로 무시해온 경향이 있습니다. 최근 들어 세계화와 더불어 글로벌한 스케일에 대한 관심이 늘어나면서 세계체제론(World System Theory)같은 것들

중앙[국가] – 지방 이분법

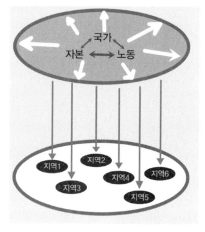

헤게모니를 장악한 중앙[국가] vs 억압받는 지방(왼쪽).
능동적인 중앙[국가] vs 수동적인 지방(오른쪽).

이 등장하고는 있지만, 지방적 스케일이나 도시적 스케일 연구는 아직까지도 미흡한 편입니다.

그러다보니 기존의 사회과학은 지역의 문제를 바라볼 때 중앙과 지방을 이분법적으로 보는 경향이 있습니다. 더 나아가, 국가–중앙은 헤게모니를 장악하고 있으나 지방은 억압받는 존재로, 국가–중앙은 무언가를 생산하는 능동적 힘을 가지고 있으나 지방은 수동적인 존재로 파악하는 경향이 있습니다. 그래서 국가적 스케일에서 국가 · 자본 · 노동이 새로운 무언가를 만들어내면 그것이 top-down방식으로 지역으로 내려가는 것으로 보고 분석들을 많이 합니다. 한국을 대상으로 하는 사회과학연구들도 국가라는 영역 안에서 국가-자본-노동의 사회세력들이 상호작용하고 경합하면서 만들어낸 결과물이 국가 내에 균등하게 퍼져 나가는 것으로 상정하는 경향이 있습니다.

저는 지리학자로서 이런 부분을 안타깝게 여기고, 이를 넘어서기 위해

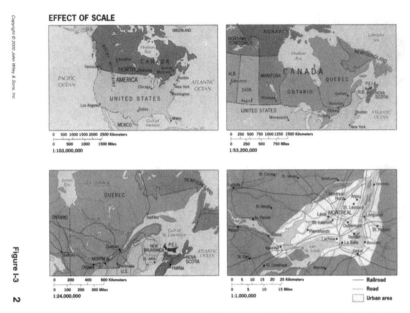

스케일(Scale) – 어떤 사건이 일어나는 공간적 범위.

서 고려해야 할 것이 스케일이라는 요소라고 봅니다. 스케일(Scale)은 영어인데, 한국어로는 여러 가지로 번역이 가능합니다. 예전에는 축적으로 많이 번역되었습니다. 축적은 지도에 존재하는 1:50000 이런 숫자를 가리킵니다. 하지만 제가 언급하는 스케일은 이러한 지도적 축적을 가리키는 것이 아니라 어떤 사건이 일어나는 공간적 범위 혹은 규모와 관련된 인식론적 렌즈를 의미합니다. 요즘 흔히 보는 인터넷 지도에서 축적을 달리하면 드러나는 장소들도 달라지듯, 사회 과정도 스케일을 달리하여 관찰하면 드러나는 현상도, 그에 대한 이해방식도 달라집니다. 그런데 사회과학은 전통적으로 큰 스케일의 과정들이 작은 스케일의 과정들을 지배한다고 생각하는 경향이 있습니다. 큰 스케일에서 만들어진 것들이 작은 스케일로 내려온다고 생각들을 합니다. 특히 세계화의 경우가 그렇습니다.

세계화는 글로벌한 차원에서 발생한 것이 우리에게 주어지는 것으로 상정됩니다.

이러한 인식적 틀을 대신하여 저는 세상을 다중 스케일적인 관점에서 바라볼 것을 제시하고자 합니다. 위계화된 인식틀 속에서 큰 스케일이 작은 스케일을 지배하고 복종시킨다고 보는 것이 아니라, 여러 상이한 스케일 속에서 발생하는 사건들이 동시다발적으로 상호작용하는 과정을 바라보자는 것입니다.

'앙리 르페브르'라고 하는 프랑스의 유명한 도시학자가 있습니다. 이 사람이 사회과학자로서 도시뿐만 아니라 세상을 바라보는 관점에 대해 남긴 중요하고도 의미심장한 말이 있습니다. "우리가 맞닥뜨리고 있는 것은 하나의 사회적 공간이 아니다. 매우 많은, 그리고 참으로 무한한 다중성을 가지고 있으며, 셀 수 없을 정도로 많은 사회적 공간이다. 어떠한 공간도 성장과 발전의 과정에서 사라지지 않는다. 또한 전지구적인 것일지라도 지방적인 것을 말살 시킬 수 없다. 따라서 사회적 공간, 특히 도시 공간은 고도의 다양성을 지닌 채 등장하며 … 여러 개의 세상을 바라볼 때 여러 개의 얇은 층을 가진 페스트리와 유사한 구조를 가지고 있는 것으로 생각하자."

전통적인 사회과학에서는 세상을 바라볼 때 사회라는 하나의 덩어리가 있으면 거기에는 항상 하나의 중심이 있다고 생각을 합니다. 제가 강의를 하러 오다가 배가 고플 것 같아 낙성대에서 빵을 사왔습니다. 자, 여기 단팥빵이 있습니다. 단팥빵의 핵심은 무엇이죠? 앙꼬입니다. 앙꼬없는 단팥빵은 가짜입니다. 여기 또 다른 빵, 크로아상이 있습니다. 이 빵은 밀가루 반죽을 얇게 펴고 그 위에 버터를 바르고, 그걸 다시 접어서 또 얇게 편 다음 그 위에 버터를 바르고 하는 과정을 수십 번 반복하여 만듭니

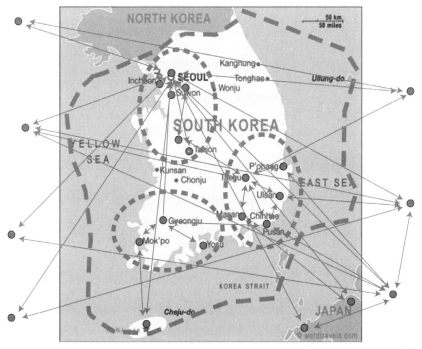

'다중 스케일적 (multi-scalar)' 인식론.

다. 이 크로아상은 중심이 있습니까? 중심이 따로 없습니다. 수많은 얇은 층으로 만들어진 하나의 덩어리입니다. 르페브르는 세상을 단팥빵으로 보기 대신 크로아상으로 보자는 말을 하는 것입니다. 단팥빵으로 본다고 한다면 우리는 단팥만 찾으면 됩니다. 빨리 팥을 찾아서 이것이 세상의 본질이라고 하면 됩니다. 단팥을 제외한 나머지 부분에 대해서는 별달리 신경쓸 필요가 없습니다. 단팥을 빨리 차지하는 사람이 세상의 승자이고, 우리가 현재 비루하다면 그것은 단팥을 차지하지 못했기 때문이라고 할 것입니다. 하지만 페스트리로 본다면 세상에는 그러한 핵심이 없습니다. 페스트리 안이나 바깥이나 다를 바 없습니다. 저는 우리도 세상을 이렇게 다층적으로 보자고 제안합니다. 그래서 저는 한국사회를 바라볼 때도 위의 그림처럼 바라보는 것이 어떨까 합니다.

아까 그림과 조금 다르죠? 아까 그림은 선명한 경계가 있었고, 그 안에는 중심이 있었습니다. 제가 말씀드리고 싶은 것은 경계선이 뚜렷하지 않고, 수 많은 중심이 존재할 수 있고, 중심이 아닌 다채로운 영역들이 존재할 수 있습니다. 작은 영역, 더 작은 영역들도 존재할 수 있고, 이는 바깥과 연결되어 있습니다. 저는 현재 우리가 한국 사회를 바라볼 때 필요한 관점은 이것이 아닌가 합니다. 한국사회를 페스트리처럼, 크로아상처럼 바라보자는 것입니다. 수 많은 층들을 하나하나 넘겨보면서 볼 필요가 있다는 생각을 하고, 지역에 대한 이해 또한 그런 점에서 필요하다고 봅니다. 이제까지 한국의 사회과학연구는 대부분 단팥빵과 같은 스케일에서 이뤄졌습니다. 앙꼬를 찾아서 달려왔다면, 이제는 앙꼬가 아닌 빵덩어리를 구성하는 수 많은 얇은 층들을 하나하나 봐야하지 않을까 한다는 말씀을 드립니다.

이런 관점에서 볼 때, 국가의 행위라는 것 또한 글로벌, 국가, 지역, 도시 등 다양한 스케일에서 작동하는 사회적 세력과 힘들이 상호작용하면서 구성되는 것으로 이해 할 필요가 있습니다. 이전에 국가의 행위라는 것을 국가 관료의 행위, 국가와 자본의 상호작용을 통해서 만들어진 것 등으로 봤다면, 그것이 아니라 글로벌, 국가, 지역, 도시 등 다양한 스케일에서 작동하는 과정들이 서로 얽히고 설키면서 국가행위가 만들어졌다고 가정하여 바라보자는 것입니다. 이런 관점에서 국가와 지역 사이의 관계도 여러 층위의 스케일에서 일어나는 역사적 과정들의 영향을 받고, 국가와 지역의 상호작용은 국가와 지역을 뛰어넘거나 혹은 가로질러 형성되는 여러 가지의 사회적 연결망과 연계되어 있다는 관점에서 이해해 보자는 것입니다.

지방적 이해의 정치적 동원과 개발정치

지방적 이해, 지방적 차원에서 발생하는 일련의 과정이 어떻게 국가적 차원에서 전개되는 과정들에 영향을 미칠 수 있는가를 조금 더 구체적으로 설명 드리겠습니다. 특히, 지역개발, 토건사업 등과 관련해서 이야기해 보겠습니다. 지역개발사업은 도로를 놓고 항만을 짓고 하는 등의 토건사업으로 구체화됩니다. 토건사업들은 대부분 구체적으로 물질화되어 건설됩니다. 그러다보니 모든 토건사업들은 굉장히 강한 장소 기반적 성격을 지니고 있습니다. 어디에 위치하는가가 굉장히 중요하다는 소립니다. 특히 토건사업의 영향과 효과는 굉장히 강한 장소적 국지성을 지닙니다. 특정한 사업이 어디에 위치하느냐에 따라 그 영향과 효과가 굉장히 달라지는 것입니다. 좋은 사업이 시행되면 그 주변은 굉장한 이점을 얻지만, 그로부터 멀리 떨어진 곳은 그런 이점을 누리지 못합니다. 기피할만한 사업이 시행된다면 그 주변은 굉장한 불이익을 감수해야 하지만 그로부터 멀리 떨어진 곳은 관계가 없습니다. 따라서 대부분의 토건사업은 영향, 효과의 측면에서 강한 장소적 국지성을 가집니다. 그 장소에 거주하거나 공간을 이용하고 있는 사람들의 입장에서는 장소의 사용가치와 교환가치의 측면에서 굉장히 큰 영향을 받게 됩니다. 토건사업을 중심으로 여러 가지 사건도 발생하게 됩니다.

한 가지 예를 들어 보겠습니다. 이명박 정권이 추진했던 한반도 대운하 사업이 시행되려고 할 때 많은 반발이 있었습니다. 서울대를 포함해서 전국 여러 대학의 교수님들이 대운하 반대운동에 참여를 하셨고, 국민적 차원에서도 큰 반발이 있었습니다. 그러다 보니까 정권에서 대운하 사업을 철회하고, 이를 '4대강 살리기 사업'이라고 이름을 바꾸어야 했습니다.

한반도 대운하로 본 지역 이해의 차이.

한반도 대운하는 엄청나게 큰 반발에 부딪혀 좌초되었는데, 4대강 사업으로 이름을 바꾸고 나니까 그렇게 큰 저항이나 반발이 없이 추진을 할 수 있게 되었습니다. 왜 그랬을까요? 이미 한 번 반발을 했으니까 두 번 반발하기 어려운 한국사람 특유의 문화 때문에 봐준 것일까요?

학생 지역의 이해 때문에?

교수 맞습니다. 지역의 이해와 관계가 있습니다. 한반도 대운하에 대한 비판과 반발이 매우 거셀 때에도 지역에서는 다음과 같은 일들이 벌어졌습니다. '경인운하 건설하여 동북아의 관문을 만들자'라는 플래카드가 인천에 붙었고, 〈낙동강 경부운하 건설 추진 결의대회〉나 〈포항경제 살리기 대운하 추진 운동본부 창립〉같은 일들도 있었고, '호남의 젖줄 영산강 뱃길을 살리자'같은 구호가 전남지역에 붙기도 했습니다. 재미있는 것은 한반도 대운하 건설에 대해서는 반대를 했지만 지방으로 가면 자신의 지역에 운하를 건설해달라고 했다는 것입니다. 심지어 민주당 국회의원들도 한반도 대운하라는 국가적 차원의 프로젝트에는 반대했지만, 우리 지방에는 빨리 토건사업을 해달라고 요구하는 이중적인 모습을 보였다는 것입니다. 그래서 한반도 대운하라는 이름을 버리고 4대강 살리기 사업으로 이름을 바꿔달자 지역에서 쉽게 이를 받아들인 것입니다. 다시 말해, 토건사업은 영향과 효과에 있어 강한 장소적 국지성을 가지고 있기 때문에 지역 행위자들에게는 수용이 가능하다는 것입니다. 그래서 장소적 고착성과 개발효과의 국지성이 매우 강한 토건사업은 필연적으로 장소고착적 이해를 가진 행위자들의 이해관계와 직접적으로 연결이 됩니다. 그리고 장소고착적 이해를 가진 행위자들은 국지적 차원에서 성장연합 또는 개발동맹을 형성하고, 자신들의 이해를 증진시켜줄 수 있는 토건사업 유치를 위해 적극 노력할 가능성이 크다는 것입니다. 이 과정에서 개발정치가 고도화되고 장소적 이해를 영역화하기도 합니다. "영역화"란 것이 매우 재밌는 개념인데요, 영역이란 무엇이죠? 경계가 있는 장소입니다. 쉽게 말해 영역이 되기 위해서는 경계가 필요합니다. 경계를 중심으로 안과 밖을 나누어 경계 안쪽은 우리 것, 경계 바깥은 남의 것이 됩니다. 그리고 경계 안에 해당하는 것은 우리의 것이기 때문에 우리의 논리로 무엇인가를 설정하고 이에 해당하지 않는 사람은 배제를 합니다. 따라서 영역이 되기 위해서 경계가 필요하고, 안팎의 구분이 필요하고, 배제와 포섭의 논리가 필요합니다. 그렇다면 이 방은 영역일까요, 아닐까요?

학생　영역입니다.

교수　왜 영역입니까?

학생　물리적으로 분리되어 있기 때문에?

굉장히 강한 영역화의 논리를 보여주는 사례.

교수 물리적으로 분리되어 있는 것만으로 영역이 만들어 질까요? 이 방에 누군가가 들어오고자 한다면 자유롭게 들어올 수 있을까요? 들어오기 위해서는 최소한 눈치를 봐야 하지 않겠어요? 대부분의 사람들은 문을 조금 열어 보고는 도망을 갈 것이고, 굉장히 낯이 두꺼운 사람이라도 눈치를 보면서 조심스럽게 들어올 수밖에 없습니다. 왜냐하면 이 방은 경계가 지워져 있고, 우리가 이 장소를 점유하면서 강의를 진행하고 있으므로 여기에 이미 배제의 논리가 작동하고 있습니다. 그러므로 이 강의실은 지금 이 순간에는 하나의 영역입니다. 그런 것처럼, 지역개발의 정치에서도 영역의 논리가 작동하는 경우가 많습니다.

여기 여주의 4대강 개발과 관련하여 재미있는 사진이 있습니다. 사진에는 "운하를 반대하는 자 과연 여주군민이 맞는가?"라고 쓰여 있습니다. 굉장히 강한 영역화의 논리인데요, 여주군민이 되려면 운하를 찬성해야 한다는 것입니다. 운하를 반대하는 순간 이 사람은 여주내에서 발언권을 잃고 침묵해야 한다는 것입니다. 아니면 여주를 떠나든지요. 굉장히 강한 영역화의 논리입니다. 그런데 재미있게도 개발정치가 작동하는 공간에서는 이러한 논리가 매우 자주 등장합니다. 최근 영남 신공항 때문에 영남지역이 떠들썩한 적이 있었는데요, 정확히 어느 지역인지는 기억하기 어렵습니다만, 유치를 희망하는 지역사람들이 열심히 유치 운동을 할 때 해당 지역민 중 일부가 반대를 하자 두들겨 패기도 한 사례가 있습니다. 전형적인 영역화의 논리입니다. 이렇게 영역화의 논리가 개발정치를 위해 전용될 경우에는 답이 나오질 않습니다. 해당 토건사업에 어떤 문제가 있다는 것을 지적하기가 매우 어렵습니다. 그래서 사업을 밀어붙이는 일만 남게 됩니다. 이처럼 개발정치는 영역정치로 전환되기가 매우 쉽습니다.

영역정치는 어떻게 국가 행위에 영향을 주는가

이를 간단히 설명하면 이렇습니다. 지역 간 격차가 생기고 불균등 발전이 형성되는 것은 많은 경우 국가의 선택성, 즉, 국가가 산업정책이나 지역정책을 통해서 특정 지역에 더 많은 자원을 배분하는 행위의 영향에 의한 경우가 많습니다. 그렇지 않은 예도 있긴 합니다만. 특히, 국가정책의 영향이 지역 간 격차나 불균등 발전에 강하게 영향을 주게 되었을 경우 국가의 정책과 전략을 타겟으로 하는 지역 간 경쟁과 갈등이 야기될 가능성이 매우 큽니다. 이러한 배경 하에서 지역 차원에서는 영역정치가 발생하게 됩니다. 지역 간 갈등, 중앙과 지방 간의 갈등, 지역주의 정치 이런 것들이 등장하는 것이 그 구체적 사례가 될 것입니다. 이와 같은 지역 간 갈등, 중앙과 지방의 갈등, 지역주의 정치 등이 매우 심화될 경우 국가가 갈등을 조절하거나 자신의 정당성을 확보하는데 있어 위기적 상황을 맞게 될 가능성이 큽니다. 경쟁이 심화되고 갈등을 조절하는데 어려움을 겪으면서 필요한 사업을 제대로 시행하지 못하게 되기 때문입니다.

이러한 상황에서 국가가 할 수 있는 것은 하나의 헤게모니 프로젝트로써 지역 간 경쟁과 갈등을 완화시켜줄 여러 가지 공간적 프로젝트의 시행입니다. 그 중 대표적인 사례가 지역의 개발요구를 수용하여 여러 개발 사업을 분배해주는 것입니다.

이를 바탕으로 가설을 세워보면, 지역적 수준에서 정치적 영역화의 정도가 높을수록 국가의 토건지향성도 커진다고 할 수 있습니다. 물론, 국가마다 지역차원의 영역적 이해가 활성화되는 정도는 다릅니다. 예를 들어, 미국과 영국을 비교해 본다면, 영국이 미국보다는 토건지향성이 낮습니다. 미국 쪽이 좀 더 지역차원에서의 영역화된 이해관계가 발달했기 때문입니다. 우리는 흔히 미국에서 대선 전에 정당별 후보를 뽑을 때 활용하는 오픈 프라이머리(Open Primary) 방식을 두고 발달된 민주주의의 사례인 것처럼 이해하지만, 실제로는 굉장히 많은 경우 오픈 프라이머리 방식은 영역적 이해에 국가정치, 정당정치가 영향을 심하게 받도록 만드는 문제가 많은 시스템입니다. 왜냐하면 후보들이 자신의 정책이나 이데올로기를 가지고 승부를 해야 하는데, 후보를 지역에서 뽑다 보니 후보들은 지역 입맛에 맞는 공약을 낼 수 밖에 없는 것입니다. 그렇다보니 미국은 공화당이든 민주당이든 관계없이 지역의 영향을 많이 받습니다. 그래서 영국에 비해 미국이 영역적 이해가 활성화된 측면이 강한 것입니다. 영국은 미국에 비해 계급정치가 발달해 있는 반면, 미국은 정당간의 이념적, 정책적 차이가 적은 대신 지역적인 경쟁이 심한 구도가 형성되어 있습니다. 일본도 지방의 정치인들이 중앙 관료들과 얼마나 잘 결탁되어 있는가를 과시하면서 지역주민들로부터 표를 얻는 정치적 구조가 활성화되어 있습니다. 한국도 여러분들께서 잘 아시다시피 지역적으로 균열된 정치 구조 때문에 영역화된 이해관계가 활성화되어 있는 상태입니다.

한국에서 영역화된 지방정치의 역사

지금까지 이론적인 이야기였다면, 이제부터 본론으로 들어가겠습니다. 먼저 짚고 넘어갈 것은, 1960-70년대 우리나라 지방정치에 대해 흔히들 하는 오해가 있다는 것입니다. 이 당시는 발전주의시대니까 국가주도의 경제성장이 활발하게 이루어지던 시대였고, 국가체계는 고도로 중앙집권화 되어있었습니다. 5·16이후 군사정권은 지방자치제를 모두 폐지했습니다. 이에 따라 중앙 정부의 결정이 하향식으로 전달되고 지방정치는 무력화된 상태가 되었을 것으로, 60-70년대에는 지방정치가 없었던 것으로 사람들은 이야기합니다. 그리고 1980년대 후반 민주화 이후 90년대 들어 지방자치가 실시되면서 비로소 지역정치가 부활했다고 흔히들 말합니다. 하지만 저는 이것이 오해라고 봅니다. 1960-70년대에도, 지금과 같은 모습은 아니지만 나름 활발한 지방차원에서의 행위들이 있었다는 것입니다. 조금 더 구체적으로 설명을 드리겠습니다.

1960-70년대 국가와 지방의 상호작용 사례들

1) 마산 수출자유지역 건설

첫 번째 사례는 마산 수출자유지역의 건설입니다. 오늘 수업에 참석한 지리교육과 학생들은 마산 답사를 다녀왔기 때문에 머릿속에 마산 수출자유지역에 대한 그림들이 더 명확히 그려져 있을 것이라고 생각합니다. 지금은 마산·창원·진해가 하나의 도시가 되었는데, 수출자유지역은 구마산시의 바다쪽에 위치하고 있습니다.

마산 수출자유지역의 형성에 관해서 기존의 사회과학은 국가행위자를 중심으로 설명해왔습니다. 어떤 이들은 전경련과 같은 국가적 스케일에서의 이해관계를 가진 당사자들이 요구하여 만들어졌다고 주장하기도 하고, 다른 어떤 이들은 국가가 이니셔티브(Initiative)를 가지고 중앙집권적 권위와 발전주의적 합리성에 따라 수출자유지역을 만들었다고 주장하기도 합니다. 이처럼 자본이 주도한 것인가 아니면 국가가 주도했는가 하는 논란이 있습니다. 또 다른 설명은 사후적 결과에 바탕을 둔 기능주의적 추론인데요, 마산 수출자유지역이 70년대 이후 활성화되면서 주를 이루었던 산업이 노동집약적인 산업이었습니다. 특히 일본의 중소기업들이 많이 들어왔습니다. 미숙련 노동에 의존하는 중소규모의 일본 제조업 자본들을 유치했다는 사실을 바탕으로, 저임 노동력이 풍부하고 일본과의 지리적 접근성이 좋았기 때문에 마산에 수출자유지역을 건설했다고 말합니다. 이상이 마산 수출자유지역의 입지와 형성과정을 설명하는 기존의 설명방식들인데요, 이런 논리에는 문제점이 있습니다. 첫 번째는 지방적 차원의 과정을 무시한 점이고, 두 번째는 여러 정치·경제적 과정의 우발성, 경로 의존성, 장소 기반성, 창발성 등을 과소평가한 점입니다. 조금 더 구체적으로 설명을 해보겠습니다.

① 마산 수출자유지역 입지선정과정

1967년 전경련 경제실정 조사단이 해외 여러 곳을 돌아다니던 중 대만의 가오슝과 홍콩 자유항에 큰 감명을 받았다고 합니다. 대만의 가오슝은 1965년에 지정된 세계 최초의 수출자유지역입니다. 또한 홍콩은 자유항으로써 당시에도 굉장히 유명했습니다. 그리고 1969년 1월에 열린 청와대 수출확대회의에서 특수자유지역 조성을 건의했습니다. 대통령은 이에 적극적으로 관심을 표명했고, 같은 해 6월에 2차 구상안을 제출합니다. 7월에는 경제 장관회의에서 이 2차 구상안을 승인하고, 수출자유지역 설립추진위원회를 결성합니다. 그리고 8월에 마산을 최종 예정지로 결정합니다. 몇 달 만에 급격히 진행이 되었습니다.

그렇다면 마산이 수출자유지역으로 최종 결정된 배경은 무엇인가라는 질문이 존재합니다. 1969년 6월만 하더라도 수출자유지역 후보지로 거론 되었던 곳은 마산, 여수, 김해, 군산, 목포 등 매우 많았습니다. 마산 이외에도 많은 도시들이 후보지로 거론되고 있었다는 것이지요. 결정 2개월 전까지 어디에 입지하게 될지 몰랐던 상황이라는 것입니다. 7월만 하더라도 〈동아일보〉에서 마산보다 여수가 더 유력하다는 보도가 있었습니다. 그런데 이러한 상황이 1개월 만에 변하여 8월 5일에 마산을 최종후보지로 결정하게 됩니다. 대체 왜 그랬을까요? 이를 이해하기 위해서는 한 가지 중요한 사실을 알아야 합니다. 수출자유지역이 현재 조성된 곳은 마산시 양덕동인데요, 수출자유지역 지정 이전에 이미 한국수출산업공단이 주관하고 마산시가 주체가 되어 41만평 정도의 임해공업단지가 조성 중이었다는 사실입니다. 마산수출자유지역의 형성에 대해 이야기하는 이들 중 이 부분을 언급하는 이들은 거의 없습니다. 이미 그 전부터 마산시가 주체가 되어 현재와 똑같은 모습으로 1공구부터 3공구까지의 임해공업단지가 조성 중에 있었습니다. 이 중에서 1공구와 2공구가 수출자유지역으로 지정된 것입니다. 사실은 1969년 6월 말경 상공부도 이러한 사실을 보고하면서, 임해공업단지가 이 지역에 조성 중이므로 이 지역을 활용하는 것이 좋겠다는 의견을 제출한 바 있습니다.

여기서 한 가지 질문이 제기됩니다. 자본과 자원이 충분하지 않고, 중앙집권성이 강했던 1960년대에 지방자치단체가 주도한 공업단지의 조성은 매우 예외적이라 할 수 있습니다. 그렇다면, 왜? 그리고 어떻게 마산에

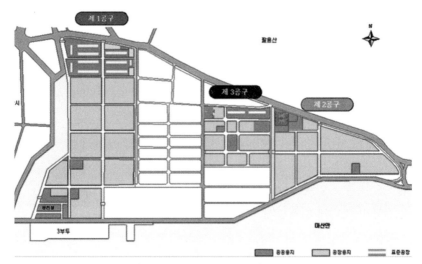

지식경제부 마산자유무역지역(MASAN FREE TRADE ZONE).

서 이것이 가능했는가? 이런 것들을 알 필요가 있습니다. 이에 답하기 위해서는 여러 가지 답의 퍼즐을 맞추어야 합니다.

첫 번째로 중요한 퍼즐은 식민지 산업화의 경로의존성입니다. 우리는 보통 50-70년대의 산업화를 이야기할 때 박정희 정권에 의해서 추진된 수출주도의 산업화 혹은 중화학공업화 등을 중심으로 이야기를 합니다. 하지만 우리는 일제시대의 산업화와 공업화에 대해서도 언급할 필요가 있습니다. 물론, 이러한 주장은 현재 논란의 가운데에 있습니다. 뉴라이트 쪽에서는 이러한 공업화 사실을 들어 식민지 근대화론을 주장하면서, 친일파들을 옹호하는 논리로 활용하기도 합니다. 다른 한쪽은 근대화라는 것은 내재적으로 시작한 것이라고 주장합니다. 이 두 주장이 학문적, 이념적으로도 충돌을 하다보니 식민지시대의 산업화에 대해서 우리가 제대로, 객관적으로 파악하지 못하는 문제가 초래되어 있는데요, 저는 이 부분을 제대로 이해해야 할 필요가 있다고 봅니다. 우리가 친일파를 처벌하거나 용서해주는 문제와 별개로 학문적 차원에서, 그리고 역사를 제대로 이해한다는 차원에서도 이를 눈여겨볼 필요가 있습니다.

마산은 일제시대 근대화와 산업화의 선두주자 중 하나였습니다. 1899년 마산포가 개항장이 되고 일본영사관과 일본인 조계지가 설치됩니다. 이후 산업화의 선두주자가 되었는데, 특히 마산에서 유명했던 것은 주류와 장류 등 식품산업이었습니다. 마산하면 뭐가 떠오르시죠? 무학소주와 몽고간장 등이 유명합니다. 이 둘은 일제시대부터 있었던 기업들입니다. 일제시대 당시 마산은 사케를 굉장히 많이 만들었다고 전해집니다. 일본에 수출되는 사케 대부분을 마산에서 만들었다는 이야기도 있습니다. '물 좋은 마산의 무학소주'라는 슬로건에서 '물 좋은 마산'이라는 말은 일제시대 당시 주류와 장류업체들이 다수 입지하게 되면서 생겨난 말입니다. 이처럼 식품산업이 융성했을 뿐 아니라, 섬유산업과 기계·조선업도 많이 발달했습니다. 이러한 과정을 통해 마산은 일제시대부터 우리나라 산업화와 근대화의 중심지가 되었습니다. 게다가 해방 후 한국전쟁 당시 대구, 마산, 부산 이 정도를 제외하고는 모두 전쟁의 소용돌이에 휘말렸지 않습니까? 전쟁 중에 마산은 미군 보급을 위한 군수물자들이 들어오는 창구였습니다. 그래서 전쟁의 여파로도 산업화가 많이 이뤄졌습니다. 그래서 1950-60년대에는 우리나라 7대 도시로까지 성장했었습니다.

이러한 식민지 산업화의 경험에 의해 마산의 공업발전에서 재일교포 사업가의 역할이 중요합니다. 1960년대 우리나라의 경제발전에 있어 재일교포 사업가들은 큰 영향을 미쳤습니다. 1950년대 이승만 정권은 반일을 중요한 기조로 삼았었기에, 일본과의 경제적 교류 등을 대부분 정부차원에서 거부했었습니다. 음성적으로만 재일교포들이 한국에 들어와서 조금씩 도움을 줄 수 있었지만, 활성화되지는 못했습니다. 4·19와

5·16을 거쳐 새롭게 들어선 박정희 정권이 산업화를 추진하면서, 재일 교포들에게 눈을 돌리기 시작합니다. 산업화를 위해서는 자본과 기술이 필요했기 때문입니다. 그런데 당시 1960년대 일본에는 조선출신으로 성공한 사업가들이 많이 등장합니다. 그래서, 이들의 돈과 기술과 노하우를 이용하고자 했던 것입니다. 이는 한국에서만 특수한 것은 아니고, 어디서나 볼 수 있는 일입니다. 중국도 모택동 사후 등소평 정권이 들어서서 개혁개방정책을 펼 때 몇 군데의 경제특구를 만들었습니다. 그런데, 경제특구를 만들어 놓았다고 외국자본이 그냥 들어오는 것이 아닙니다. 외국자본을 유치하기 위한 지렛대가 필요한데, 등소평이 지렛대로 삼은 것은 화교자본이었습니다. 화교자본을 먼저 유치하여 자본이 들어왔을 때 잘 운영될 수 있다는 것을 외국기업에게 보여주면서 안전성을 강조하고 커넥션을 형성하여 외국자본을 유치한 것입니다. 우리나라도 그와 같은 역할을 재일교포 사업가들에게 기대했던 것입니다.

재미있는 것은 1966년 재일교포 기업인인 이명조가 현재 수출자유지역으로 조성된 봉암동 앞바다 매립공사를 추진한 것입니다. 하지만, 자금 부족으로 실패했는데요, 그러자 그 땅이 농어촌 개발공사로 넘어가면서

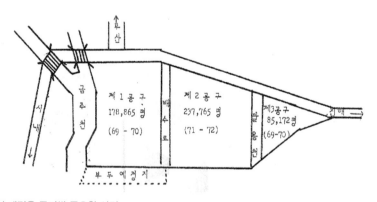

마산 매립을 둘러싼 중요한 사건.

마산 매립의 역사.

임해공업단지로 재추진되었습니다만 이마저도 문제가 생겨 어려움을 겪었습니다. 그런데, 이 지역이 수출자유지역으로 지정된 것입니다. 그렇다면, 이명조→농어촌개발공사→임해공업단지→수출자유지역으로 전환되는 과정을 알 필요가 있습니다.

이 대목에서 굉장히 중요한 한 사람이 등장합니다. 박종규 청와대 경호실장입니다. 전직 국가대표 사격선수여서 '피스톨박'이란 별명을 가지고 있었고, 항상 권총 2개를 휴대하고 다녔다고 합니다. 이 박종규가 마산과 중앙정부 사이의 거간꾼 내지는 브로커 역할을 했습니다. 이 사람의 고향은 밀양이었지만, 젊은 시절부터 마산에서 활동했기 때문에 마산에 인맥을 가지고 있었고, 마산지역 유지들과 중앙정부 사이를 연결해주는 역할을 해줬다고 합니다. 마산에 소재한 경남대학교의 현 이사장이 박재규라는 분인데, 이름이 비슷하지요? 박종규의 동생입니다. 이 부분은 아직 자료를 찾지 못해 증명하기 어렵지만, 이명조와 박종규 사이에도 굉장히 큰 커넥션이 있었을 것으로 추측됩니다. 이명조뿐 아니라 마산지역의 여러 정치가들과 사업가들이 박종규와 연결되어 있었고, 이 라인을 통해 중앙정부에 로비를 하는 등의 행위를 했었을 것으로 보입니다.

② 마산지역 장소 의존적 행위자들의 역할

앞서도 언급한 바 있지만, 식민지 산업화의 영향으로 마산지역은 일찍부터 지역토착기업들이 성장했습니다. 일례로, 마산상공회의소는 한국에서 가장 오래된 역사를 가지고 있습니다. 역사가 110년이 넘습니다. 사실, 한국을 대상으로 하는 사회과학 연구에 있어서 상공회의소만큼 제대로 연구가 이뤄지지 않은 대상도 보기 드뭅니다. 전경련이나 재벌에 대해서는 많은 연구가 이뤄졌는데, 상공회의소에 대한 연구는 거의 없습니다. 전경련보다 상공회의소의 역사가 훨씬 오래되어, 100년이 넘는 것들도 많습니다. 지방의 중요 토착기업들과 자본들이 상공회의소를 구성하는데, 이것들에 대한 연구가 거의 없는 것입니다. 큰 도시에 있는 상공회의소에 가보면 자체 자료실이 있고, 자체적으로 발간한 〈상공편람〉이나 〈상공월보〉 같은 자료들도 소장하고 있습니다. 이 자료들을 보면 당시 지역의 동향을 파악할 수 있습니다. 그럼에도 불구하고 연구가 제대로 이뤄지지 않았습니다.

마산은 지역 상공인들과 지방 관료들 사이에 긴밀한 유대관계 있었다고 합니다. 제가 마산지역 인사들과 인터뷰를 하는 과정에서 지금은 연세가 80이 넘으신 마산대학 설립자를 인터뷰한 일이 있었습니다. 그 분이 자랑스럽게 말하는 것이, 자신이 마산의 유지들과 함께 '자경회'라는 모임을 만들었다는 것입니다. 이 단체가 했던 역할은 이렇습니다. 중앙 공무원들이 마산에 파견되어 오면 좌천되었다고 생각을 한다고 합니다. 어떻게든 빨리 서울로 돌아가려 한답니다. 중앙에서 내려온 관료들이 마산에서 제대로 일을 하지 않으니, 마산에 애정을 갖고 마산을 위해 일하도록 하기 위해 한 달에 한 번씩 모여 같이 밥을 먹고, 경조사를 챙겨주는 등의 활동을 했다는 것입니다. 물론 그러한 취지가 분명히 있을 것입니다. 하지만 현실 속에서는 그 외에도 여러 가지 은밀한 거래 같은 것이 있었을 것 같습니다. 자주 만나는 사람이 아쉬운 소리를 하면 들어주게 마련이라는 추측을 하기란 어렵지 않습니다.

　이러한 행위는 새로운 것이 아닙니다. 조선시대부터 지방에서 이뤄진 향리정치의 유산이기도 합니다. 이런 영향으로, 마산의 공무원들은 중앙에서 파견된 임명직 공무원들이었지만 지역산업화와 공장유치에 매우 적극적이었다고 합니다. 이와 관련하여 인터뷰를 하다가 재미있는 일화를 들은 적이 있는데요. 1965년에 마산에 들어온 한일합섬은 마산 수출자유지역과 더불어 마산 경제성장의 상징 역할을 했습니다. 한일합섬은 한 때 3만 명의 종업원을 고용했다고 합니다. 이는 마산 수출자유지역의 종업원수와 비슷한 정도입니다. 저는 한일합섬이 1965년 마산에 들어오게 된 계기를 묻기 위해, 당시 그 곳에서 일했던 분과 인터뷰를 한 적 있습니다. 당시 마산 공무원이었던 이 분에 따르면, 본래 부산에 위치했던 한일합섬이 공장을 크게 지어 이전하려고 여러 도시들을 돌아다니며 알아봤었다고 합니다. 이 때, 시큰둥한 반응이었던 다른 도시들과 다르게 마산은 매우 유치에 적극적이었고, 마산시장도 자신에게 한일합섬 유치를 전담하여 각종 행정적 편의를 제공하라고 했다 합니다. 이러한 연유로 한일합섬이 마산에 오게 되고, 그 분 스스로는 이를 계기로 한일합섬 사장의 눈에 들게 되어 시 공무원을 그만두고 한일합섬에 들어가서 일을 하게 되었다고 합니다. 요약하자면, 1960년대 지역 행위자들은 우리가 생각하는 것보다 훨씬 더 적극적으로 움직였다는 것입니다.

2) 호남지역주의

이와 전혀 대비되는 다른 이야기가 있습니다. 호남 이야기입니다. 미리 나눠드린 자료집에 있는 논문은 김동완 박사가 쓴 '1960년대 광주 지방의 지역개발담론과 아래로부터 지역주의'라는 제목의, 1960년대 호남의 영역동맹에 관한 논문입니다. 내용을 간단히 말씀드리자면, 1950년대부터 지역의 산업화를 위해 정부로부터의 지원을 이끌어 내기위한 다양한 활동들이 존재했다는 것입니다. 1955년에는 호남비료공장 유치운동이 있었고, 1962년에는 아시아자동차공장을 유치하기 위한 아시아자동차 건립추진위원회가 만들어졌고, 1966년에는 광주공업단지 유치추진위원회가 만들어졌습니다. 1966년에는 양수기 파동, 전라남도 공업화 예산 삭감, 기타 자동차공업과 관련한 문제로 호남푸대접론이 등장하자 호남푸대접시정위원회가 만들어졌습니다. 1968년 경부고속도로가 건설되기 시작하자 이를 계기로 호남권익보장투쟁위원회 등이 결성되었고, 같은 해에는 호남지역 근대화 촉진위원회도 만들어졌습니다. 이렇게 지역 차원의 행위자들이 호남지역의 산업화와 근대화를 위한 활동을 벌입니다. 재미있는 것은, 처음에는 추진위원회 등으로 점잖은 단어를 사용하다가 시간이 갈수록 '푸대접시정위원회'나 '권익보장투쟁위원회' 이런 식으로 표현이 거칠어진다는 것입니다. 이것은 이 지역이 마산과 전혀 다른 상황에 있음을 방증합니다. 마산은 이런 위원회를 만들 필요도 없이 다양한 기반시설들을 중앙정부로부터 유치할 수 있었지만, 이 지역은 이런 활동이 제대로 성과를 얻지 못하니까 추진위원회에서 시정위원회로 이름이 바뀌고, 나아가 투쟁위원회까지 가는 것입니다. 이 두 과정을 통해서 영호남 사이의 서로 다른 영역적 정체성이 만들어지는 단면을 볼 수 있습니다.

발전주의 국가의 내적 모순과 영역 정치

이 과정을 간단히 정리하면 발전주의 국가 공간성의 내적 모순이 있었다고 할 수 있습니다. 박정희 정부가 들어선 뒤 '잘 살아보세'라는 슬로건 하에, 정부를 믿고 따르면 모두가 잘 살 수 있다라는 믿음을 던져주면서 근대화를 위한 국민동원을 시도했었습니다. 그리고 국가스케일의 총량적 경제성장을 추진했습니다. 국민들에게는 균질한 하나의 국가영토 내에서 살고 있다는 이미지를 만들면서 경제성장을 추진했지만, 현실 속에서는 지역격차가 심화되었습니다. 앞서 본 마산과 광주 사례가 보여주듯이, 한 도시는 각종 산업시설 유치활동이 계속 성공을 거두는 데 다른 한 쪽은 떼를 쓰고 난리를 쳐도 성공을 거두기 어려웠습니다. 이에 더하여, 지역차별적인 엘리트충원이 반복되어서 나타났습니다. 선거에서도 지역주의적 정치동원이 작동했습니다. 이러한 과정이 반복되면서 영남과 호남 사이에 정치적 이해가 영역적으로 차별화되게 됩니다. 쉽게 말하면 조국근대화라는 미명으로, '잘 살아보세'라는 구호 하에 국민들을 집약적으로 동원해서 경제성장을 추진하였지만 지역격차는 심화되고, 국가지배엘리트에 의한 지역주의적 동원과 지역 차별적 인재등용이 이뤄지면서 지역 간 갈등과 지역주의 정치가 등장하게 된다는 것입니다.

이런 문제가 발생하면 정권에 부담이 됩니다. 국가의 정당성과 헤게모니 위기가 발생하게 되는데요, 이것이 구체화되어 드러난 것이 1971년

100만표로 대통령선거에서 신승을 거둔 직후의 박정희 전 대통령과 육영수 여사.

대통령 선거입니다. 1971년 대통령 선거에서 박정희 대통령은 압승을 예상했지만, 결과는 100만표 이내의 신승이었습니다. 그 표차 또한 의문시되는 것이었습니다. 그만큼 정권에 불만을 가진 사람이 많다는 방증이었고, 정권에게는 위기감을 주는 것이었습니다. 이 때 중요한 이슈가 되었던 것이 호남소외, 지역격차, 호남푸대접 등이었습니다. 사실 저는 어떤 면에서 볼 때 김대중이라는 정치인은 상당히 영악한 정치인이라고 봅니다. 영악하다는 것은 현상에 대한 분석이 빠르고, 그를 통해 얻어진 결과를 잘 이용한다는 의미일 텐데요. 긍정적, 부정적 의미를 모두 내포하고 있습니다. 1968년 경부고속도로 건설문제가 불거질 때 김대중 의원이 국회에서 경부고속도로 문제를 가지고 6시간 동안에 걸쳐 대정부 질의를 했습니다. 당시에는 국회에서 의원 질의시간에 제한이 없었습니다. 당시 10시간 이상 질의를 한 사람도 있다고 합니다. 이는 자신을 호남의 대표주자로 부각시키는 정치적 행위로 해석이 가능합니다. 선거로 돌아오면, 1971년도에 처음으로 우리나라 선거에서 동서분할구도가 등장했습니다. 그 여파로 박정희 대통령은 정치적으로 상당한 부담과 위기감을 느끼게 됩니다.

지역균형정책이 도입된 배경은 여기에 있습니다. 1971년에는 대통령 선거가 있었고, 제1차 국토종합개발계획도 나옵니다. 이 때 지역균형담론이 처음으로 등장합니다. 이듬해에 만들어진 유신헌법에서 지역균형의 헌법적 가치가 최초로 명시됩니다.

> 117조 2항 국토와 자원은 국가의 보호를 받으며, 국가는 그 균형 있는 개발과 이용을 위한 계획을 수립한다.
>
> 120조 1항 국가는 농민·어민의 자조를 기반으로 하는 농어촌개발을 위하여 계획을 수립하며, 지역사회의 균형 있는 발전을 기한다.

다시 말씀드리면 우리나라에서 지역균형정책이 본격적으로 도입된 것은 발전주의 국가의 공간프로젝트와 공간 전략이 지닌 내적 모순으로 인해 발생한 정치적 위기에 대응하기 위한 일종의 헤게모니 프로젝트라는 것입니다. 그래서 수도권을 비롯한 대도시로의 집적을 억제하는 지역정책과 지역균형담론을 적극 활용한 국토종합개발계획을 1970년대부터 본격적으로 시작하고, 유신헌법에도 지역균형에 관한 조항을 포함시키게 되었다는 것입니다. 그리고 이 문제는 1971년 대통령 선거로만 드러난 것은 아닙니다. 이미 1960년대 말부터 조선일보에서도 '국토의 균형 있는 발전책'과 같은 사설이 나올 정도로, 1960년대 말과 1970년대 초에 지역격차 문제는 호남지역에서만 지역푸대접론 등으로 표출되는 이야기의 수준이 아니었습니다. 중앙정치 차원에서 제기되는 매우 중요한 정치적 이슈였습니다. 그렇기 때문에, 당시 정권이 국토종합개발계획과 헌법에 지역균형 문제에 관한 조항을 포함시키지 않을 수 없는 상황에 있었다는 것입니다.

　이후 지역균형 담론은 우리나라 전체로 점차 확대됩니다. 특히 1980년 광주민주화운동이 일어나면서 호남의 소외라는 것이 그 지역민들만의 주장이 아닌 확실한 역사적 증거를 가진 객관적 사실이 됩니다. 광주에서 수 많은 사람들이 죽었습니다. 그러니까 호남에서는 강력한 저항적 지역주의가 발흥하는 동시에 영남에서는 패권적 지역주의가 발생하게 됩니다. 이런 것들이 맞물리면서 지역균열의 정치구조가 만들어지게 됩니다. 일반적으로 정당정치라고 하는 것은 본디 균열구조를 필요로 합니다.

　군사정권 당시 우리나라의 중요한 균열구조는 민주화를 주장하는 야당과 민주주의 시기상조론을 이야기하는 여당 사이에 존재하는 민주대독재의 균열구조였습니다. 그런데 80년대부터 민주화운동세력이 지역격차 이슈를 권위주의 정권 비판을 위해 끌어들입니다. 그리고 지역격차를 권위주의 정권이 국가의 권한을 임의적으로 사용하여 초래한 사회적 문제로 규정하기 시작하면서 이 관점에서 국가를 비판합니다. 여당과 정부가 권한을 자의적이고 비민주적으로 이용해서 지역격차가 생겼다는 것, 즉 독재의 필연적인 결과물로 지역격차를 설명하면서 지역격차의 문제와 민주화 문제를 결부시켰습니다. 그러면서 민주화 운동세력이 지역균형 확대와 지방자치제의 조속한 실시를 주장합니다. 이런 상황 속에서 전두환 정권은 지역을 강조하는 각종 레토릭을 활용하면서 넘어갔습니다. 하지만 87년 민주화투쟁이 성공하면서 지역균형담론이 본격적으로 확대재생산 됩니다. 1987년 개헌 과정에서 지역균형조항이 대폭 강화되고, 지역격차 해소를 위한 정책이 실시되고, 서해안개발사업과 같은 지역균형 개발사업이 실시됩니다. 그래서 87년도에 이뤄진 개헌의 결과 지역균형과 관련된 조항 3개가 현행 헌법에 들어오게 된 것입니다.

그런데 여기에 역사의 아이러니가 존재합니다. 이 지역균형 담론이 왜곡되기 시작한다는 것인데요, 영역정치가 활성화되면서 생겨난 일입니다. 1987년도 이후 지역균열적 정당정치구조가 만들어지고, 민주와 독재로 나뉘었던 세력이 민주세력 내부의 분화로 이어지면서 정당이 지역과 결부되는 상황으로 바뀝니다. 지역균열에 기반한 정당정치가 활성화 되다보니, 영역적 이해가 정당정치에 동원됩니다. 또, 지역차원의 개발주의적 이해관계가 지역주의적 정치를 활성화시키는데 기여합니다. 그 결과 지역주의 정치가 지역균형담론 확장에 기여한 바도 있지만, 지역적 차원에서 형성되는 개발 이해를 대변하여 중앙정부에 압력을 행사하는 수단이 되기도 했습니다. 지역균형담론의 확산과 지역의 개발이익 대변이라는 이중적이고 상호모순적이면서 결코 진보적이라 할 수 없는 모습이 형성된 것입니다.

결과적으로 토건적 개발주의 세력에 지역균형담론이 포섭되게 됩니다. 특히, 지방자치제 실시 이후 지역차원의 토건 동맹이 더욱 성장하게 되고, 각 지역의 개발을 위한 중앙예산 따오기 경쟁이 심화됩니다. 이 국면에서 지역균형담론은 지역차원의 개발주의 정치세력에 의해 활용되기 시작하는데, 자기들이 추진하는 지역개발 사업을 위한 중앙정부의 지원을 확보하기 위한 수단으로 지역균형담론을 이용하는 것입니다. 90년대 이후가 되면 지역균형담론이 지역개발과 토건사업을 정당화 해주는 논리로 이용당하게 됩니다.

강원대 정준호 교수는 참여정부에 대해 다음과 같은 평가를 내립니다. "참여정부는 역대 어떤 정권보다 지역균형의 가치를 중시하면서 다양한 지역균형 정책을 실시했지만, 실시된 지역사업들이 실제로는 물리적 인프라 건설에 치중하는 토건사업이었고, 기업도시 · 혁신도시 · 행복도시

등 하드웨어 건설에 힘쓰면서 신개발주의라는 비판에 직면하게 되었다." 이는 참여정부만의 문제가 아니라, 이명박 정권에서도 나타나는 문제입니다. 한만희 전 국토해양부 차관은 4대강 사업에 숨어있는 효과인 지역균형발전 효과에 주목할 필요가 있다고 이야기하면서 4대강 개발사업을 정당화하기도 합니다. 이와 같이 지역균형 담론이 최근에는 오히려 지역차원에서 추진되는 각종 개발사업과 토건사업들을 정당화하는 논리로 이용되면서 왜곡되었다는 것입니다.

지금까지의 제 이야기를 마무리하면서 몇 가지를 말씀드리겠습니다. 영역정치와 국가의 토건지향성 사이의 관계를 보면, 영역정치가 심화되면 지역개발에 의존적 세력이 성장하게 됩니다. 정당과 개별 정치인들이 지역적 이해에 의존성이 심화되면, 지역개발 사업의 유치와 추진을 통해 지역적 지지를 확보하려는 노력에 더욱 매달리게 되고, 그 결과 지역개발 사업을 둘러싼 지역 간 경쟁이 심화됩니다. 그리고 정당정치도 영역화되어서 지역간 균열을 바탕으로 한 정당정치구조가 만들어지기도 합니다. 특히 정당 간의 이념적 차이도 별로 없을 경우에는, 정당이 추구하는 이념을 바탕으로 지역차원의 이해추구행위를 누그러뜨릴 수 있는 구조가 취약합니다. 우리나라가 전형적으로 이렇습니다. 여당과 야당 간에 이념적 차이가 별로 없다 보니 각 지역의 이해관계를 관철시키기 위한 주장들을 국회의원들이 중앙에 전달할 때 이를 누그러뜨릴 논리가 빈약합니다. 또한 우리나라 국회의 지역구 출신 비중이 매우 높기 때문에 지역구 예산을 확보하기 위한 경쟁에 국회의원들이 나서게 됩니다. 그래서 지난번 대선 과정에서 안철수 의원의 국회의원 정수 축소 주장에 대해 많은 이들이 반대하면서 오히려 국회의원 정수를 늘이더라도 비례대표를 늘이는 것이 더 나을 것이라는 주장이 제기되기도 했습니다. 이러한 상황이 되면 국토공간을 효율적으로 이용하기 위한 국가의 역량도 약화될 수밖에 없습니다. 영역화된 이해에 기반한 지역 간 경쟁이 극심해졌었을 때 국가의 운신 폭은 좁아집니다. 국가는 나눠주기밖에 할 수 없습니다. 16개 광역단체에 1/n로 나눠주어, 종국에는 아무것도 아닌 것이 되어버리는 상황은 이처럼 심화된 영역정치가 만들어낸 결과입니다.

결론

지역균형정책은 정치위기에 대응하는 헤게모니 프로젝트로 도입되기 시작했습니다. 그리고 광주항쟁과 민주화운동 속에서 지역균형론은 확대 재생산되었습니다. 그런데 이후 영역화된 정치에 동원되면서 지역균형담론이 오히려 개발주의 세력에 포획되어 왜곡되는 부작용을 초래하기도 했습니다. 국가의 토건지향성과 관련하여서는, 정치의 영역화는 행위자들이 장소적 이해를 중심으로 동원되도록 해서 지역개발 사업에 대한 강한 의존성과 지향성을 야기했습니다. 이는 토건지향적 이해세력의 성장을 초래하고, 그 결과 국가의 토건지향성이 강화됩니다. 따라서 한국에서 국가의 토건지향적 성향은 지역경제적 이해의 영역화에 의해 영향받은 바가 큽니다.

실천적 함의

그렇다면, 지역균형정책은 지속될 필요가 있는가? 지역균형을 이루기 위한 보다 바람직한 방향은 무엇일까? 토건적 개발에 의존하지 않고 지역발전을 이룰 수 있는 방법은 무엇인가? 이런 질문들이 가능할 것 같습니다. 이에 대해 생각해 보면서 질의응답을 갖겠습니다.

질의응답

Q. 국가가 토건주의적 성향을 갖게 되는 것을 비교정치적 시각에서 설명해주신 것 같습니다. 영국은 계급정치적 성향을 가지고, 미국은 지역정치적 성향을 가진다는 말씀을 잠시 해주셨는데요, 이렇게 된 이유는 무엇인가요? 교수님께서 주신 자료를 보니 미국이나 한국의 경우 식민지 상황에서 벗어나면서 근대화를 시작한 것 같습니다. 그리고 강의 중에도 식민지 근대화가 공간적 불균형 문제와 관련이 있다는 뉘앙스의 이야기를 하셨던 것 같습니다. 그렇다면, 식민지를 겪었던 국가들은 식민지기에 생겼던 지역적 불균등성이 정치와 결부되고, 영국이나 서유럽처럼 앞서서 산업화를 이룬 국가들은 계급의 분화가 정치와 결부되는 경향을 가지는 것인가요? 그래서 영국이나 프랑스에서는 계급정치가, 미국과 한국에서는 지역정치가 강한 성향을 보이는 것인지요? 또한 한국 수도권의 경우에는 지역주의와 크게 관련이 없는 것 같은데요. 이 또한 수도권이 다른 지역에 비해 많이 발전되어 있기 때문에 지역분화보다는 계급분화적 성향이 많이 나타나는 것인지 궁금합니다.

A. 식민지 경험과 영역정치의 관련성 혹은 식민지 경험과 지역격차와의 관련성에 대해 질문하신 것인데요. 역사적 차원에서 보자면 식민지 경험을 가진 국가들은 항구나 자원소재지 등을 중심으로 외생적 성장을 했으므로, 이러한 곳들이 먼저 도시화와 산업화를 경험하게 됩니다. 그 결과 다른 곳에 비해서 상대적으로 지역격차의 정도가 더 클 소지가 높습니다. 그로 인해 지역격차문제가 조금 더 중요한 정치적·사회적 이슈가 되었을 수는 있습니다. 그렇다고 해서 식민지를 경험하지 않은 나라들

이 지역간 격차의 문제가 없는 것은 아닙니다. 특히 프랑스의 경우는 파리 지역과 그 이외 지역 사이의 격차가 매우 심합니다. 그러므로 식민지 경험 유무와 지역격차의 정도가 필연적 관계를 가지는 것 같지는 않습니다. 다만, 역사적으로 보았을 때 남미, 아시아, 아프리카에서 식민지 경험을 한 국가들이 식민지적 수탈경제로 근대화 과정을 시작하다보니, 수탈경제의 공간적 특성으로 인해 국토의 발전 정도가 좀 더 불균등한 경향이 있는 것은 사실인 것 같습니다. 하지만, 불균등발전의 문제가 반드시 식민지 경험이라는 문제에 의해서만 형성된 것은 아닙니다. 지역간 불균등 발전 구도가 형성되는 요인에는 여러 가지 다른 요인들도 있을 수 있기 때문에 식민지 경험만 가지고 설명할 수는 없을 것 같습니다.

영역정치의 형성에 대한 부분도 그렇습니다. 미국의 영역정치가 만들어지게 된 원인을 지역간 격차문제에서 찾기는 어려워 보입니다. 오히려 연방제 국가시스템의 영향과 미국 정당정치 구도가 형성되는 과정에서 파생된 영향력이 더 중요해 보입니다.

수도권에서 왜 지역주의적 성향을 찾기 어려운가라는 문제는, 질문자가 이야기했듯이 한국의 산업화 이후 수도권은 산업과 경제활동이 집중된 곳이기 때문에 소외감 같은 것을 느끼기 어려운 측면도 있을 것입니다. 다른 하나는, 다른 나라의 수도권들도 비슷합니다만 지역에서 사람들이 모여드는 곳이 수도권이기 때문입니다. 지역주의적 성향은 연고주의적 정체성의 형성과 관련이 있는데요. 여러분의 세대는 다르겠지만 저희 세대만 하더라도 그러한 정체성이 형성되지 않았습니다. 저만 하더라도 제 고향인 포항에서 살던 기간보다 서울에서 산 기간이 훨씬 길지만 아직도 사투리가 남아있지 않습니까? 서울출신이라는 지역적 정체성이 약한 것이 사실이었고, 그러다보니 역사적으로 서울에서 지역주의가 만들어질 조건이 아직 갖춰지지 않은 것이 아닌가 합니다.

　최근에는 조금 다른 양상이 만들어지고 있는 것 같습니다. 예전에는 영남과 호남 또는 영남과 그 외 지역 사이의 격차가 중요했는데, 90년대 이후에는 서울과 지방 혹은 수도권과 지방 사이에 격차가 만들어지는 구도가 형성되었습니다. 이러한 물적 조건이 만들어진 관계로 최근에는 수도권에 사는 이들과 지방에 사는 이들 사이의 이해관계 차이가 확실해진 것 같습니다. 하지만 이것이 정치적으로 동원되는가 하는 문제와는 별개입니다. 아직은 정치적 동원의 단계에까지는 이르지 않은 것 같습니다. 서울과 수도권은 정치적 동원의 역학이 매우 복잡하게 형성되어 있는 곳입니다. 다른 곳에서 비해 정치의식이 높은 편이기 때문에 정치적 동원이 쉽게 이뤄지지 않기도 합니다. 반면, 최근 강남의 사례가 보여주는 계급적 이해에 기반한 정치의식은 수도권에서 장소와 계급이 결합된 정치의식의 형성이 가능하다는 것을 보여주는 것이 아닌가 합니다.

　Q. 마지막에 말씀하신 실천적 함의와 관련하여 이야기를 해보면, 지역적 구도와 관련한 다수의 근본적인 문제점들이 결국은 정치의 문제와 연계되어 있는 게 아닌가 싶습니다. 역사적으로 보았을 때 해방 후 완전한 독립이 이뤄지지 못하고 남북이 분단되어 있는 상태에 있으며, 남한사회에서 진보적 인사들이 다수 제거되고, 보수적인 정당들만 남아있는 것 같은 이 구조가 보다 근본적인 영향을 미친 것이 아닌가 합니다. 저는 보수적인 배경을 가지고 있고, 민주화운동에는 참여해본 적도 없지만 최근에 들어 가지게 된 생각입니다. (질문자는 서울대 공대 은퇴 교수)

　다른 한 가지는 토목사업이 정치권과 이렇게 깊이 연루되는 이유 중 하나는 막후에 존재하는 정치자금문제가 아닌가 합니다. 개인적으로는,

퇴임이후 지역에 내려가 살기 위해 지방에 토지를 구매하게 되면서 지방 자치제도가 굉장히 부패해있는 모습도 보게 되었습니다. 눈앞에 보이는 이성적이고 합리적인 결정과정이 아닌 막후에 존재하는 비민주적이고 부패한 의사결정 과정이 존재하는 것이 아닌가 하는 생각도 해봤습니다. 그런 점에서 선거라고 하는 것이 오히려 형식에 그치는 것이 아닌가, 우리가 잘 작동하고 있다고 생각하는 민주주의라는 것이 실상은 매우 표피적인 수준에 불과한 것이 아닌가 하는 생각이 들기도 했습니다.

A. 매우 중요한 부분을 지적해주셨습니다. 1987년 민주화투쟁 이후 한국은 민주화가 굉장히 많이 진전되었다고들 합니다. 그리고 산업화와 민주화를 모두 성공시킨 나라라고 칭송을 받고 또 자부하기도 했습니다. 하지만, 요즘과 같은 상황에서는 그러한 의문이 가능할 것 같습니다. 우리가 경험하고 있는 민주주의가 정말로 민주주의라고 말할 수 있는가라는 의문 속에서 민주주의의 한계에 대해서도 생각해봐야 할 것 같습니다. 지방의 경우에는 문제가 더욱 심합니다. 질문자께서 말씀하신 것처럼 표피 아래서 작동하는 메커니즘이 의사결정에 많은 영향을 미치고, 겉으로 드러나는 선거는 쇼에 불과한 경우도 많습니다.

그나마 중앙이나 국가단위에서의 민주주의는 잘 작동하고 있다고 생각했는데, 최근에는 이 부분에 대한 믿음도 재고해야 할 정도로 모순적인 일들이 많이 일어나고 있는 것 같습니다. 그런 점에서 저는 우리가 다시 한 번 민주주의를 고민하고, 어떻게 민주적 정치를 다시 한 번 복원할 것인가를 고민해봐야 한다고 생각합니다. 제가 지방의 문제를 자꾸 말씀드린 이유 또한 1987년 민주화투쟁의 승리 이후 중앙에서 이뤄 놓은 약간의 민주화 과정에 자신만만해하고 도취해 있었던 것이 아닌가하는 의문에서입니다. 사실 한국사회 전체를 봤을 때 여전히 대다수의 의사결정 과정은 비민주적이고 비합리적인 과정인데, 눈앞에 보이는 대통령과 국회의원 선거정도가 민주적 절차를 가지고 있다고 해서 이를 토대로 우리의 상태를 민주화된 것으로 과대평가 한게 아닌가하는 생각도 듭니다. 그래서 한국사회의 발전과 민주화를 위해서는 국가적 차원의 변화뿐만 아니라 지방적 차원에서의 변화까지 이끌어내야만 한다는 생각이 많이 듭니다. 서울대학교도 또한 조그마한 지방자치단체 같다는 생각이 듭니다. 이곳에서 이뤄지는 수많은 의사결정의 과정이 민주적이라고 자신하기 어려운 것들이 많습니다. 민주적이지 않은 방식으로 이뤄지는 의사결정이 훨씬 많고, 그럼에도 이에 대한 문제제기를 하기도 쉽지 않습니다. 지방의 경우가 이렇습니다. 지방에서 문제가 발생하여 문제제기를 하게 되면, '너는 우리 지역사람 아니냐?' 이러한 영역적 논리로 배제시켜 버립니다. 서울대 또한 그런 영역적 논리가 작동하는 공간 중 하나인 것 같습니다. 그래서 이런 부분에 대한 고민을 할 필요가 있다고 생각합니다.

초반에 말씀하신 분단문제도 역시 중요한 문제임이 분명합니다. 최근 불거진 개성공단문제만 봐도 그렇습니다. 이 문제에 있어서는 구체적인 답을 드리긴 어렵습니다만, 무거운 마음을 가지고 같이 고민해봐야 하지 않을까 합니다.

Q. 단팥빵과 페스트리의 비교를 해주셨는데요. 다양한 관점으로 봐야 한다는 취지는 알 것 같은데, 구체적으로 층위라는 것이 무엇을 의미하는지 설명 해주시면 감사하겠습니다.

A. 한국사회라는 것이 다양한 층, 레이어로 구성되어 있다는 뜻입니다.

한국사회를 이해하기 위해서 자본주의라는 경제적 논리도 알아야겠지요. 그런데 이 한국의 자본주의는 어떻게 만들어졌을까요? 우리가 알지 못하는 사이에 어느날 갑자기 자본과 노동이 등장하고 자본가와 노동자간의 계급관계가 만들어지면서 자본주의가 만들어진 것은 아닐 것입니다. 자본주의가 만들어진 과정 자체도 굉장히 복잡한 층들을 통해 만들어지지 않았을까요? 어떤 사람이 자신의 노동력을 판매해야 하는 상황에 놓이게 되는 과정은 한순간에 갑자기 이뤄졌을까요? 한 사람의 인간으로서 자신의 노동력을 판매하게 되는 과정이 자본주의의 논리에 의해 착착 이뤄진 것일까요? 여기에는 남성과 여성의 문제, 연령의 문제, 백인과 흑인 등의 인종문제 등 그 외의 수많은 요소들이 결합되어 자본주의 사회에 필요한 노동력으로 구성되어 나가는 동시에 스스로를 그렇게 규정하는 과정이 존재할 것입니다. 어느 순간에는 노동력이어야만 함에도 불구하고 노동력이기를 거부하는 스스로의 모순적 상황들도 존재할 것입니다. 이와 같은 것들이 복잡하게 얽혀있지 아닐까 하는 것이 저의 생각입니다.

지방의 경우도 그렇습니다. 모든 것이 중앙에서 결정되는 게 아닙니다. 교과서에서 보듯이 1960년대 이후 한국의 경제성장은 당시 경제기획원에 있던 우수한 엘리트 관료들의 합리적 판단들 속에서 만들어진 것이었을까요? 말씀드린 마산의 사례를 보면, 중앙관료들과 별개로 지역에서 일어난 노력들의 영향도 있었을 것이고, 중앙관료가 아닌 지방관료들의 노력도 있었을 것이고, 재일교포의 영향력도 있고, 대기업의 영향력도 있고, 지방기업의 영향력도 있었을 것입니다. 이런 요소들이 서로 맞물리고 접합되어 형성된 것이 아니었을까 하는 것입니다. 제가 말씀드린 페스트리의 층위란 이처럼 일관된 논리에 의해 결합되지 않는 다양한 층위들이 우발적으로 결합되어 사건을 만들어 낼 수 있다는 점에 주목하자는 것입니다.

Q. 좋은 취지로만 비춰져 왔던 지역균형정책이라는 것이 왜곡될 수 있다고 설명을 해주셨습니다. 그런데, 현재 수도권과 지방간의 물적 기반의 차이가 실질적으로 현격한 상황입니다. 이러한 상황에서 토건개발을 배제한 지역발전이라는 것이 어떻게 가능한지 상상이 잘 되질 않습니다. 그렇다면, 어떤 방식의 지역균형 정책이 바람직하다고 보시는지요?

A. 매우 중요한 질문입니다. 흔히 지역격차나 불균등 문제라고 하면 경제적 기회가 적거나 일자리가 적은 것을 지적하는 경우가 많습니다. 이를 생각하면, 일자리가 부족한 지역에 경제적 기반을 만들기 위해 도로, 공장, 댐 건설 등이 필요할 수는 있습니다. 그 자체를 부정하는 것은 아닙니다. 하지만 많은 사업들이 사업의 필요성과 타당성이 검증되지 않은 채 이뤄집니다. 그래서 최근들어 과잉투자 이야기가 나오는 것이고, 저 또한 그러한 측면이 있다고 생각합니다. 대표적인 사례로 최근 들어 지역에 만들어진 공항 중 일부가 승객이 없어 건물만 남게 된 일이 있습니다. 엑스포의 경우에도 그렇습니다. 엑스포를 위해서 지은 건물들이 이후 제대로 활용되지 못하는 경우가 있습니다. 그리고, 공항을 유치하기 위한 지방자치단체 간의 과잉경쟁 사례도 있습니다. 이런 사례들 중 많은 경우 필요 이상의 과도한 투자요구가 있었다는 것입니다. 이런 부분들이 없어져야 한다고 봅니다.

그런데 지방자치단체장들이 지역의 건설업자들로부터 로비 받아서 개발사업을 유치하는 나쁜 사람들도 있겠지만, 실제로는 그렇지 않은 경우도 많이 있습니다. 그런데, 이것은 자신들이 생각할 수 있는 지역개발이라는 것이, 자신이 알고 있는 것이 그것밖에 없기 때문입니다. 지역개발을 하려면 토건사업이나 메가 이벤트를 유치해야 한다고 무의식적·무비판적으로 생각하는 것입니다. 저는 이것 또한 문제라고 생각합니다.

또 하나 이런 측면이 있습니다. 노무현 정권 당시 지역혁신체계를 구축한다고 하면서 혁신클러스터를 추진했는데요, 당시 전문가들은 이를 제대로 육성하기 위해서는 몇 군데만 선별하여 집중투자를 해야 효과를 낼 수 있고, 서울이외의 지역에 성장의 거점을 만들 수 있다고 조언을 했었습니다. 하지만 결국에는 전국 16개 시도에 하나씩 다 1/n로 나눠주는 모양새가 되었습니다. 합리적 논리로 보면 혁신클러스터는 시, 도마다 하나씩 있을 필요가 없습니다. 광역권으로 묶어 호남권에 하나, 영남권에 하나 이렇게 만드는 것이 효과적이었습니다. 그게 지역균형 논리로 인해 쪼개지게 되면서 언 발에 오줌누기가 되어 버렸습니다. 저는 이러한 비효율성을 지적했던 것입니다.

토건적이지 않은 지역균형정책은 무엇이 있을까라고 한다면, 저는 여러 가지가 있다고 생각합니다. '지역격차'라고 할 때 사람들이 많이 생각하는 것은 일자리의 부족, 경제기반의 부족 등입니다. 그런데 실제로 사람들이 피부로 느끼는 박탈감은 교육기회나 의료서비스 등에 대한 것이 더 큰 경우가 많습니다. 지역에 좋은 교육시설이 없다는 것, 좋은 대학이나 중 · 고등학교가 없다는 것, 그리고 좋은 의료시설의 문제도 있습니다. 요즘은 지역에서도 병이 조금 커지면 서울로 와서 치료받는 경우가 많습니다. 지방의 의료시설을 크게 신뢰하지 못하는 경우가 많기 때문입니다. 현재 서울과 지방 간의 의료격차가 심각한 현실입니다. 최근 젊은이들이 제주도로 내려가 펜션이나 게스트하우스 등을 운영하는 경우가 많이 생기고 있는데, 이들이 가서 살 때 느끼는 큰 어려움 중 하나가 아플 때 신뢰하고 갈만한 병원이 없다는 것입니다. 그런 점에서 물적 인프라보다 복지적 차원의 격차가 더욱 클 수도 있다는 생각이 듭니다. 자본주의 경제

하에서 지역 간에 완전히 균등한 공간경제를 실현하는 것은 불가능합니다. 격차는 생기게 마련이고, 경제적으로 모든 지역이 균등해질 수는 없습니다. 그나마 격차를 줄이는 방법은 교육, 보건, 주거 등 사람들이 영위하는 일상적인 삶의 질의 수준이 균등하게 되도록 하는 것이 아닌가 합니다. 그래서 저는 오히려 복지의 문제로 지역격차 문제에 접근하는 것도 하나의 방법이라고 생각합니다. 흔히들 복지의 문제는 계층 간의 격차를 줄이는 방법으로만 생각하는데, 저는 계층간 격차문제와 지역간 격차문제를 같이 고려할 필요가 있다고 생각합다. 물론 대도시에 빈곤층이 훨씬 많으니까 이들의 삶을 보장해줄 필요가 있겠지만, 지역의 경우에는 커뮤니티가 유지될 수 있는가하는 문제가 존재합니다. 또한, 지역에서도 문제가 되는 것은 그곳에서도 가난한 이들입니다. 공항과 교량건설 같은 토건사업은 그 지역의 부유층에게 혜택이 집중될 확률이 큽니다. 지역에서 삶이 어려운 이들에게 혜택이 돌아가게 할 방법은 무엇인가? 저는 공항이나 도로건설보다 좋은 병원, 좋은 학교를 만드는 것이 더 좋은 방법이라고 봅니다. 그래서 저는 복지문제를 생각할 때 사회계층간 형평의 문제와 지역적 형평의 문제를 같이 고려하는 것이 중요한 방법의 하나라고 봅니다.

Q. 행정 수도 이전에 대해서 어떻게 생각하시는 지 궁금합니다.

A. 저 개인적으로는 해볼만한 일이었다고 생각합니다. 물론 그것이 막판에 가서 선거전략으로 사용되었으므로 의도가 순수하지 않다는 이유를 들어 비판할 수 있다고도 생각하지만, 지역균형이라는 측면에서 수도권 바깥에 새로운 성장동력을 만드는 것은 의미가 있다고 생각합니다. 행정수도는 확실히 많은 투자가 집중적으로 이뤄질 수 있기 때문에 효과적

일 수 있다고 봅니다.

그리고 또 하나, 지리학자의 입장에서 볼 때 권력의 문제는 단순히 사회적이기만 한 것이 아니라 공간적인 문제이기도 합니다. 그래서 앞서 지적하신 한국 사회 민주주의의 미비점들, 정치적 문제들, 불균등한 권력배분의 문제는 많은 경우 서울을 중심으로 형성되어 있는 사회적 연결망을 중심으로 형성된 것이라고 생각해볼 수 있습니다. 그런 점에서 수도의 행정기능을 옮기면 그러한 네트워크가 어그러질 수 있습니다. 그럴 경우 수도권을 중심으로 한 네트워크와 가까운 이들에게는 손해겠지만, 지금까지 그러한 네트워크와 거리가 있던 이들에게는 새로운 기회를 줄 수 있다고 봤습니다.

행정 수도 이전이 일단 추진되고 나서는 여러 가지 정황상 이를 돌이키기 어렵다고 봤습니다. 그런데 정운찬 전 서울대 총장이 이것을 되돌리기 위해 나선 모습을 보고, '저 분이 지리학을 공부했다면 이 문제를 건드리지 않았을 텐데, 너무 쉽게 생각했구나'라는 생각을 했습니다. 그 때부터 정운찬 씨는 늪에 빠져서 헤어나오기 힘드실 것이라고 봤는데 제 예상대로 되었습니다. 왜냐하면 한국처럼 영역정치가 강하게 작동하는 상황에서 지역적 이해가 결부된 행정수도 이전과 같은 문제들은 아무리 합리적 판단에 의거해서 철회하는게 맞다고 하더라도 되돌리기 힘듭니다. 심지어 헌법조항에 지역균형 조항이 있을 정도로, 지역균형의 문제는 한국이라는 국가공동체에 깊이 각인되어 있는 것입니다. 마치 보기 싫지만 몸에 문신이 새겨진 것과 같습니다. 정운찬 씨는 그 문신을 제거하겠다고 인두 들고 달려든 모양새가 되었고, 결국은 문신을 제거하지 못하고 자신의 손을 인두에 데게 된 것입니다. 그런 점에서 볼 때, 행정수도는 필요의 차원을 떠나 진행할 수밖에 없는 사안임을 인정해야 하는 상황이라고 봄니다. 한국이라는 정치공동체가 저 논리를 바탕으로 형성되어 있기 때문입니다. 따라서 행정수도를 없애거나 흔들려는 시도는 불가능하지는 않겠지만, 엄청난 노력이 필요한 일일 것입니다.

이와 관련하여, 사실 우리나라에서 지역균형 논리가 작동하면 여러 가지로 복잡하고 예상치 못했던 결과가 생겨나는 경우가 많습니다. 예를 들어, 경제자유구역이 그렇습니다. 처음에는 인천 송도에만 하나 만들려 했었습니다. 그러자 수도권 바깥에서 지역격차의 심화를 이유로 비판을 제기합니다. 그래서 결국 부산에 하나, 광양에 하나를 더 건설하게 된 것입니다. 그 외의 다른 지역에도 다시 몇 개 더 생깁니다. 이러한 사례들이 굉장히 많이 있습니다. 이처럼 지역균형의 논리와 지역의 힘을 이용한 영역적 정치가 작동하게 되면 의외로 영향력이 큽니다.

제가 최근에 농담으로 하는 것이 있습니다. 국민들 중에 기성정치에 불만있는 분들이 많고, 특히 여의도 정치에 대한 불신이 높습니다. 그래서 장난삼아 사람들에게 묻는 것이 차라리 여의도에 있는 국회의사당을 없애고 국회를 전국에 순회시키면서 회의를 개최하게 하면 어떨까 하는 것입니다. (웃음) (학생) 참신합니다. (교수) 참신하죠? 전국에 5개정도 도시를 정해서 2개월씩 돌아가면서 국회를 여는 것입니다. 국회는 국민을 대표하는 기관이지 않습니까? 그런 기관이 항상 서울에서만 열릴 이유는 없다고 봅니다. 대구에서 두 달, 광주에서 두 달, 부산에서 두 달 이런 식으로 순회하고, 그 외 강원도와 제주도에서도 한 달 정도 회의를 개최한다면, 각 지역은 2개월 동안 국회의원들과 보좌관들의 체류로 지역경제가 활성화 되고, 소위 컨벤션 산업도 활성화 되며, 지역정치도 성장할 수 있는 기회가 될지도 모르겠습니다. 현재 국회 앞에 있는 많은 시위자들도 함께 지역으로 내려가겠지요. 그렇게 되면 서울을 중심으로 형성되어 있는 여러 가지 정치적인 관계망들도 변화와 재구성되는 계기가 될 수 있을 거 같습니다. 여러분들은 어떻게 생각하시는지요? (웃음) 국회를 세종시로 옮기자고 하면 반대하는 이들이 많겠지만, 전국에 2개월씩 순회하도록 만들면 각 지역이 좋아하기 때문에 반대가 적을 지도 모르겠습니다. (웃음)

5·18민주화운동과
'임을 위한 행진곡'

정근식 · 서울대학교 사회학과 교수
김종률 · 〈임을 위한 행진곡〉 작곡자

5 · 18에 대한 복합적 이해

5·18을 사흘 앞두고 있는 오늘, 강의의 주제를 우리가 5·18을 어떻게 기억하고 또 어떻게 잊어버리고 있는가로 잡았습니다. 여러분을 위하여 특별한 손님을 모셨는데, 최근에 논란이 되고 있는 노래, 〈임을 위한 행진곡〉을 작곡하신 김종률 선생님입니다. 제가 먼저 강의를 하고, 후에 김종률 선생님의 이 노래에 얽힌 이야기를 듣도록 하겠습니다.

최근에 〈임을 위한 행진곡〉을 두고 많은 논란이 있었습니다. 사실, 이 노래를 국가기념일의 기념식에서 사용하지 않으려는 시도는 올해가 처음이 아니고 전에도 몇 차례 있었습니다. 그 때마다 이런 시도는 실패로 돌아갔습니다. 5·18 기념식에서 〈임을 위한 행진곡〉을 부르지 않는 것은 1980년부터 33년간 이뤄져 온 한국 민주화의 성과 전체를 부정하는 것에 다름없기 때문에 불가능하다고 생각하는 사람들이 많습니다. 이 문제를 가지고 이야기를 시작해볼까 합니다.

우리는 이 문제를 역사에 대한 기억과 망각의 틀로 이야기 합니다. 저는 이것이 약간 부정확한 개념이라고 생각합니다. 기억과 망각은 모두 명사이고, 자발성을 내포한 개념입니다. 지금 발생하고 있는 일들은 기억 지우기와 기념하기 사이의 투쟁이라고 봅니다. 기억과 망각, 기억 지우기와 기념하기는 유사하지만 같지는 않습니다. 특히 망각하기와 기억지우기는 다르기 때문입니다.

엄밀하게 볼 때 이 논쟁의 출발은 1980년 5월 18일부터 27일까지 광주에서 발생한 사건을 무엇이라고 부르는가로부터 시작됩니다. 우리는 어떤 역사적 사건에 이름을 붙일 때, 1) 누구의 입장에서 보는가? 2) 누가 그 사건의 주체였는가? 3) 사건의 기본적 이념과 성격은 무엇이었는가? 4) 사건의 시간적 맥락과 공간적 맥락은 무엇인가? 이와 같은 것들에 대해 복합적인 고려를 합니다.

어떠한 입장에 서 있느냐에 따라서 명칭이 다릅니다. 5·18의 이름은 굉장히 많습니다. 공식적인 이름은 5·18 광주민주화운동입니다만, 저 개인적으로는 이 이름을 선호하지 않습니다. 부정확한 요소가 있기 때문입니다. 단기적으로 발생하는 역사적 '사건'과 일반적으로 장기간 지속되는 '운동'은 서로 다른 개념입니다. 따라서 이 10일 간의 투쟁은 운동이라기보다는 하나의 사건으로 보아야 하고, '항쟁'과 같은 이름이 붙어야 합니다. 5·18이라는 추상적 용어는 '5·18민주항쟁' 또는 '민중항쟁'이라는 역사적 사건과 그 사건을 이어 10년, 20년간 지속되는 장기적인 진실규명운동으로 구성되어 있는 것이기 때문에, 5·18민중항쟁과 5월운동의 복합체로 바라봐야 합니다.

어찌 보면 33년이 지난 이 시점까지도 이 운동이 지속되고 있습니다. 거의 종료된 줄 알았지만 시민들의 기억을 지우고자 하는 시도가 등장함으로써 다시 운동의 힘이 복원되는 그런 역사를 반복하고 있기 때문입니다.

5·18에 관한 여러 가지 질문들이 있습니다. 원인은 무엇인가? 전개과정은 어땠는가? 결과 혹은 효과는 무엇이었는가? 성격은 어떠하며 의의는 무엇인가? 이러한 것들에 대해 오늘 다루는 것이 마땅하지만 시간 관계상 충분히 토론할 수 있는 기회가 제한될 것 같습니다.

1979년부터 80년까지의 짧은 시기가 한국 현대사에서, 그리고 세계사에서 어떤 의미를 지니는가라는 질문도 던질 수 있습니다. 세계적 차원에서, 동아시아적 차원에서, 국내적 차원 즉 대한민국의 역사에서, 지방(광주) 차원에서 이것은 어떤 의미를 갖는가 등을 고찰해 볼 필요가 있습니다. 국제적인 차원, 동아시아 지역적 차원, 국내적 차원, 지방적 차원에서 종합적으로 파악을 해야 5·18이 무엇이었는가를 제대로 이해할 수 있습니다.

1979년 10월(박정희 사망)부터 1980년 8월(전두환 취임까지)까지를 어떻게 볼 것인가? 사람들이 잘 인식하지 못하고 있지만, 전두환 전 대통령은 1980년과 1981년, 두 번 대통령에 취임했습니다. 1979년 10월 부마항쟁과 그에 뒤이은 박정희 대통령 사망부터 1980년 8월 전두환 씨가 대통령이 될 때까지의 이 기간을 정치적으로나 경제적으로 어떻게 봐야 하는가? 그리고 전국적 움직임과 광주의 움직임이 어떻게 연결되어 있었는가? 이것이 가장 중요한 포인트라고 생각합니다. 이 사건을 광주만의 문제로 이해해서도 안되고, 전국적 문제로만 이해해서도 안되는 이유는 이렇습니다.

1980년 5·18 직전 광주의 모습. (5·18기념재단 제공)

박정희 대통령 사망 후, 유신체제의 유지와 폐지가 가장 중요한 정치적 쟁점이었습니다. 대부분의 시민들은 유신헌법을 폐지하고 새로운 헌법에 따라 대통령을 선출하기를 희망했습니다. 그러나 전두환 장군을 중심으로 한 신군부는 그렇게 생각하지 않았습니다. 1980년 봄, 민주화를 기대하는 대학생들의 목소리가 시민들에게 전해지기 시작했습니다. 그러나 1979년 12·12사건으로 불리는 군 내부의 쿠데타 이후 최규하 대통령은 1980년 4월에 전두환 보안 사령관을 중앙정보부장에 겸하는 조치를 취합니다. 대학생들은 권력 집중과 민주화의 역행을 우려했고 서울 뿐 아니라 지방에서 민주화를 강하게 요구합니다. 5월 13부터 15일까지 서울에서 대학생들을 중심으로 진행되었던 대규모 시위, 그리고 하루 늦게 14일부터 16일까지 광주에서 대학생들의 대규모 시위가 있었습니다. 특히, 시위의 이름이 명명되지 않았던 서울과 달리 광주는 '민족민주화성회'라는 이름을 가지고 시위가 진행되었습니다. 마침내 신군부는 5월 17일 밤, 계엄령을 전국으로 확대하고 중요 대학들에 공수특전단이라는 군대를 파견하여 점령하고 휴교조치를 했습니다. 5월 18일, 이에 항의하는 대학생들의 움직임은 서울에서는 쉽게 진압되었으나 광주는 사정이 달 랐습니다. 당시 서울대 학생들은 영등포역에 집결했지만 쉽게 해산당했습니다. 그러나 전남대 학생들은 학교 정문에서 시작된 항의를 전남도청이 있는 시내로 옮겨갔습니다.

1980년 5월 18-27일까지 광주에서의 역사적인 항쟁이 있었습니다. 이 항쟁은 1979년 10월의 부마항쟁의 연속선상에 있는 것입니다. 두 항쟁 모두 한국의 민주주의의 역사에서 매우 중요한 것입니다. 양자 모두 독재 정치에 반대한 것이고 1960년 4월혁명과 1987년 6월항쟁을 이어주는 역 사적 사건입니다.

광주항쟁이 끝나자마자 3일 만에 국가보위비상대책위원회가 설치되었고, 2-3개월 후 최규하 대통령이 대통령직을 사임하고, 곧바로 통일주 체국민회의를 통해 전두환 대통령이 선출되고, 제5공화국 헌법이 선포되는 과정을 거칩니다. 이러한 일련의 과정 속에 광주의 5·18이 존재하고, 1980년 이후의 강력한 한국의 민주화운동 문화가 존재한다는 것을 염두에 두어야만 〈임을 위한 행진곡〉이 어떠한 위치에 있는가를 제대로 이해할 수 있을 것입니다.

1980년 5월 15일 서울역에서의 대학생들의 집회는 이러한 장면을 연출하지 않았습니다만, 전남도청에서 일어났던 시위가 연출한 장면은 아마도 '대한민국은 민주공화국이다'라는 헌법 제1조를 시각화한 것이라고 볼 수 있습니다. 태극기를 중앙에 두고 둥글게 둘러앉아 시민들이 토론을 하는 장면은 그리스의 직접민주주의를 연상 시키면서, 아마도 한국 현대 사에서 대한민국이 민주공화국임을 의례적으로 실현한 가장 중요한 장면이 아닌가 합니다. 여러분에게 나눠드린 저의 논문 '태극기, 한국 현대 사를 읽는 새로운 코드'는 바로 이 역사적 장면에 대한 해설이자 헌정이라고 할 수 있습니다.

　5월 18일부터 10일간 항쟁이 진행되는 동안 항쟁의 성격도 바뀌었습니다. 5월 18일의 시위는 전국으로 계엄을 확대하고 김대중 등 정치인들을 연행한 것에 대한 항의입니다. 민주화에 역행하는 것에 대한 저항이라고 볼 수 있습니다. 하지만 5월 21과 22일을 넘어서면 시민들의 저항은 정치철학의 근본문제인 인간성의 문제로 전환됩니다. '국가 권력이 그토록 야만적으로 시민들을 대할 수 있는가?' 라는 질문을 제기함으로써 민주주의의 문제로부터 인간 존엄성을 지키는 투쟁으로 전환되는 과정이 나타났던 것입니다. 5·18 사건의 마지막 국면은 패배를 예감하고 죽음을 예감하면서도 이를 역사에 증언하고, 미래에 남겨야겠다고 하는 시민군 지도자들의 의지를 보여줍니다. 5월 26일 밤, 도청에 남은 윤상원을 비롯한 시민군은 자신이 죽을 것을 아는 상태에서 죽음으로써 역사에 증언을 남길 사람과 죽지 않고 살아야 할 사람들을 스스로 구분했습니다. 시민군들내에서도 논쟁이 분분했고, 그 짧은 순간에 목숨을 건 역사적 결단이 이루어졌습니다. 이처럼 10일간의 동학은 한국 현대사의 가장 극적인 장면 중 하나입니다.

　광주에서의 움직임과 전국적인 차원을 연계해서 보면, 신군부는 엄격한 보도금지를 통해 광주를 고립시키고 다른 지역의 국민들이 광주의 진실을 모르게 하는 '두 개의 국민'전략을 실행하였습니다. 광주 내부에서 극적인 변화가 발생하고 있었지만, 당시의 국민들은 어떤 일이 일어났는지 몰랐습니다. 1980년 5월 27일은 광주라는 지방 차원에서 보면 시민군의 패배를 가져온 날인 동시에 대규모의 비극으로 끝난 날이었지만, 전국적 차원에서 보면 그 속에 엄청난 희망과 에너지가 배태되어있고 정치공작에 의한 오해와 불신이 더불어 등장하는 매우 착잡한 날이라고 할 수 있습니다. 이 때부터 한국 현대사의 중요한 화두가 5·18의 진상이 무엇인가, 얼마나 많은 시민들이 희생되었는가에 모아집니다. 즉 초점은 '진실'이 무엇인가였습니다. 바로 우리 눈 앞에 나타났던 사건의 진상규명, 일련의 투쟁이 민주화운동이라는 이름으로 진행됩니다.

5월 문화운동

〈임을 위한 행진곡〉을 이해하기 위해서는 5월 18일부터 27일까지 있었던 광주에서의 변화와 더불어 이 기간에 이뤄졌던 국민적 소통의 단절이 가져온 비극적 결말을 함께 파악해야 합니다. 사실은 1980년 5월의 오해와 불통은 33년이 지난 지금까지도 재생산되고 있다고 할 수 있습니다.

1980년 5월 18일 광주의 모습을 담은 사진은 여러분들에게도 매우 익숙할 것이기 때문에, 따로 설명은 하지 않겠습니다. 5·18 광주시내의 사망자 분포도를 보면, 사망자가 광주 전역에 걸쳐 분포합니다. 당시의 광

1980년 5월 18일 광주의 모습들. (5·18기념재단 제공)

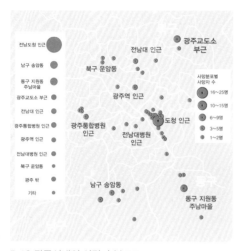

전남도청 인근

남구 송암동

동구 지원동
주남마을

광주교도소 부근

전남대 인근

광주통합병원 인근

광주역 인근

전남대병원 인근

북구 운암동

광주 밖

기타

전남대 인근

광주교도소
부근

북구 운암동

광주역 인근

광주통합병원
인근

도청 인근

전남대병원
인근

남구 송암동

동구 지원동
주남마을

사망분포별
사망자 수

16~25명

10~15명

6~9명

3~5명

1~2명

5·18 광주시내의 사망자 분포도.

주가 단순히 도청 앞 시위로만 설명될 수 없다는 것을 알 수 있습니다. 또한, 사망자들의 사진을 처음 보는 사람들은 이러한 일이 대한민국에서 일어났었다는 사실을 믿지 못합니다.

항쟁의 끝과 후는 이렇습니다. 도청 앞에서 계엄군들이 일렬로 서서 반동을 하면서 〈안되면 되게하라〉라는 특전부대의 군가를 부르는 모습, 이것이 적이 아닌 국민들을 제압한 이후의 승리의 군가라는 것을 우리는 이해하기 어렵습니다. 진압 이후 '도청'이라는 공간의 권력은 물리적으로 장악했지만, 그 순간에 군부정권의 정당성은 완전히 사라지게 됩니다. 신군부가 주도하는 정권은 정당성을 완전히 상실한 정권이 되어버린 것입니다. 이후 진실의 은폐가 이어집니다. 세상의 일이 묘한 것이, 정치권력의 완전한 장악은 정당성의 완전한 상실이었다는 것, 진실을 은폐하면 할수록 진실규명요구가 더 큰 힘을 가지게 된다는 사실입니다. 그러나 진실에 다가가는 것은 수 많은 희생을 필요로 했습니다.

진실규명운동은 수 많은 죽음을 추도하는 것으로부터 시작됩니다. 진상규명은 자연스럽게 추모의 문제를 동반하면서 진행됩니다. 그러나 아시다시피 당시는 마음 놓고 통곡을 할 수 없는 상황이었습니다. 설명할 수 없는 죽음 앞에서도 통곡 조차 하지 못하고 울음을 삼킵니다. 그 삼

켜진 울음은 어디로 갔는가? 1980년대 초반의 대중문화와 문학에 그런 울음과 통곡이 배어 있습니다. 당시 대중적 정서를 대변했던 노래, 조용필의 〈창밖의 여자〉는 통곡을 우회한 또 하나의 절규라는 해석은 일리가 있습니다. 항쟁이 끝나자마자 광주매일신문에 등장했던 김준태의 시 〈아, 광주의 무등산이여, 우리나라의 십자가여〉는 이런 통곡을 삼키고 있는 대표적인 시입니다.

수 많은 희생을 치룬 사회에서 민주화란 무엇일까요? 그 출발은 추모입니다. 추모는 사랑하는 대상과 자신의 분리의례이고, 이것은 사회통합과 역사계승의 기초입니다. 그러나 1980년 당시부터 몇년간 정부는 유족과 시민들에게 추모를 못하게 했었습니다. 울고 싶은데 울지 못하게 했었습니다. 진상이 무엇인지 알고 싶은데 진상을 감추었습니다. 따라서 민주화는 죽은 사람을 제대로 추모하고, 무슨 일이 있었는지 진실을 밝히는 것으로부터 출발하는 것입니다. 그런 추도의 시작은 묘지에서 이루어지며, 문화적 형식을 갖추게 됩니다. 집합적인 추모의 감정을 예술적으로 승화시키는 것이 문화운동입니다. 항쟁이 끝나고 시와 노래의 시대가 시작됩니다. 공수특전단의 승리의 노래가 끝나자마자 그 다음 날 신문에 김준태의 시가 게재됩니다. 물론 검열로 인해 상당히 삭제된 형태였습니다.

◆

아아 광주여, 우리 나라의 십자가여

김준태

아아, 광주여 무등산이여
죽음과 죽음 사이에
피눈물을 흘리는

우리들의 영원한 청춘의 도시여

우리들의 아버지는 어디로 갔나

우리들의 어머니는 어디서 쓰러졌나

우리들의 아들은

어디에서 죽어 어디에 파묻혔나

우리들의 귀여운 딸은

또 어디에서 입을 벌린 채 누워 있나

우리들의 혼백은 또 어디에서

찢어져 산산이 조각나버렸나

하느님도 새떼들도

떠나가버린 광주여

그러나 사람다운 사람들만이

아침저녁으로 살아남아

쓰러지고, 엎어지고, 다시 일어서는

우리들의 피투성이 도시여

(중략)

골고다 언덕을 넘어가는

아아, 온몸에 상처뿐인

죽음뿐인 하느님의 아들이여

정말 우리는 죽어버렸나

더 이상 이 나라를 사랑할 수 없이

더 이상 우리들의 아이들을

사랑할 수 없이 죽어버렸나

정말 우리들은 아주 죽어버렸나

충장로에서 금남로에서

화정동에서 산수동에서 용봉동에서

지원동에서 양동에서 계림동에서

그리고 그리고 그리고 ……

아아, 우리들의 피와 살덩이를

삼키고 불어오는 바람이여

속절없는 세월의 흐름이여

아아, 살아남은 사람들은

모두가 죄인처럼 고개를 숙이고 있구나

살아남은 사람들은 모두가

넋을 잃고 밥그릇조차 대하기

어렵구나 무섭구나

무서워 어쩌지도 못하는구나

(중략)

광주여 무등산이여

아아, 우리들의 영원한 깃발이여

꿈이여 십자가여

세월이 흐르면 흐를수록

더욱 젊어져 갈 청춘의 도시여

◆

김준태 시의 핵심은 크게 세 대목에 걸쳐 존재합니다. 첫 번째는, "죽음과 죽음 사이에 피눈물을 흘리는 우리들의 영원한 청춘의 도시여" 라는 대목으로 기독교적 모티브를 사용하는 죽음입니다. 두 번째는, "우리들은 몇 백번을 죽고도 몇 백번을 부활할 우리들의 참사랑이여"로 표현되는 부활입니다. 기독교적 부활의 세계관이 이 시의 바탕을 이루고 있다는 점은 많은 논의를 필요로 하는데, 여기에서는 생략하겠습니다. 세 번째 핵심적 대목은 "광주여 무등산이여 아아, 우리들의 영원한 깃발이여 꿈이여 십자가여 세월이 흐르면 흐를수록 더욱 젊어져 갈 청춘의 도시여"입니다. 이는 1980년 이후 광주의 역사 혹은 대한민국 민주주의의 승리의 역사를 예견하고 있습니다. 1980년 5월, 10일간의 투쟁이 3단계로 전화했다고 보았을 때, 이 시의 구조 또한 세 개의 구조로 짜여져 있는 것 같습니다. 만일 "세월이 흐르면 흐를수록 더욱 젊어져 갈 청춘의 도시여"라는 대목에서 도시를 한국으로 바꿔도 시는 성립됩니다. 반드시 특정 도시에만 국한되는 것은 아닙니다.

이 시에 이어 잠깐의 대중적 침묵이 흐르고 곧이어 추모와 진상규명을 핵심적 요구로 하는 5월 운동이 등장합니다. 5월 운동은 기본적으로 희생자에 대한 위령과 추모로부터 시작하여 진상규명으로 이어지고, 이는 곧 민주화운동이 됩니다. 희생자의 위령과 추모는 기억투쟁, 참배투쟁이 됩니다. 이러한 운동은 살아남은 자들의 부채의식이라는 사회적 조건 위에서 전개됩니다. 서울 사람들은 광주 사람들에 대하여, 광주의 살아있는 사람들은 도청에서 죽어간 사람들에 대하여, 무엇인가 빚진 듯한 부채의식이 생기는 데, 이는 국가가 아무리 억압을 하더라도 사람들 사이에서 자연스럽게 퍼지는, '내가 왜 그 곳에 있지 않았는가?', '내가 왜 그들과 끝까지 함께하지 못했는가'라는 존재론적 물음으로부터 만들어지는 감정적 에너지입니다. 1983년도부터 극단적 억압 국면이 유화 국면으로 전환되면서 5·18사건에 대한 추모의 분위기가 커지고 망월동 묘역 참배가 사회적 차원으로 확산되게 됩니다.

초창기의 진상규명요구의 방법은 분신이었습니다. 자기 몸을 던져 진실을 요구하는 것이었습니다. 그로부터 점점 대중적 시위로 이어지고, 증언으로, 각종 문화적 수단을 통한 자기계승의 방법으로 이어졌습니다. 우리나라 문화운동은 엄밀하게 말하면 자생적으로, 아래로부터 형성된 것입니다. 만일 이러한 것이 없었다면 오늘날과 같은 자유로운 문화적 분위기도, 세계를 휩쓰는 한류도 없었을 것이라 봅니다. 자유로운 정신과 열정이 뒷받침되었기 때문에 한류도 가능했다고 봅니다. 문화의 발전은 그것을 지탱하는 정신이 뒷받침되어야 합니다. 기교와 기술만 가지고 이러한 문화를 만들어 낼 수 없습니다.

5월 운동의 중심에는 문화운동이 자리합니다. 아니, 5월 운동 그 자체가 정치운동이자 문화운동입니다. 1980년 5월이 지나자마자 시의 시대가 열리고 1982년이 되면 노래의 시대가 됩니다. 5·18항쟁은 설명이 필요 없는, 설명이 불가능한 일이기에 오직 시와 노래만이 존재하는 그런 시기였습니다. 이와 함께 판화의 시대가 오고, 1987년이 되면 사진이라고 하는 보다 직접적인 증거를 마주할 수 있는 시대가 됩니다. 민주화 이후에는 대중매체를 활용한 증언의 시대, 다큐멘터리의 시대, 그리고 집합적 기억에서 기념으로의 전환과 더불어 연극과 의례의 시대로 접어들게 됩니다. 어찌 보면 1980년대의 문화적 지형은 이러한 장르들의 연속과 중첩으로 이루어진 것입니다. 이러한 이야기를 처음 들어봤을지도 모르겠어요.(웃음)

그리고 나서 한참 후에야 픽션적 요소가 포함되는 영화나 소설이 가능해집니다. '왜 소설이 불가능했는가' 라고 한다면, 부채의식을 갖고 있는 이들은 장엄하고 엄숙한 대사건을 묘사하면서 픽션을 넣을 수 없었기 때문입니다. 보통 5·18에 관한 영화의 시작이 〈꽃잎〉이라고 하는데, 뛰어난 작품인데도 광주시민들이 막상 이 영화를 보고서는 '5·18 영화'가 아니라고 했습니다. 〈박하사탕〉이 나왔을 때도, 사람들은 본격적인 5·18 영화라고 하지 않았습니다. 문화인들은 그것이 5·18에 관한 영화라고 했지만, 사건을 직접 경험했던 광주 사람들은 이를 5·18 영화라 하지 않았습니다. 왜 이런 간극이 발생했을까요? 진실이 너무 무겁고, 너무 엄숙하기 때문에 감히 거기에 어떤 상상력도 더할 수 없었던 것입니다. 또한 말해야할 '꺼리'가 너무 많기 때문입니다. 그래서 5·18에 관한 재현에서 소설과 영화의 시대는 20년 정도 뒤늦게 도래하게 됩니다.

우리나라에서 문화운동과 문화적 장르의 출현과정들을 살펴보면 이런 논리가 성립할 수 있을 것입니다. 그 첫 출발 지점에 위치하는 노래가 〈임을 위한 행진곡〉이고, 이 노래 다음에 〈광주 출정가〉 등의 노래들이 쏟아져 나와 1980년대 중반을 장식했습니다. 김종률 선생님께서 뒤에 설명하시겠지만 〈임을 위한 행진곡〉은 그냥 나온 노래가 아닙니다. 너무나 유명한 윤상원과 박기순의 영혼 결혼식, 이들에 대한 추모로부터 나온 노래입니다. 윤상원이 없었다면, 1980년 5월 27일의 그 죽음이 없었다면 영혼 결혼식도 없었을 것입니다. 그리고 영혼 결혼식이 없었다면 〈임을 위한 행진곡〉은 존재하지 않았을 것입니다. 바로 그 죽음이 이후 한국의 문화운동을 규정해가는 주요한 동력이 되었다고 평가할 수 있을 것 같습니다.

이 노래는 1982년에 만들어진 노래극 테이프 《넋풀이 -빛의 결혼식》에 포함된 것이었습니다. 이 노래극은 〈에루아타령〉, 〈교정에서〉, 〈젊은 넋〉, 〈무등산 자장가〉, 〈그대 노래(축가)〉, 〈세상에서 사라지는 것은 없다(영혼의노래)〉 등 6곡과 함께 마지막으로 〈님을 위한 행진곡〉이 나오는 방식으로 구성되어있습니다. 이 노래의 가사는 백기완 선생의 긴 시 〈묏비나리〉의 일부를 가져와 당시 광주에 거주하던 소설가 황석영과 당시 젊은 문화인들이 이를 다듬고 여기에 김종률의 곡이 붙여져 노래로 탄생하게 되었습니다. 노래는 오창규가 불렀고 몇몇 문화인들이 장구와 꽹과리를 잡았습니다. 이렇게 열악한 상황에서 녹음된 테이프가 복제되고 또 복제되어 불려지기 시작했고, 전 국민들이 마음으로 부르는노래가 되었습니다. 이제부터 김종률 선생님을 모시고 이 노래의 탄생에 대한 더 자세한 설명을 듣도록 합시다.

김종률 – 5·18의 기억, 삶의 이력

개인적으로 밖에서 음악공연은 많이 했지만, 사람들 앞에서 강의를 하거나 이야기를 하는 것은 다소 낯섭니다. 그런데 정근식 교수님께서 학생들에게 이야기를 해달라고 해서 나왔습니다. (웃음)

제가 기타를 들고 다닌지 30년이 넘은 것 같습니다. 지금 이 기타도 1979년에 샀던 기타입니다. 이걸 들고서 대중들 앞에서 기타를 치고 노래를 부르겠다고 온 내 모습이 갑자기 30년 전으로 돌아간 느낌이고, 여러분들과 제가 비슷한 나이가 된 느낌이 듭니다. 지금부터 여러분들하고 저하고 친구했으면 좋겠습니다. (웃음) 친구의 특징이 무엇인가요? 말 놓는 것이잖습니까? 말 놓으세요. 저도 말 놓을테니까. (웃음) 그런 즐거움과 함께 여러분들을 만나게 되어 반갑습니다. 오늘 정근식 교수님께서 강연하시는 것을 들으니 가슴 한 켠이 아려옴을 느낍니다. 저도 '5·18민주화운동'이라는 명칭을 별로 좋아하지는 않습니다만, 정근식 선생님께서 학술적인 의미에서 5·18민주화운동, 5월민중항쟁을 설명해주시는 것을 들으니 가슴이 뜁니다. 아픔이 가슴 깊은 곳에서 마치 꼬집듯이 전해져 옵니다. 〈임을 위한 행진곡〉을 부를 때도 그렇지만 이야기만 들어도 이렇습니다. 나에게 어떤 트라우마가 있기 때문입니다.

1980년 5월 27일에 도청을 진압하기 위해, 우리가 세금을 주어 육성한 군인들이 시민들을 향해 총을 들고 진압하러 왔던 그 새벽, 당시 대학교 3학년이었던 저는 그 곳에서부터 직선거리로 500미터 떨어진 동명동의 한 지하실에서 주인집 아주머니의 아들과 같이 밖에 나가지 못하도록 문을 잠근 상태에서 요강을 놓고 덜덜 떨면서 숨어 있었습니다. 밤 11시쯤 집에 들어왔는데 느낌이 좋지 않았습니다. 곧 군인들이 들이닥친다는 이야기도 들렸습니다. 잠이 들었다 말았다 하면서 3시간 정도가 흘렀는데, 그때가 새벽 3시 혹은 4시쯤 되었을까요? 정확한 기억이 나질 않습니다만, 그때부터 총소리가 들리기 시작합니다. 어마어마한 기관총 같은 소리가 들리고 또 가끔씩 포탄 소리도 들리면서 한 30분에서 40분 정도가 흘렀을까요? 그 날이 바로 이 노래의 주인공이었던 윤상원 씨가, 제가 무서워 떨고 있을 때에 돌아가신 그 날입니다.

그게 제 인생에서 영원히 지워지지 못할 날로 남게 되었습니다. 아침 10시쯤 되니까 방송이 나옵니다. 반란군과 폭도들이 모두 진압되었으니 시민들은 나와서 돌아다녀도 좋다는 이야기였습니다. 나가봤죠. 물론 나가도 무서웠으니까 도청 주변만 빙빙 돌았었습니다. 그리고 윤상원 씨를 비롯해 당시 도청에 있는 사람들이 제게 있어서는 영원히 지워지지 않을 아픔으로 남게 되었습니다. 이 사람들을 어떻게 잊을 수 있을까 하는 생각들….

물론 이 분들 뿐 아닙니다. 그 전에는 저도 데모에 참석하면서 현장에 있었으니까요. 음악을 좋아하고 노래를 좋아했던, 평범하고 겁이 많은 대학생이었던 저도 1980년 5월 17일부터 27일까지 데모에 참여했었습니다. 2-3명의 공수부대원들이 짝을 지어 날아들어 치는 곤봉이 얼마나 셌던지…. 그 전에도 데모를 하면 경찰도 있었고, 가끔 군인들이 와서 데모도 진압을 했습니다. 그러나 전혀 예상을 못했습니다. 가볍게 밀친다거나 곤봉으로 치더라도 엉덩이나 어깨 근처를 치면서 해산하라고 한다든지 그런 정도 수준으로 생각을 했었습니다. 그런데 어느 날, 저희가 계속 노래를 부르면서 데모를 하고 행진을 하고 있으니까, 40-50명의 군인들이 몰려있는데 그 속에서 중대장 같은 사람이 휘파람 소리 같은 것을 확 내니까 갑자기 군인들이 2-3명씩 짝을 지어 270도로 확 퍼지면서 앞에 있는 사람들을 무차별로 때리는데…, 곤봉이 얼마나 셌던지 한번 탁 치니까 머리에서 피가 확 튀면서 사람이 쓰러집니다. 그렇게 사람이 쓰러지면 뒤에 트럭과 처치반이 따라와서 사람들을 싣고 어디론가 가는 모습을 목격했습니다. 무서웠습니다. 가질 못하겠더라고요. 그래서 그 날부터는 데모 조금 하다가 군인들만 나타나면 도망갔습니다. 무서워서 도저히 못했었습니다. 저보다 훨씬 더 용기가 있던 사람들은 군인들과 맞서 싸우면서 사망했고, 걷잡을 수 없는 상황으로 번지게 된 것입니다.

학생분들은 아마 이 일에 크게 관심이 없으실지도 모르겠습니다만, 예전에는 그렇지 않더니 최근 들어 다시 광주 사람들이 폭도였다는 말이 나오기 시작합니다. 간첩들 몇십 명이 광주에 와서 조종했다는 이야기도 나오기 시작합니다. 마음이 아픕니다. 당시 주변에 간첩이 있었는지 생각해봐도 그럴리 없습니다. 그들 눈으로 보기에는 폭도로 보였겠지만 제 눈으로 보기에는 어떻게 나라를 지키라고 국민들이 세금을 내어 유지하는 군인들이 무슨 이유로 저렇게 극악하게 사람을 패대는가라고 하는 데에서 저항이 출발한 것이었습니다. 지금도 그 이유가 이해되지 않지만…, 아니 지금은 이해를 했습니다. 정권을 잡기 위해서 그렇게 했다는 것을요. 그러한 물음들 속에서 마음 한 쪽에 큰 상처가 남아있게 되었던 것입니다.

제 소개를 간단히 하겠습니다. 저는 1980년 당시 전남대학교 상대 학생이었고, 1학년 입학 때부터 음악을 매우 좋아했습니다. 제가 3남 3녀 중 장남이었던데다 지역에서는 나름 명문이라고 하는 광주일고를 다니다보니 아버님께서는 제가 서울대 법대를 입학할 거라는 기대를 가지고 계셨습니다. 하지만 아버지 기대와 달리 시험봐서 떨어졌습니다. 그래서 재수를 하고 전남대학교에 입학을 했는데, 입학을 하고 보니 음악이 너무 좋고, 아무리 생각해봐도 음악밖에 없다는 결론이 나왔습니다. 사람이 뭔가에 미치면 눈에 보이는 것이 없지만, 사랑을 하면 길이 보인다고 하지 않습니까? 저도 길이 보였습니다. 학교를 그만두고 몰래 성악을 배운다면 훌륭한 오페라 가수나 성악가, 루치아노 파바로티 같은 사람도 될 수 있다고 생각했었습니다. (웃음) 그 당시에 제게 성악을 가르쳐주었던 선생님께서도 목소리가 좋은 하이 바리톤이라며 저를 인정해주셨습니다. 그래서 용기를 가지고 3-4개월간 열심히 레슨을 받으면서 음악공부를 했고, 굉장히 기분이 좋았습니다. 물론 부모님께 죄송하기는 했습니다.

그런데 이것이 운명이라고 해야 하려나요? 갑자기 아버님이 뇌졸중으로 쓰러셔서 입원하신지 열흘 만에 돌아가셨습니다. 제가 중류정도 되는 집에 살긴 했지만, 그래도 시골이지 않습니까? 밑에 동생들도 여럿이 있고 어머니께서 혼자 계시는데 제가 음대간다고 할 수가 없어서 음악을 포기했습니다. 그 후 다시 학교를 다니기 시작했습니다. 대학 다니면서도 음악은 계속 해야겠으니까 당시 대학가에서 유명했던 가요제에 나갔습니다. 당시 유명한 가요제 중에 전일방송에서 주최하는 VOC가요제라는 것이 있었는데요, 김만준의 〈모모〉라는 노래가 1회 대회에서 대상을 탔습니다.

그리고 이어진 제2회 대회에서는 제가 황순원씨의 소설 〈소나기〉를 모티브로 한 동명의 노래를 만들어 부르고 대상을 받았습니다. 이듬해인 1979년 MBC 대학가요제에 〈영랑과 강진〉이라는 노래를 들고 나가서 은상을 받았습니다. 〈영랑과 강진〉은 영랑 김윤식 시인-〈모란이

1978년 전일방송 주최 VOC가요제에서 대상을 받은 소나기가 담겨있는 음반.

피기까지는〉이라는 시로 유명한 시인-의 고향 전남 강진군이 제 고향이기도 하다보니 그 인연으로 만든 노래를 가지고, 김학래 씨의 〈내가〉라는 노래에 이어, 은상을 수상했고, 비평가들에게는 대학가요제에 어울리는 노래라는 호평을 받았었습니다. 이로 인해 당시 가장 컸던 지구레코드의 전속가수가 되어 전속금으로 300만원을 받았습니다. 당시에는 꽤나 큰돈이었습니다. 그리고 단독 앨범과 옴니버스 앨범 등을 내고 활동했기 때문에 2집 가수 정도는 된다고 보면 됩니다. 혹시 제가 음악의 길로 갔더라면 용필이 형에 못지않은 가수가 되었지 않을까 하는 생각도 듭니다.

저는 음악을 그토록 좋아했던 사람이었고, 음악 없이는 못살 것 같았습니다. 학교 강의는 뒷전이었고, 친구들과 운동하고 나서 선배들이 사주는 술 마시고 새벽 1시쯤부터 작곡을 했습니다. 그런 식으로 해서 200-300여곡을 혼자 작곡했습니다. 저는 3개월 가량 성악 레슨을 받은 것 외에는 체계적으로 음악공부를 한 적이 없습니다. 개인적으로 독학을 했습니다. 화성과작곡법을 공부했고, 피아노와 기타를 조금씩 쳤습니다. 당

1979년 대학가요제 출연 당시.

시에는 대학에 문화활동 동아리들이 많았고, 광주에는 문화 분야에 요즘 말로 표현하는 운동권 사람들이 꽤 있었습니다. 그래서 그들과 같이 어울리면서 많은 교류를 했었습니다.

당시 제가 만든 곡 15곡 정도를 발표하는 개인 자작곡 발표회도 1978, 79, 80년 이렇게 세 번을 했습니다. 5·18이 끝난 서슬 퍼런 시기였던 1980년 말에도 한 번 발표회를 했고, 그 때에 〈아침이슬〉로 유명한 김민기 씨가 내려와서 무대감독을 해준 기억이 있습니다.

그런 제 인생에 있어서 5월 18일부터 27일은 영원히 잊지 못할 순간입니다. 물론 27일이 그 정점이었습니다. 함께 데모에 참여했던 기억들, 갑자기 계엄령이 발표되면서 전개되는 당시의 혼란스러웠던 상황들. 이런 것들을 노래로 표현해보고 싶었습니다. 그래서 시위가 끝나고 집에 들어오면 노트를 만들고 작곡을 했습니다. 그렇게 만든 노래가 230여곡 정도 됩니다. 아직도 제 집에 보관하고 있습니다.

1980년 11월 초 세 번째 자작곡 발표회를 광주 문화예술회관에서 하게 되었습니다. 이 발표는 유료공연으로 이훈우씨가 총감독, 김민기씨가 무대감독을 하였고 오창규씨가 사회를 보았는데, 그때 첫 곡이 '검은 리본'입니다. 이 노래를 부를때 소복을 입은 유족들이 모두 울었습니다. 그때

홍성담씨 만화 슬라이드를 무대 배경으로 사용한 것 같습니다. 이 때는 발표회를 열기가 매우 어려웠습니다. 제가 만나는 사람들이 민주화운동과 관련된 분들이었기 때문에, 저의 움직임을 경찰서 정보과 형사들이 주시하고 있었습니다. 그래서 두 번 경찰서에 불려갔습니다. 경찰서 안에서 맞진 않았습니다. 제가 겁이 많아서 "저는 잘못한 거 없습니다"라고 말하면서 고개를 숙였더니 때리지는 않았습니다. 그렇지만 조사는 받았지요. 이 과정을 거치면서 제3회 발표회를 한 뒤에는 더 이상 음악을 못하겠다는 생각이 들었습니다. 그 때부터 '음악을 만들어서 뭐하는가?', '나의 미약한 힘을 가지고 이 세상의 불의를 어떻게 바꿀 수 있을 것인가?' 그 전까지는 노래로 세상을 바꿀 수 있다고 생각했었고, 노래로 세상이 아름다워질 수 있다고 생각했었습니다. 하지만, 국민들이 낸 세금으로 길러진 군인들이 사람들을 죽이는 그 모습, 100명 가까운 시신의 관이 도청 앞에 놓여 있고, 어떤 집 꼬마는 속도 모르고 그 가운데서 뛰어놀고 있고 그 옆에서 부모들은 피눈물을 삼키고 있는 모습, 내 친구가 죽어가는 모습, 그리고 말도 없이 사라진 친구들, 이러한 모습들을 보면서 무슨 노래를 하겠는가라는 회의가 들었습니다. 더 이상 노래를 못할 것 같았습니다. 내게 최고의 가치라고 생각되었던 노래가 아무 힘이 없구나, 이런 노래를 불러서 무슨 소용이겠는가 하는 생각에 그 때부터 노래를 끊었습니다. 1980년 12월, '무등산 타잔' 박흥숙씨가 사형집행되던 날, 서울에서 김민기씨가 내려와서 함께 무등산에 갔습니다. 밤새 노래했는데 새벽에 돌아올때 눈이 많이 내린 것을 알았습니다. 그 후 군대에 가기 전까지는 그냥 술로 세월을 보냈습니다.

1982년 2월에 대학교를 졸업합니다. 그 때도 사실 학점이 좋지 않아서 졸업에 문제가 있었습니다. 교수님들께 막걸리 대접하면서 그 분들이 노래 한 번 해보라고 하면 노래하고, C학점 받은 것이 두 과목 정도 됩니다. (웃음) 요즈음에는 불가능한 일입니다. 당시에는 제가 노래를 잘 하고 상도 타오고 하니까, 레포트를 안낸다든지 하면 교수님께서 노래 한 번 하라고 한 뒤 F는 면하게 해주시는 사례가 있었습니다. 교수님들께서 매우 유머러스하셨지요. 그렇게 해서 대학을 졸업했습니다.

그 무렵에 〈임을 위한 행진곡〉의 계기가 된 영혼 결혼식이 있었습니다. 1982년 2월 20일 경이라고 들었는데요. 도청에서 돌아가셨던 윤상원 씨와 79년에 돌아가셨던 박기순 씨는 함께 들불야학에서 노동운동을 하면서 만나고 있었습니다. 그 두 분이 열렬한 연인사이였는지 아닌지는 정확히 알 수 없습니다만, 최소한 두 분이 친밀한 관계에 있었을 것이라는 것이 주변 분들의 증언입니다. 그래서 돌아가신 두 분의 가족들이 이후에도 가끔 만났다고 합니다. 이 과정에서 두 영혼이 젊은 나이에 죽었으니, 이를 계기로 우리도 사돈을 맺자고 해서 망월동 묘지에서 가족과 가까운 친지를 중심으로 영혼 결혼식이 이루어집니다. 지금도 5 · 18묘지에 가보면 윤상원과 박기순 씨의 묘는 합장이 되어있습니다. 나중에 꼭 한번 광주에 가보시고, 망월동 국립묘지에 가서 묘를 방문해보시기 바랍니다.

당연히 저는 영혼 결혼식 당시에 초청받지 못했었습니다. 그리고 시간이 조금 지나서, 제 기억으로 1982년 4월이고 어떤 분들은 5월이라고도 합니다만, 〈장길산〉을 쓴 소설가 황석영 씨가 저희들을 불렀습니다. 그 분은 당시 광주에 살고 계셨고, 저를 비롯해서 문화운동을 하던 사람들이 그 분의 집을 전부터 자주 드나들었습니다. 그 분이 저희들을 불러 다음과 같은 말씀을 하셨습니다. "두 분이 영혼 결혼식을 했다고 한다. 가족들 중심으로 치르는 바람에 우리가 알지 못했다. 그래도 결혼식이니까 우리가 축의금을 내는 것이 도리지만 그것도 내지 못했으니, 우리 문화운동을 하는 사람들이 가진 재주와 재능을 가지고 두 분을 기리는 노래 테잎을 만들어 두 분의 영혼 결혼식에 선물로 전달하자." 그 때 모두들 좋다고 했고, 그 자리에서 각자 맡을 역할을 배분했습니다. 그 중에서 노래를 작곡할 수 있는 사람은 저 밖에 없었고, 자작곡 발표회를 계속 해왔으니까 제가 작곡을 맡게 되었습니다.

5·18묘지에 합장 되어있는 윤상원과 박기순의 묘.

얼마 후, 황석영 씨 집 2층에 모였습니다. 먼저 군용 담요로 창문을 막았습니다. 녹음을 위해서 주변의 소음을 차단해야 했기 때문이었고, 또 무섭고 들킬까봐 누군가 쳐들어올까봐 하는 두려움에 그랬습니다. 그리고 나서 녹음을 시작했습니다. 한 사람이 앉아서 카세트의 버튼을 누르면 우리가 노래하고, 노래 끝나면 그 사람이 녹음을 정지시키고 하면서 한 곡 한 곡 녹음을 해나갔습니다. 지금 생각하면 수동적인 방식으로 열악한 상황에서 다소 볼품없이 녹음을 한 것 같습니다. 현재도 오리지널 테잎이 남아 있습니다. 나름 군용 담요로 방음을 한다고 했지만 개짖는 소리도 들리고, 황석영 씨 집이 철로 근처다 보니 기차 지나가는 소리도 들립니다.

녹음 당시에는 이러한 녹음 과정에 대한 이야기가 바깥으로 나가거나 알려지게 될 줄 몰랐습니다. 저의 생각은 단지 먼저가신 두 분, 존경하는 두 분 영혼의 아픔을 달래고자 하는 마음이었습니다. 물론 제작 과정에서 녹음에 참여한 십여 명의 사람들이 '임'이 무엇을 뜻하는지에 대하여 이야기를 나눈 적은 있습니다. 좁게는 그 두 분을 가리키지만, 반드시 그 분들만을 지칭하는 것은 아니고 광주에서 돌아가신 분들과 민주주의를 위해 사신 분들을 포함하는 넓은 의미를 가진 것이라는 이야기가 오갔습니다. 한용운 시인의 〈님의 침묵〉의 '님'과 같은 개념이 들어 있다는 이야기도 오갔습니다. 어쨌든 직접적인 소재는 윤상원 씨와 박기순 씨였습니다.

이 테잎을 만드는 데에는 1박 2일 정도가 소요되었습니다. 앨범 이름은 〈넋풀이〉였고, 부제가 〈빛의 결혼식〉이었는데, 이 앨범에 들어있는 서양 음계의 7곡은 모두 제가 작곡한 곡입니다. 그 중 6곡은 이미 제가 가지고 있던 곡이었습니다. 당시 운동과 관련하여 만든 노래들이었는데, 여기에 가사를 조금씩 바꿔서 썼습니다. 그리고 마지막으로 앨범의 대미를 장식하는 곡을 새로 하나 만들어야겠다고 생각했습니다. 서로 사랑했던 두 영혼이 '광주사태'로 인해 희생당하게 되고, 영혼으로나마 부부의 연을 맺으면서 살아있는 자들에게 당부하는 것이 큰 줄거리입니다. 노래극을 위해 만든 것이기 때문에 뮤지컬적인 요소가 들어가 있습니다. 두 영혼이 우리에게 당부하는 노래, 이게 핵심인데, 이게 없었습니다. 이 노래를 어떻게 만들까 고민을 많이 했습니다. 저는 마지막 합창곡으로 두 분이 우리에게 간절히 호소하는 장면을 담은 노래이자 2절과 3절에 가서는 전체 출연진이 같이 합창하는 장면을 연출할 수 있는 노래를 만들려 하고 있었습니다.

이 때 황석영 씨도 고민을 많이 했습니다. 서재에 있는 시집을 다 빼오고, 외부에서 시집을 사오기도 했습니다. 그 당시에는 백기완 씨의 〈묏비나리〉라는 시였는지 몰랐는데, 황석영 씨가 몇 구절을 꺼내 썼습니다. 그 첫 부분에 '사랑도 명예도, 이름도 남김없이' 라는 구절이 있었습니다. 이 구절을 보는 순간, 제가 그 해 초에 가지고 있던 네 마디의 악상이 여기에 딱 들어맞겠다는 느낌이 왔습니다. 참 이상하게도 그 순간부터 갑자기 집중이 되고 동공이 열리는 느낌이었습니다. 그날 밤에 나머지 부분을 일사천리로 작곡했습니다. 여기에 가사를 조금 더 붙여 〈임을 위한 행진곡〉을 완성했습니다. 그리고 목소리가 좋은 오정묵 선생을 불러 선창을 하게 하고, 나머지가 합창을 하기로 했습니다. 오정묵 선생이 단 두 마디를 불렀는데 제 가슴에서 무언가 뜨거운 것이 솟구침을 느꼈습니다. 저만 그런 것이 아니라, 창작에 참여하고 그 자리에 함께 했던 모든 사람들이 순간적으로 강한 감동을 느꼈다고 합니다. 그 날 새벽까지 곡을 만들었습니다.

이후에 저는 다른 일을 조금 하다가 1982년 9월 군대를 갔습니다. 그리고, 1983년 3월-4월 즈음에 휴가를 받아서 신촌역 앞에 간 적이 있습니다. 그 때, 대학생들이 데모를 하면서 노래를 부르는데 어디서 많이 들어본 것이었습니다. 함께 있던 친구에게 저 노래가 무엇인가하고 물어보니 당시 학생들과 시위대 사이에서 가장 유행하는 노래라고 했습니다. 저에게 가르쳐준다면서 열심히 불러주더라고요. 그래서 제가 이 노래를 만들었다고 했더니, 군대에 있었는데 무슨 수로 만드냐면서 안 믿었습니다. 그 후 광주에 전화해서 자초지종을 물었더니, 노래를 만들고 나서 최초로 테잎 2,000여개를 기독교계 학생 단체를 통해 배포했는데, 그게 계속 복사되어서 유행하게 되었다는 것이었습니다. 왜 그렇게 이 노래가 인기를 끌게 되었는지 생각을 해보면, 처음 제작했을 당시에 우리가 느꼈던 뭉클함이 그대로 전달된 게 아닌가 합니다. 이와 같은 과정을 통해 〈넋풀이〉라는 앨범에서 이 노래가 유독 대단한 인기를 끌게 되었습니다.

님을 위한 행진곡(노래극 넋풀이)

백기완 묏비나리 〈젊은 날〉	황석영 등 〈님을 위한 행진곡〉
사랑도 명예도 이름도 남김없이 한평생 나가자던 뜨거운 맹세 싸움은 용감했어도 깃발은 찢어져 세월은 흘러가도 구비치는 강물은 안다	사랑도 명예도 이름도 남김없이 한 평생 나가자던 뜨거운 맹세 동지는 간데 없고 깃발만 나부껴 새 날이 올 때까지 흔들리지 말자
벗이여 새날이 올때까지 흔들리지 말라 갈대마저 일어나 소리치는 끝없는 함성 일어나라 일어나라 소리치는 피맺힌 함성 앞서서 나가니 산자여 따르라 산자여 따르라	세월은 흘러가도 산천은 안다 깨어나서 외치는 뜨거운 함성 앞서서 나가니 산 자여 따르라 앞서서 나가니 산 자여 따르라

저는 이 〈임을 위한 행진곡〉의 의의를 세 가지로 봅니다. 첫 번째, 당시는 어렵고 무서운 상황이었습니다. 저와 같은 대부분의 사람들은 도망을 다녔습니다. 그런데 그 상황에서 도망치지 않고 군인들이 총칼로 억압할 때 맞서 싸웠던, 멋있는 표현으로 말하자면 '분연히 일어났던' 분들의 용기에 대한 존경입니다. 두 번째, 약간의 창작적 요소가 가미되었습니다만, 윤상원과 박기순이라는 젊은 두 남녀가 가졌던, 죽음을 뛰어넘는 사랑에 대한 찬사입니다. 세 번째, 〈임을 위한 행진곡〉을 싫어하는 사람들, 아직도 간첩조종설이나 폭도설을 퍼뜨리면서 5·18과 광주를 폄훼하는

사람들, 혹시나 그들에 의한 불의가 다시 도래했을 때 절대 용서할 수 없다는 각오입니다. 요약하자면, 용기에 대한 존경, 사랑에 대한 찬사, 남은 자들의 각오 이 세 가지가 이 노래의 의미라고 봅니다.

그 뒤 저는 음악회사에서 15년간 경영활동을 했습니다. 음악을 좋아하다보니 길이 열려서, 소니뮤직코리아에서 14년간 사장을 역임했습니다. 외국계 회사에 있으면서 외국에 나갈 때면 이 곡을 들려주고, 〈넋풀이〉를 뮤지컬로 만들기 위한 시놉시스를 보여주곤 했습니다. 그리고 상당히 긍정적인 평가를 받았습니다. 그 때, 용기를 얻어서 2008년에 〈임을 위한 행진곡〉이라는 이름을 가진 컨셉 앨범을 만들었습니다. 〈임을 위한 행진곡〉을 비롯해 뮤지컬에 쓰일만한 12곡 정도를 제작한 것입니다. 원래 목표는 2010년도에 광주 도청 앞에서 무대를 만들어 뮤지컬을 상연하는 것이었습니다. 하지만 재정적 이유로 진행을 하지 못했습니다. 최근 영화로 개봉된 〈레미제라블〉을 보면서 '나는 지금 뭐하고 있는가?' 라는 자책을 했습니다. 역사적인 이야기를 저렇게 아름답게 뮤지컬로 승화시키는 그들을 보면서, 우리가 가지고 있는 5·18 광주민주화운동과 영혼 결혼식이 보여주는 두 분의 사랑 이야기에 아름다운 음악과 좋은 연출만 더해진다면 어디에 내 놓아도 부끄럽지 않은 세계적인 뮤지컬을 만들 수 있다는 생각이 들어서 다시 시작했습니다. 제 꿈은 이것을 만들어서 일단 한국에서 먼저 개봉을 하는 것입니다. 한국사회에서 논란이 될 수도 있지만, 어떤 식으로든 공연을 해야 합니다. 그리고 나서 이것을 가지고 아시아로 나갈 것이고, 최종적으로는 브로드웨이까지 가서 공연하는 것입니다.

지금 사람들은 이 일을 교과서를 통해서만 알고 있습니다. 억지로 젊은이들에게 알아두어라, 기억해라 라고 강요하는 게 아니라, 뮤지컬, 음악, 미술, 연극 등 다양한 문화장르를 통해서 계속 광주가 알려지고 또 노래로 불려야 한다고 생각합니다. 1789년 프랑스대혁명이 그러했듯이, 광주 또한 교과서에 한 줄로만 나오는 박제된 역사가 아니라 매일 밤 전세계 대도시에서 뮤지컬로 피어나는 오늘의 역사가 되기를 꿈꾸고 있습니다. 제 이야기는 여기서 마치겠습니다.

더불어 〈임을 위한 행진곡〉

오늘 강의를 위해 〈임을 위한 행진곡〉과 더불어 처음 공개하는 신곡을 하나 가지고 왔습니다. 여러분들에게 처음 공개하는 것입니다. 이 곡도 1980년도 당시에 만들었던 곡입니다. 〈임을 위한 행진곡〉 부르기 전에 함께 불러보겠습니다. 〈내일은 온다〉라는 노래입니다.

◆

내일은 온다

김종률 작사 · 곡

말없어도 우리는 안다 사랑의 눈빛
눈감아도 우리는 본다 끝없는 함성
이 밤을 함께 가는 젊은이여 그리운 님의 모습
오늘밤은 멀고 험해도 내일은 온다

◆

이제 〈임을 위한 행진곡〉 함께 불러보도록 하겠습니다. 현재 나와있는

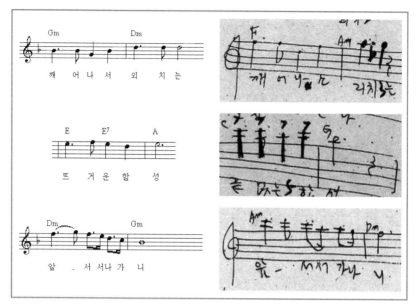

악보의 가사가 처음 만들었던 곡 가사와 달라진 곳이 몇 군데 있습니다.

　이 노래를 만들 당시에 가졌던 설정은 이렇습니다. 노래의 처음 부분은 두 영혼이 우리에게 천천히 말해주는 대목입니다. 그래서 첫 번째 대목은 비장함과 동지들과 가족을 먼저 두고 떠나는 슬픔과 아픔, 목숨바쳐 싸웠음에도 결실을 맺지 못한 아쉬움을 표현하기 위해 느리게 시작하는 대목입니다. 두 번째로 부를 때에는 속도가 바뀌고 행진곡 풍으로 노래를 부릅니다. 언제까지 절망하거나 기죽어 있는 것이 아니라 먼저 가신 두 분을 따라 앞으로 나아가자라는 의미로 빠르게 부르는 설정입니다. 처음부터 이러한 마음으로 노래를 만들었습니다.

　먼저 음악을 한 번 들어보겠습니다. 제가 소속되어 있는 음반 회사에서 일하는 가수 서영은 씨에게 부탁을 해서 2008년도에 오리지널 버전으로 노래를 녹음했습니다. 먼저 한 번 들어보고 다같이 한 번 불러보겠습니다.

이번에 국가보훈처가 이 노래를 기념식에서 쓰지 못하도록 했다는 이야기가 들립니다. 첫 번째가 과격하다는 이유에서입니다. 여러분, 이 노래가 과격합니까? 너무 서정적이기만 합니다. 과격하기로 치면 프랑스 국가인 〈라 마르세예즈〉 같은 걸 꼽을 수 있겠지요. 그 노래 가사처럼 적들의 목을 치고 피가 밭고랑을 흐르게 하고 이 정도가 되어야 과격하다고 할 수 있지, 〈임을 위한 행진곡〉을 가지고 과격하다고 하는 그들의 생각이 우습습니다.

두 번째로 반정부단체가 이 노래를 불렀다는 이유로 부르면 안된다는 것입니다. 애국가 안부른다고 하는 모 정당 사람들이 불렀다고 전해지고, 특정인들이 애국가 대신 이 노래를 불렀다는 이유로 안된다는 것입니다. 하지만, 이 노래는 그 사람들을 위해서 만들어진 것도 아닙니다. 극단적으로 비유하자면, 북한하고 행사할 때 같이 많이 불렀던 〈우리의 소원은 통일〉을 부르는 사람도 종북좌파가 될지도 몰라요. (웃음) 안그래도, 요즘 종북좌파라는 말이 너무 유행하더라고요. 이런 노래를 부르면 모두 종북좌파라는 것입니다. 이것은 사리에 맞지 않은 이야기이지요.

마무리하면서 말씀드리겠습니다. 여러분이 가진 자유의 한 부분은 먼저 간 이들의 피의 값이라 생각해주고, 5·18에 대해서도 가끔씩은 생각해주시고, 이어가 주시면 감사하겠습니다. 그리고 언젠가 뮤지컬 만들어서 개봉하게 되면 표도 많이 사주시면 감사하겠습니다. (웃음)

작가 황석영과 광주에서 문화운동을 하던 사람들이 모여 윤상원과 박기순의 영혼 결혼식에 선물하기 위해 만든 〈님을 위한 행진曲〉 원본. 여기에서 '님'은 먼저 간 두 사람뿐 아니라, 5·18 당시 광주에서 희생된 사람들과 민주주의를 위해 산 사람들을 포함하고 있다.

Q. 2008년도에 제작된 앨범에 수록된 15곡은 어떻게 구성된 것인지요?

A. 뮤지컬을 위해 구성한 것입니다. 먼저 주인공인 윤상원, 박기순 두 사람이 사랑을 하고, 어느날 뜻하지 않게 광주민중항쟁을 겪습니다. 그 안에서 약간의 갈등은 있었으나, 계속해서 항쟁에 참여를 합니다. 한 분이 먼저 돌아가시고, 남은 한 분도 계속해서 싸우다 희생을 당하게 됩니다. 이후 남겨진 후배들과 가족들이 힘을 모아 영혼결혼식을 치르고, 그때 두 영혼이 나타나 풀죽어 있는 후배들에게 힘을 내라고 당부하는 이런 줄거리입니다. 여기에 쓸만한 노래들입니다. 1번 곡은 광주의 오랜 역사와 함께한 무등산에서 모티프를 딴 〈무등산〉이고, 2번 곡은 5월 광주가 시작되던 때의 긴박한 상황을 전해주는 〈밤이 오는 것일까〉입니다. 최근 들어 그 당시 광주 사람들을 폭도나 간첩으로 취급하는 이야기를 듣게 되면 '다시 밤이 오는 것일까?'라는 생각을 해봅니다. 물론 기우이기를 바랍니다. 3번과 4번 곡, 〈내 이제 노래를 부르리라〉, 〈바람과 꽃씨〉는 주인공들이 어려움에도 불구하고 의연히 자유와 아름다움을 위해 노래를 부르리라는 다짐을 하는 것이고, 시위만 있으면 나서려 하는 이를 진정시키는 노래로 〈조금만 기다려봐〉라는 노래도 있고, 상무대에서의 주검 앞에서 부른 〈검은 리본 달았지〉라는 슬픈 노래도 있습니다. 남녀의 사랑을 다룬 〈님의 얼굴〉 같은 노래도 있습니다.

이것은 제가 1978년부터 만들었던 200-300곡의 노래 중에서 제가 골라서 새롭게 구성한 것입니다. 나중에는 저보다 훨씬 뛰어난 뮤직 디렉터가 다시 편곡을 해서 한편의 뮤지컬로 만들려고 합니다. 시나리오는 80%

정도가 완성되어 있습니다. 이 곡들을 가지고 뮤지컬을 제작하려 하는데, 저는 자신이 있습니다. 이 곡들로 브로드웨이에 진출할 것입니다. 왜냐하면 외국에서도 광주에 대해 다 알고 있습니다. 5·18광주항쟁은 민주주의와 자유를 위해 군사정권과 과감히 싸운 역사라는 것을 잘 알고 있습니다. 죽음도 두려워하지 않고 싸웠던 사람들이 있었기 때문에 오늘날의 대한민국이 존재한다고 여깁니다. 아직 우리 사회에서는 다르게 해석하는 사람들이 있고, 그것 때문에 가슴아픈 상황이지만 말입니다.

이 곡이 외국에 알려지게 된다면 '미스 사이공'이 그랬던 것처럼, '레 미제라블'이 그랬던 것처럼 좋은 반응을 얻을 수 있다고 봅니다. 필리핀의 레아 살롱가라는, 미스 사이공의 여주인공 역할로 열연한 배우가 있습니다. 이 배우의 목소리가 매우 탁월해서, 레아 살롱가 덕분에 〈미스 사이공〉이 성공했다고 해도 과언이 아닐 정도입니다. 이 레아 살롱가의 매니지먼트사에 지인이 있는데, 그녀를 여주인공으로 캐스팅 해줄 수 있다고 했었습니다. 결국 진행을 하지 못했지만 말입니다. 그만큼 반응이 좋습니다. 재정적 문제만 해결된다면 브로드웨이에 진출할 수 있다고 봅니다. 여러분께서도 많이 응원해주시면 감사하겠습니다.

Q. 1982년도에 만든 테잎은 어떻게 배포하였고, 어떻게 대중들에게 선을 보이게 되었는지요?

A. 당시 배포 담당이 따로 있었습니다. 저는 음악에만 집중했기 때문에 잘은 모릅니다. 나중에 들은 바로는 이렇습니다. 처음에 오리지널 테잎을 만들어서 이를 2,000개 정도 복사했다고 합니다. 지금 보면 영혼 결혼식이라는 게 전혀 위험할 리가 없다고 생각할지도 모르겠습니다만, 당시에

는 잡혀갈 수 있다고 생각을 했고, 잘못되면 더 큰일이 날 수도 있다고 생각을 했었습니다. 그래서 이 2,000개를 만드는데도 엄청난 어려움이 있었다고 합니다. 2,000개를 복사기계로 복제한 것이 아니라, 오리지널 테이프를 가지고 2개 복사하고, 그 2개로 다시 4개를 만들고, 4개를 가지고 8개를 만들고, 이런 방식으로 엄청난 시간이 걸려 2,000개를 만들었다고 합니다. 이것들을 기독교 학생단체 등에 돌렸다고 하는데요, 제가 배포를 하지 않았기 때문에 어떤 경로를 통해서 누구에게 주었는지는 잘 모릅니다. 하지만 얼마 지나지 않아 복사와 복사를 거듭하면서 널리 퍼졌습니다. 제가 가진 테잎은 3세대 테잎입니다. 원래 오리지널 테잎을 가지고 있었는데, 어느날 사라져버렸습니다. 계속 있었다면 중요한 역사자료가 되었을지도 모르겠습니다. 현재는 3세대 테잎도 거의 없기 때문에 나중에 박물관이나 아카이브에 기증하려고 합니다. 다행히도, 〈임을 위한 행진곡〉 악보는 원본을 가지고 있습니다.

정근식 교수 광주에서 민주화운동관련 기록물이 유네스코 세계문화유산으로 지정받고자 할 당시 제가 유네스코와 광주 사이의 가교 역할을 일부나마 했습니다. 당시에는 이 〈임을 위한 행진곡〉의 시와 노래를 자료에 포함시키지 못했었습니다. 〈임을 위한 행진곡〉이 오늘날 논란이 되는 이유 중 하나가 이 때문일지도 모른다는 생각입니다. 만일 이 노래도 세계문화유산으로 지정되었다면 논란을 잠재울 수 있었을지도 모르겠습니다. 며칠 전 광주MBC와 가진 인터뷰를 통해 유네스코 세계문화유산 지정 추진 당시 이 부분을 빠뜨렸다는 이야기를 한 적 있습니다. 다행히도 인터뷰 며칠 뒤에 이 노래 또한 유네스코 세계문화유산으로 지정되도록 하겠다는 광주시의 발표가 있었습니다. 신문을 보니 유네스코 세계문화유산으로 지정되려면 원본이 있어야 하는데, 다행히도 김종률 선생께서 원본을 가지고 있어서 지정이 가능하게 되었다고 합니다. 정말 다행입니다.

김종률 대표 아마 저에게 원본이 있을 것이라고는 생각을 못했을지도 모르겠습니다. 이러한 논란 와중에 다행히 저에게 원본이 있어서, 유네스코 세계문화유산으로 등재될 수 있게 되었습니다. 테잎의 경우에도 어쨌든 개짖는 소리 들리고 기차소리 들리는 원본에 가까운 것이 있어서 디지털방식으로 만든다면 보관할 수 있습니다. 앞으로 광주에 아카이브가 생긴다고 합니다. 생긴다면 전시를 해보려고 합니다.

정근식 교수 여러분들은 오늘 31년 전의 역사와 만났습니다. 생각해보면 31년이라는 세월은 굉장히 긴 세월인데, 김종률 선생님 어떻습니까? 어저께 같지요? (김종률 선생) 예, 그렇습니다. (정근식 교수) 나는 1980년 5월 17일 밤 11시 반에 서울대학교 캠퍼스 바깥으로 나갔었는데, 1980년 5월 18일이 어저께만 같습니다. 언제부터인가 김종률 선생께서 좋은 노래를 만들어 주었습니다. 이 노래 〈임을 위한 행진곡〉과 〈오월출정가〉, 이 두 노래가 1982년 이후 30년간 한국사회를 변화시킨 노래라고 생각합니다. 앞서도 말했지만, 현대사에서 한국이 세계에 자랑할 만한, 그리고 한국인의 긍지를 만드는 중요한 문화유산, 이름만 있는 유산이 아니라 실제로 우리 삶을 풍부하게 만드는 문화적 유산입니다. 이런 상황에서 종북이라는 유행어 같은 것으로 문화적 유산을 삼키려 하지만, 결코 불가능한 것이라고 생각합니다.

다행히 여당에서도 보훈처의 결정을 비판했습니다. 그 후 논란이 조금 가라앉긴 했지만, 여전히 우리 사회에는 이 노래를 이해하지 못하는 사람들이 있다는 생각을 하게 됩니다. 조금 더 인간답고 품위 있는 사회가 되려면 이런 시와 노래와 그림이 얽혀있는 역사를 충분히 느낄 수 있고 이해할 수 있는 사람들이 많아야 합니다. 한마디로 말하자면, 한국사회에서 문화적 시민 되기가 어렵다고 느껴집니다. 아직도 한국에는 반문명적 사람들이 너무 많지 않은가 하는 생각도 듭니다. 걱정스럽기도 하고 부끄럽기도 합니다. 지도자들이 하는 행태를 봐도 아직은 갈 길이 멀다는 생각이 듭니다. 오늘 김종률 선생님의 좋은 강연과 노래 덕분에 아주 뜻있는 시간이 되었습니다.

1987년 6월 항쟁 : 그 때와 오늘

김명환 · 서울대학교 영어영문학과 교수

들어가며

안녕하십니까? 반갑습니다! 처음 강좌 공고가 되었을 때 강좌 제목은
〈6월 항쟁, 그 때와 오늘〉이었습니다. 그 후 어떤 내용으로 진행할 것인가
고민하면서, 여러분들이 학생이고 사회운동가나 정치인은 아니라는 점
을 고려했습니다. 그렇다면, 한 사람의 민주시민으로서 무엇을 할 것인가
를 생각하는 자리가 되는 것이 민교협 교양강좌의 마지막 시간에 걸맞지
않을까 생각했습니다. 그리고 6월 항쟁의 배경과 경과, 의미 같은 것들에
대해 설명하는 것은 그다지 흥미롭지 않을 것이라는 생각을 했습니다. 그
보다는 6월 항쟁이 가지는 현재적 의의를 알고 그를 통해 오늘날 우리가
무엇을 할 것인가 생각해보는 것이 좋겠다고 여겨집니다. 이를 위해서는
25년 전에 있었던 6월 항쟁 이후 지금까지의 중요한 역사적 계기들을 생
각해보면 좋겠다는 생각입니다. 그래서 6월 항쟁에 관한 이야기는 필요
한 만큼만 할 것입니다. 주로 6월 항쟁 이후의 역사에 대해 이야기를 하

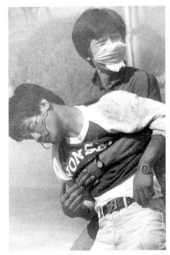

이한열이 최루탄에 맞아 피를 흘리며 쓰러지는 사진. (이한열기념관 제공)　　이한열 장례식 당시 시청 앞에 모였던 인파.

면서 제가 하고자 하는 이야기의 핵심을 전달해드리도록 하겠습니다.

위의 사진 중 왼쪽은 유명한 사진입니다. 이한열이 최루탄에 맞아 피를 흘리며 쓰러지는 장면입니다. 전 국민을 분노하게 했던 사진입니다. 오른쪽 사진은 7월 초 이한열 장례식 당시 시청 앞에 모였던 인파의 사진입니다. 백만이 모였다고 전해지는데요, 정확한 숫자는 알 수 없지만 수많은 인파가 모였다는 것은 쉽게 알 수 있는 사진입니다.

잊혀지지 않는 장면 5가지

부제로 붙인 '무엇을 할 것인가?' 라는 질문을 위해 87년 이후 현재까지 개인적으로 잊혀지지 않는 장면 5가지를 들어 이야기를 풀어나가도록 하겠습니다.

첫 번째는, 1987년 6월 중순의 어느 날 밤입니다. 사실 저는 6월 항쟁에 직접참여를 할 수 없었습니다. 제가 무슨 민주투사는 아니었는데 운 나쁘게 전두환 정권에 의해 잡혀가서 현재 공원이 된 당시 서대문 구치소에 갇혀 있었습니다. 그 당시는 6 · 10국민대회가 있었고, 이한열이 치명상을 입은 상태가 되고, 이후 연일 시위가 벌어지는 상황이었습니다. 당시 구치소에까지 최루탄 냄새가 나고, 면회 온 사람들에게 바깥의 분위기에 대해 이야기를 듣기도 했습니다. 6월 10일 이후 명동성당에서 농성이 이어지면서 하나의 상징이 되고, 전국적으로 반독재 투쟁이 확산되었습니다. 그래서 진압경찰들에게 최루탄이 모자라는 상황까지 되었습니다. 이런 상황에서 차후 활용 가능한 수단은 군인을 통한 진압밖에 없었습니다. 전국적인 항쟁이 일어났기 때문에 경찰로서는 진압이 불가능한 상황이었고, 당시 정부로서는 굴복을 하든가 아니면 더 강한 물리력을 사용할 수밖에 없었습니다. 지금도 그곳에 있는지 모르겠습니다만 현재 수도방위사령부라 불리는 수도경비사령부가 당시에는 서대문구치소 뒤에 있었고, 장갑차부대도 거기 있었습니다. 밤에 잠을 못 이루고 있는데, 장갑차 부대가 엔진을 켜고 예열을 하기 시작했습니다. 심상치 않음을 느꼈습니다. 2-3시간 동안 장갑차들이 예열을 하는 요란한 소리가 들려왔습니다. 견디다 못해 야간근무중인 교도관을 불러서 현재 무슨 상황인지, 계엄령을 내리고 군대가 출동하려 하는 것 아닌가라고 물었습니다. 그랬더니 교도관이 보통 장갑차 부대가 훈련을 나갈 때면 새벽부터 2-3시간씩 엔진을 켜고 예열을 한다고 답했습니다. 자신이 근무하는 수 년간 이런 일이 여러 번 있었다고 덧붙였습니다. 하지만 저는 예사롭지 않음을 느꼈습니다. 나중에 석방이 되어서 보니까 당시 6월 20일 경에 전두환 대통령이 군을 동원한 계엄령을 선포하고 무력으로 진압하는 시나리오를 생각했는데, 그것이 내외부의 반대에 부딪혀 포기하고 우왕좌왕하다가 노태우를 내세워 6·29 선언을 하고 일정한 타협을 하게 되었다고 합니다. 그날 밤 장갑차를 예열했던 2-3시간이 실제로 무력진압을 위해 출동 준비를 했던 것인지는 알 수 없습니다. 그렇지만, 그 때까지 군사정권 아래에서만 살아왔던 저에게는 잊혀지지 않는 기억으로 남아있습니다.

두 번째는 1988년 11월의 전국노동자대회입니다. 이 내용은 제가 여러분께 유인물로 나누어드린 〈역사비평〉 통권 78호의 글 '6월 항쟁 스무 돌에 돌아보는 한국사회'에도 나오는 것인데요, 이 당시는 87년 6월 항쟁 이후 양 김 씨의 분열로 대통령 선거에서 민주진영이 패배하고, 12·12쿠데타 주역 중 한 사람이었던 노태우 씨가 당선된 이후였습니다. 속된말로 표현하자면 '죽 쒀서 개 준' 꼴이 되었습니다. 굉장히 실망이 컸고, 분열과 좌절도 있었습니다. 하지만 1988년에도 좌절 속에서 가라앉은 것이 아니라 민주진영이 실패를 딛고 전진을 이뤄냈습니다. 그 해 총선에서 여소야대 국면을 만들었습니다. 김영삼 씨의 민주당, 김대중 씨의 평민당, 김종필 씨의 공화당 이 3개 정당의 의석수가 집권당인 민정당의 의석 수보다 컸습니다. 1988년 11월에 전국노동자대회가 열렸는데, 이 당시 주요 쟁점은 군사정권시기에 만들어졌던 노동악법을 개정하는 것이었습니다. 당시 신촌 연세대학교에서 열렸는데, 한 5만명 정도가 참가했습니다. 5만명 정도의 노동자가 작업복을 입고 상경해서 참가했다는 것은 엄청난 수이지요. 노천극장은 물론 연세대 전체가 가득 찼습니다. 그리고 행진을 시작해서 공덕동 오거리를 거쳐 여의도 국회 앞까지 행진을 했습니다. 저도 끝까지 다 따라가 봤는데요. 당시 현대자동차나 현대중공업 같은 대기업 노동자들이 주축을 이루고 있었는데, 그게 매우 인상적이었습니다.

그 동안 소외되어왔고, 어떠한 시민권도 인정받지 못했던 한국의 노동계급이 드디어 자기주장을 하는구나 하는 기대감이 있었습니다. 그러나 다른 의미에서 인상적이었던 것은 이들이 행진을 하는데 그 분위기가 전형적인 군대였다는 것입니다. 가로와 세로, 오와 열을 맞춰서 행진을 하며 걸어갔습니다. 공덕동 오거리에서 우회전을 할 때는 열을 맞춰서 돌았습니다. 마치 군대에서 제식훈련을 했던 모습을 재연하는 것 같았습니다. 정말 군사문화에 물들어있구나, 노동자들에게 저런 모습이 있구나하는 생각을 했습니다. 양면적 감정을 느끼는 경험이었습니다. 이는 울산, 포항, 마산, 창원 노동자들이 사회의 전면에 정치적 세력으로 등장한 사건이기도 했습니다. 당시 양면적 감정을 느꼈던 이 장면은 노동자들이 자신들의 시민권을 획득한다는 진보적 측면과 더불어 군사문화를 비롯한 지배적 가치관에 물들어 있다는 약점을 발견한 것이었습니다. 이 약점이 오늘날 비정규직과 정규직 차별에 나서는 정규직 이기주의로도 이어진다고 볼 수 있으며 이 점에서 두고두고 곱씹게 되는 장면이었습니다.

세 번째는, 1989년 전국교직원노동조합이었습니다. 창립되자마자 불법노조로 취급되고, 엄청난 탄압을 받았습니다. 수천 명의 교사들이 해직되었던 일은 여러분들도 잘 아실 것입니다. 1989년은 노태우 정권이 조성한 공안정국으로 인해 민주화운동 진영이 많은 탄압을 당했습니다. 노동운동은 말할 것도 없어서, 사측이 고용한 경비대가 파업 중인 현대중공업 노동자들을 식칼로 찌르는 이른바 '식칼테러 사건'을 비롯해 여러 가지 사건들이 있었습니다. 그 와중에 전교조가 그야말로 싸움의 최전선에서 있었습니다. 이분들은 노동자도 아니고 이른바 화이트칼라이고 사회적인 혜택을 누리는 이들인데, 참교육의 이름 아래 해직까지도 감수하면서 노태우 정부와 싸웠던 것이었습니다. 요즘은 전교조가 원래 가졌던 이념이 퇴색했다는 평도 듣고 이기적이라는 비판도 받는 등 그다지 인기가 없는 것 같습니다. 그럴 만하다는 생각이 들기도 하고요. 하지만, 1989년 당시 전교조는 노동운동의 모범이었고, 민주화운동의 선봉이었습니다. 이들 덕분에 확실하게 해결된 것이 한 가지 있습니다. 초 · 중 · 고교에서 촌지가 없어진 것은 이들 덕분이었습니다. 제가 어렸을 때 촌지로 고통받은 기억이 있는데, 아이들을 기르면서 촌지를 내 본 기억이 없습니다. 촌지를 안냈다고 불이익을 당한 기억도 없습니다. 아직 어딘가에서 촌지가 오갈지도 모르고, 이른바 '역주행'의 시대가 되살아날 수 있을런지도 모르겠지만, 이는 분명 전교조의 공이었습니다. 그래서인지, 전교조에 대해서 양면적인 감정을 가지게 됩니다. 1989년에 여의도에 모인 남녀교사들이 경찰들에게 끌려가던 장면들을 비롯해 여러 가지 장면들이 기억에 남습니다.

네 번째 장면으로 가볼까요. 11년의 세월을 뛰어 넘어 2000년 6월 남북정상회담을 위해 순안공항에 김대중 대통령이 도착했을 때 김정일 국방위원장이 직접 맞으러 나와 있었고 인민군 의장대가 도열해 있었습니다. 그리고 김 대통령이 인민군 의장대를 사열했습니다. 이 때 지휘관이 칼을 뽑아서 '최고사령관 동지와 김대중 대통령을 위하여 여기에 도열했습니다'라고 보고하는데, 이 장면에서 울컥했습니다. 남과 북이 늘 상대를 절멸시키겠다고 선전을 해왔는데, 남쪽의 대통령에게 북쪽의 무력을 상징하는 의장대 지휘관이 경례를 하는 장면은 분단체제의 한 구석이 와르르 무너지는 충격과 감동을 주는 장면이었습니다.

마지막으로, 2002년과 2004년, 그리고 2008년으로 이어졌던 시위들입니다. 미군 장갑차 사고로 희생당한 미선이 · 효순이 추모시위, 노무현 탄핵을 규탄하는 집회, 2008년 미국산 쇠고기 수입 반대 촛불시위. 각각 이슈도 서로 달랐고 양상도 달랐지만 시민사회의 성숙함을 보여주는 의미 있는 사건으로 기억에 남아있습니다.

이 사건들이 그간의 역사에서 가장 중요한 사건이라는 뜻은 아닙니다. 이 사건이 여러분들에게도 인상적인 사건이라고 단정할 수도 없습니다. 그러나, 저의 개인적 경험을 가지고 1987년부터 2013년까지를 뒤돌아보는 것이지만 여러분들 자신의 삶을 방향지우는데 참고가 되리라 믿습니다.

역주행의 시대에 다시 생각하는 87년 6월 항쟁

지금은 역주행의 시대입니다. 박근혜 대통령마저도 역주행을 계속할지 모르겠습니다만, 적어도 이명박 정부 5년은 완전히 역주행이었습니다. 전속력으로 차선을 거꾸로 가는, 역사의 시곗바늘을 거꾸로 돌리려 하던 시절이었습니다. 이는 이명박 정부의 반민주성 때문이기도 했지만, 민주세력의 허약함 때문이기도 했습니다. 저는 개인적으로 박근혜 정부의 성공을 비는데요. 지난 5년간 여기저기 망가진 부분이 많은데, 앞으로 5년간 더 망가지면 큰일이기 때문입니다. 빈말이 아니라, 보수정부가 성공해서 보수파의 힘이 세지면 진보파도 정신을 차리지 않을 수가 없습니다. 그에 따른 선순환 효과가 있을 것입니다. 그런데 싹을 보니 그렇게 좋지만은 않아서 걱정입니다. 역주행의 시대이므로 우리는 더더욱 6월 항쟁을 잘 짚어봐야 합니다.

지난 4월 19일에 저와 함께 4·19추모비를 함께 돌아봤던 학생들은 당시 제가 준비해서 낭송했던 시를 기억할 것입니다. 시인 김수영이 4·19당시 희생당한 학생들을 추모하는 〈기도〉라는 시를 썼는데요. 거기에는 "어리석을 만치 소박한 우리들의 혁명"이라는 표현이 있습니다. 이는 4·19뿐만 아니라 6월 항쟁도 그러한 측면이 있습니다. 혁명정부를 세우자는 것도 아니었고, 독재타도와 호헌철폐의 수준 정도가 모든 국민이 합의할 수 있는 수준이었습니다. 이제는 지겨우니 군사정권 물러가라, 1987년 초에 대통령 간선제를 명기한 헌법을 지키겠다는 '호헌' 방침을 철폐하고 직선제개헌을 해라, 이 정도가 최소한의 요구사항이었던 것이지요. 이러한 부분은 분명히 소박한 측면이 있습니다.

그러나 전국민적 연대였고, 전국적 항쟁이라는 것이 굉장히 중요합니다. 모두 아시다시피 1980년 5월은 광주 전남 지역에 국한될 수밖에 없던 사정으로 전국적인 항쟁으로 발돋움하지 못한 한계를 가졌던 것에 반해, 1987년은 전국에서 벌어졌습니다. 시위 막판에 가면 경찰들이 사용할 최루탄이 없을 정도로 전국적인 항쟁이었습니다. 또한 전국민적 연대가 이뤄졌습니다. 보수야당부터 다양한 계층이 모두 독재타도, 호헌철폐, 그리고 직선제 쟁취 등의 구호 아래 하나로 뭉쳤던 기억이 있습니다. 그리고 승리를 이뤄냈습니다. 다만 6월 민주항쟁과 7-9월 노동자 대투쟁은 시간차를 두고 벌어졌습니다. 만약 두 사건이 동시에 일어났으면 엄청난 사회혁명이 일어났을지도 모르겠습니다. 어쨌든 6월 항쟁이 6·29선언이라는 타협책으로 인해 독재가 종식될 것이 분명해지는 상황에서, 7-9월에 공업지대를 중심으로 노동자들이 자신들의 권리를 찾고자 하는 대규모 노동자 파업이 벌어졌습니다. 이것은 해방 이후 대한민국에서는 처음 있는 일이었습니다. 관련 다큐멘터리를 보신 분들께서는 아시겠지만, 울산 현대그룹 수만 명의 노동자들이 자신들의 기본권을 찾겠다고 시위에 나서서 행진하는 모습은 굉장합니다. 현대중공업 같은 경우는 샌딩머신을 앞세우고 나왔습니다. 현대중공업은 배를 만들고 고치는 기업이라 배 바닥에 녹이 슬거나 조개 등이 붙었을 때 이를 떼어내기 위해 가는 모래를 고속으로 분사하는 샌딩머신이라는 기계를 가지고 있습니다. 이 기계를 앞장세우고 시위에 나섰습니다. 경찰이 가로막고 섰을 때 샌딩머신을 발사하면 가로막던 경찰들이 참사를 당하는 그런 위험한 기계를 갖고 나온 것입니다. 그 정도로 놀라운 상황이었지만, 7-9월 사이의 노동자 대투쟁 당시 노동자들의 요구 또한 매우 소박한 것이었습니다. 8시간 노동, 구타하지 말아달라는 내용, 그리고 두발을 자유화하라는 같은 요구들이었습니다. 당시 노동현장이 군대식 문화 속에서 얼마나 억눌려왔는지를 알 수 있었습니다. 어쨌든, 이 때부터 노동운동은 새로운 국면을 맞았다고 볼 수 있습니다. 어떤 의미에서는 전국적 항쟁이었지만, 이후 일반시민과 노동자들이 분리되어 나타났다는 점에서 연대가 튼튼하지 못함을 드러낸 측면도 있었습니다.

마지막으로, 6월 항쟁은 분단체제가 흔들리는 동시에 분단체제가 허물어지는 시대의 서막이었다고 볼 수 있습니다. 이게 굉장히 중요합니다. 우리 지식인 사회의 사대주의적 성향과 관련해서 말해보자면, 우리 지식인 사회는 분단된 나라에 살고 있다는 것을 인식을 하지 못하고 자꾸 정상적인 서구 국민국가에서 나온 이론을 들이대는 경향이 있습니다. 우리는 분단되어 있는 일종의 '불구'와도 같은 국가입니다. 항상 남북상호관계가 주는 정치적 영향력을 강하게 받고 있습니다. 이것이 분단체제입니다. 그런데 이런 분단체제가 87년 6월 항쟁으로 흔들리지 않을 수 없었습니다. 왜냐하면 군사정권은 언제나 자신들의 존재근거를 북의 남침위협과 북의 존재에서 찾았고, 그로 인해 우리의 민주주의가 유보되어야 한다는 논리가 정당화되었습니다. 그래서 한국의 보수파들은 자신의 정당성을 자신들이 이룬 성과를 통해 주장하는 것이 아니라 북의 존재, 외부의 위협을 가지고 주장해왔습니다. 군사독재가 무너지니 정권을 놓친 보수파들은 이러한 주장이 쉽지 않아졌습니다. 남북관계도 급속하게 변합니다. 그래서 불안정한 정권이었던 노태우 정부는 정권 안정을 위해 여러 가지 노력을 했습니다. 선거 막판에는 중간평가를 받겠다고도 했습니다. 사실 노태우 정부는 정상적인 선거로는 당선될 수 없었고, 제 글에도 나오듯이 부정선거를 통해 당선되었다고 볼 수 있습니다. 그 외에도 노태우 정권이 기반 공고화를 위해 했던 여러 가지 노력이 있습니다. 88서울올림픽이 성공적으로 개최되면서 정권의 안정화를 도왔고, 중국을 비롯한 사회주의권 국가들과 수교를 맺는 북방정책도 사용했습니다. 뿐만 아니라, 1991년 남북기본합의서를 채택하면서 비핵화도 그 시기에 이미 합의를 이루었습니다. 노태우 정권의 대북정책이나 대사회주의정책은 김영삼 정부의 정책보다 훨씬 나았습니다. 김대중 · 노무현 정부보다는 못했지만, 이명박 정부보다는 백배 나은 정책이었습니다. 현재까지로 본다면 박근혜 정부의 정책보다도 노태우 정부의 정책이 훨씬 나았습니다. 어찌보면 불행한 일인데요. 북한이 핵보유국임을 주장하면서 심각한 상황으로 치닫는 요즘 같은 시대에는 노태우 정부의 대북정책, 북방정책의 성공을 눈여겨봐야 할 대목이라고 생각합니다. 어쨌거나 군사정권 출신의 정권, 보수적인 정권이 이런 정책들을 추진하지 않을 수 없을 정도로 1987년부터는 분단체제가 흔들릴 수밖에 없었습니다. 완전히 무너지지는 않았고, 경우에 따라서는 분단체제가 더욱 공고화될 수도 있지만, 적어도 1987년은 분단체제를 흔들었다는 의미를 가지고 있다고 말할 수 있습니다.

한국 현대사의 주요한 역사적 계기들

현대사의 주요한 역사적 계기들이 있습니다. 첫 번째는, 1953년 정전협정과 분단체제 성립입니다. 우리가 살아가는 기본 체제가 이 때 성립되고 아직도 사라지지 않고 있습니다. 1960년 4월 혁명은 모든 민주운동과 민족운동의 원천을 이룹니다. 1961년 5·16군사쿠데타를 지나 1972년 10월 유신으로 전체주의체제 혹은 파시즘체제에 가까운 체제가 등장했습니다. 1979년 박정희가 죽은 후 1980년 5월 광주민중항쟁을 짓밟고 나서야 전두환이 집권할 수 있었습니다. 1987년에는 6월 항쟁이 있었고, 이를 통해 87년 체제가 성립되고 우리들은 그 위에 살고 있습니다. 53년 체제가 맨 아래에 존재한다면 그 위에 87년 체제가 존재한다고 볼 수 있을 것 같습니다. 1992년 현실사회주의 몰락도 큰 변화를 가져왔습니다. 앞서 말씀드렸던 북방정책과도 관련이 있습니다. 1997년의 IMF구제금융사태도 우리 사회를 크게 변화시킨 계기였습니다. 2000년 남북정상회담과 6·15남북공동성명도 큰 의미를 지닙니다. 2008년부터 현재까지는 '역주행'의 시대로 정의할 수 있을 것입니다.

이처럼 1987년, 1992년, 1997년, 2000년, 2008년 등 몇몇 역사적 계기들이 현재 우리들의 삶을 규정하는 중요한 계기들입니다. 앞서 말씀드렸듯이 오늘 강의는 이런 계기들의 의미를 살펴보면서 우리가 민주시민으로서 무엇을 할 것인가, 어떻게 세상을 바라보고 살아갈 것인가를 생각해보면 좋겠습니다.

1987년 6월 – 어리석을만치 소박하게 성취한 혁명

1987년에 호헌철폐와 독재타도 수준의 요구조건을 내걸었다는 이야기를 앞서 말씀드린바 있습니다. 사회학자인 김종엽 교수는 권위주의적 체제를 무너뜨리는 정치혁명이었지만, 구체제의 가치와 문화적 기풍으로부터 방향전환을 이루는 문화혁명적 성격이 부족했다고 지적했습니다.

그래서 공론장의 성격이 여전히 취약하다는 것입니다. 예를 들어, 프랑스혁명이나 미국혁명 같은 경우에는 문화혁명의 성격이 있었습니다. 세상이 뒤집히고 사람들의 가치관이 바뀌는 것입니다. 그리고 사회적 세력의 대대적 재편이 이뤄집니다. 따라서 새로운 가치들이 등장하고, 설령 과거의 가치를 고수하더라도 예전의 방식 그대로는 불가능한 상황이 됩니다.

그러나 87년 6월 항쟁은 양김 씨의 분열로 말미암아 그렇게 되지 못했습니다. 물론 양김 씨의 분열을 두 사람만의 책임으로 돌릴 수는 없을 것 같습니다. 민주화운동세력이 양김 씨가 분열되지 않도록 했어야 하지만 거꾸로 끌려 다녔습니다. 민주화운동세력의 취약성이 드러났습니다. 프랑스혁명 이후 나폴레옹 집권과 왕정복고가 이뤄졌지만, 그럼에도 불구하고 자유·평등·형제애라는 이념은 보수파도 부정하지 못했습니다. 그러한 차원의 문화혁명이 있어야 했습니다. 87년에는 그게 없었기 때문에 오늘날에도 역주행이 쉽게 벌어지고 공론장이 취약합니다. 그 결과, 이명박 시대에 봤듯 사회적 갈등이 존재할 때면 최소한의 기본적인 룰도 지키지 않으면서 상대방을 매도하기만 하는 비생산적 방식이 횡행합니다.

6월 항쟁 이후 사회를 변화시켜 나가고자 하는 사람들의 흐름을 크게 두 가지로 나눠볼 수 있습니다. 하나는 민주주의의 확대와 심화 프로젝트이고, 다른 하나는 자유주의화 프로젝트입니다. 민주주의와 자유주의는 쉽게 혼동되지만 사실은 서로 다릅니다. 유산자·부르주아지(프랑스어: bourgeoisie)들이 자신들의 권리와 영역을 확대하는 과정을 자유주의라고 볼 수 있다면, 민주주의는 다수 민중들의 기본권을 확보하는 과정입니다. 때로 부르주아지가 선진적이어서 다수 민중을 잘 이끌어 나가고 선두에 섰을 때에는 자유주의와 민주주의의 흐름이 서로 일치하게 되지만, 서로 분열이 생기는 경우도 있습니다. 1987년 이후 87년 체제의 혜택을 가장 많이 본 이들은 자본가들, 유산자들입니다. 자유주의화의 프로젝트는 잘 실천이 되었다고 볼 수 있습니다. 부르주아 자유주의라는 표현이 말하듯이 부르주아들끼리만 자유롭고 평등하고 그 아래의 민중들은 자유롭지 못합니다. 그런 의미의 자유주의화에는 성공했습니다. 요즘 재벌이 괴물처럼 성장한 것은 1987년 6월 항쟁의 성과가 민주화 프로젝트가 아닌 자유주의화 프로젝트로 경사되어 버린 것에 원인이 있다고도 할 수 있습니다. 이 두 프로젝트는 서로 중첩되고 중복되는 면이 있는 동시에 서로 갈등적인 측면도 가집니다. 자유주의화가 너무 많이 진전되면 민주주의와 멀어지게 됩니다. 이러한 복잡한 성격이 지난 25년간 우리 역사를 규정해 왔습니다. 기득권 세력들은 대체로 자유주의화가 민주주의라고 하는데, 실제로는 그렇지 않습니다. 경제민주화란 자유주의화가 심화되면서 힘을 가진 자들의 횡포가 커지니까 이를 견제하고자 하는 것입니다. 이런 흐름을 정확히 이해할 필요가 있습니다.

1992년 – 현실사회주의 몰락

사실 민주화운동세력이라는 것은 하나의 단일이념으로 뭉친 동질집단은 아니었습니다. 그 내부에는 보수야당을 포함한 자유주의적 세력도 있었고, 근본주의적인 세력도 있었으며, 심지어는 북한의 노선을 추종하는 소위 주사파 등 다양한 세력들이 분포해 있었습니다. 그래서 현실사회주의를 지지하는 이들이 모두 민주주의자인 것도 아니었고, 민주주의를 신봉하는 사람들이 현실사회주의를 지지하는 것도 아니었습니다. 하지만 현실사회주의의 붕괴는 모두에게 큰 충격이었습니다. 자본주의의 현실적 대안이라 여겼던 것이 대안이 아닌 것으로 드러났기 때문입니다. 여러분들은 현실사회주의 몰락 이후세대라서 이것이 얼마나 큰 충격이었는지 잘 모를 것 같습니다. 저만 하더라도 소비에트 러시아와 마오 이후의 중국, 그리고 동유럽이 이상적 사회는 아니라는 것을 모르지는 않았습니다. 하지만 자본주의의 혼란과 억압과 착취에 비하면 더 나은 면이 있다고 보았습니다. 현실사회주의가 문제는 있지만 이를 보완하고 바꾸어 더 좋게 만들 수 있다는 막연한 기대가 있었는데, 와르르 무너졌습니다. 어떤 의미에서 사회주의 블록이 자본주의보다 더 심한 문제가 있었다는 인식이 생기면서 적지 않은 혼란이 있었습니다.

이런 점을 우리나라의 현실에 맞게 재해석하여 적용해보면, 박정희의 대외개방형 발전모델이 승리했다고 말할 수 있겠습니다. 박정희 정권 당시에도 민주화운동은 존재했고, 반대세력도 있었습니다. 그리고 이들은 60-70년대에 수출주도형 공업화가 아닌 내수를 중시하는 내포적 공업화를 주장하기도 했고, 이론적으로는 박현채 선생의 민족경제론 같은 대안적 모델도 내세웠습니다. 그런데 역사적으로 돌이켜 보면 박정희 모델의 타당성이 입증되었다고 할 수 있습니다. 한국의 지정학적 조건에서는 과감한 수출주도형 경제모델을 채택한 것이 효율적이었음을 완전히 부정하기는 어려울 것 같습니다. 그러나 이런 평가가 박정희 모델이 당시에도 완벽했고, 오늘날에도 타당하다는 뜻은 결코 아닙니다. 사실 지금도 박대통령이 집권하고 있는데요, 여전히 우리는 박정희 모델을 극복하지 못하고 있습니다. 이걸 극복하는 것이 87년 체제를 극복하는 것이기도 합니다.

박정희식 발전모델에 대해서는 냉정한 평가가 필요한 시기이므로 첨언을 하겠습니다. 백낙청 선생이 박정희에 대해 쓴 글이 있습니다. 박정희 모델이 현실적으로 성공했다는 것은 인정해야 하지만, 그 성공은 제한된 성공이라는 것입니다. 즉, 주식회사 대한민국의 CEO로서의 박정희는 탁월했습니다. 박정희의 성공은 별게 아니라며 낮춰 보는 사람들도 있습니다. 미국으로부터 많은 원조가 있었고, 북한과의 대치 속에서 자본주의체제의 전시장 역할을 하면서 많은 혜택이 주어졌고, 국민들의 의식 수준이 높고 교육을 잘 받았기 때문이라는 등의 이야기를 통해 박정희의 공이 그다지 없는 것처럼 이야기를 합니다. 하지만 전 세계적으로 보면 미국의 원조를 많이 받았음에도 불구하고 경제적으로 성공을 하지 못한 나라들도 많이 있습니다. 우리나라의 경제적 성공은 사실이니까 CEO로서는 탁월했다고 봐야죠. 그러한 평가에 인색할 필요는 없습니다. 그러나 대한민국은 주식회사가 아닙니다. 하나의 국가이고 공동체입니다. 이러한 국가를 이끌고 나가는데 있어서 박정희는 한계가 있을 수밖에 없는 독재자였다는 것입니다.

　나아가 흔히 사용하는 산업화세력 대 민주화세력이라는 구도는 잘못되었다는 점도 짚고 넘어가야 합니다. 사실 1970-80년대 경제발전조차도 산업화세력 혼자서 한 것이 아닙니다. 민주화세력의 견제와 저항이 없었다면 제대로 된 경제발전이 어려웠습니다. 1970-80년대에도 민중들의 저항이 있었기 때문에 노동자들에 대한 지나친 착취가 방지되고, 어느 정도의 임금을 지급하게 만들고, 이를 통해 유효수요를 창출하고, 그럼으로서 경제가 돌아갈 수 있었습니다. 무조건적인 착취만 있었다면 제3세계의 최빈국처럼 되었을지도 모릅니다. 민주화세력의 저항과 견제가 산업화세력의 산업화에 도움을 주었다는 상호관계를 인식하지 못한다면, 산업화세력과 민주화세력의 무원칙한 화해를 주장하거나 양쪽이 모두 공과가 있다고 주장하는 양비론 내지 양시론이 가진 문제를 간과할 수 있습니다.

1997년 IMF

현재와 같은 모습으로 세상이 바뀐 가장 큰 계기를 1997년으로 보는
이들이 있습니다. 주로 정통 맑스주의나 사회주의를 고수하는 분들은
1997년이라는 계기를 더욱 중시합니다. 1997년부터 신자유주의의 시대
가 도래했고, 민주화된 정부라 불리는 김대중 정부도 신자유주의를 수용
하는 방식으로 대응했기 때문에 이 이후로 역사가 바뀌었으며, 이것이 가
장 큰 문제였다고 파악합니다. 사회적 양극화와 민중 생존권의 침탈이라
는 측면에서는 97년 이후는 87년 이전으로 퇴행한 것과 다름없다는 이
야기까지 합니다. 이는 다소 일방적이고, 역사에 대한 편협한 해석이라고
봅니다. 제 글에도 썼지만, 87년 이후에 바뀐 것들이 여러 가지가 있습니
다. 문화혁명적 성격이 부족하다고 했지만, 문화적으로 바뀐 것이 많습니
다. 표현의 자유도 많이 진전되었고요. 이명박 정부 5년을 겪으면서 우리
현실이 부분적으로 87년 이후로 돌아갈 수 있다는 것도 알게 되었습니다
만, 너무 97년만을 강조하면서 그 이전과 이후가 완전히 다른 방향이라
고 이야기하는 견해는 다소 일방적이라는 것이 제 입장입니다.

역주행의 시대가 도래해서 87년 이전으로 역사의 시계를 돌렸다고 생
각하는 사람들도 있는 것 같습니다. 아직은 완전히 그렇다고 볼 수는 없
습니다. 하지만, 우리가 어떻게 하느냐에 따라서 그렇게 될 수도 있는 것
은 사실인 것 같습니다. 이명박 정부 5년의 경험을 통해 우리의 견해가
많이 달라질 수밖에 없었습니다. 제가 〈역사비평〉에 기고했던 글도 이명
박 정부가 등장하기 직전의 시점이어서, 이명박 정부의 '뜨거운 맛'을 아
직은 모르는 상태에서 쓴 것이었습니다. 어쨌거나, 새로운 정치세력 부
재, 의미 있는 정치적 연대의 부진, 현실에 뿌리박은 대안의 부실로 말미

암아 우리는 기로에 서 있는 것이 사실입니다. '무엇을 할 것인가?' 라는 생각을 하지 않을 수 없는 상황에 있습니다.

1997년 이야기를 조금 더 해보겠습니다. 1997년 이후 신자유주의가 전면화되면서 사회적 양극화가 심화되고 비정규직이 양산되었다는 등등의 이야기를 합니다. 하지만 사실 이것은 틀린 이야기입니다. 1997년 이후 김대중 정부가 신자유주의적 정책 기조만을 가졌던 것은 아닙니다. 금융위기 이후 급증하는 실업에 대처하기 위해 기초생활보장제도나 고용보험제도, 사회안전망 제도를 도입했습니다. 이것은 복지주의 정책입니다.

금융위기의 주범은 사실 재벌기업들이었습니다. 삼성이 자동차 회사를 만들어 밀어붙이고 이 과정에서 경제 관료들을 구워삶아 기아자동차를 망하게 한 것이 큰 원인이 되었습니다. 이 외에도 정태수의 한보철강 등 재벌로부터 촉발된 여러 가지 사건이 많았습니다. 삼성이 자기이익을 챙기다가 국가적 난국을 초래한 일에 대해서는 아직도 명확히 밝힌 일이 없습니다. 누군가는 밝혀야 한다고 생각합니다. 이 자리에 사회과학을 전공하는 학생이 계시다면 나중에 박사 논문 주제로 이를 다뤄도 좋을 것 같습니다. 이렇게 되자 재벌체제 개혁이 화두로 떠올랐고, 재벌의 특권과 독점을 제한하는 개혁체제도 만들었습니다. 이는 중상주의나 독점자본주의적 기조를 깨는 자유주의적 정책이지, 신자유주의적 정책은 아닙니다. 그리고 정부의 빅딜정책도 있었습니다. 재벌의 문어발식 개발을 막고, 그룹마다 특정 분야들에 특화되도록 기업 간 인수합병을 유도하고 경쟁력이 없는 기업은 시장에서 퇴출시켰습니다. 업종에 따라 전문화를 시도해 기업을 안정화시키겠다는 의도였습니다. 그리고 이 빅딜정책은 정부가 강요를 하다시피 했습니다. 이는 전형적으로 개발독재 시기의 관치경제정책과 닮아있는 것입니다. 이 관치경제는 이명박 정부 이후에 다시 크게 활성화 되었습니다. 지금도 여전히 박정희 정부의 모델에 따라 움직이는 영역이 있습니다. 물론 전면적 대외개방과 같은 신자유주의적 정책도 존재했습니다. 그래서 IMF 이후의 사태를 보면, 박정희 정부의 모델인 개발독재, 자유주의, 복지주의, 신자유주의적 정책이 뒤섞인 복잡한 형태입니다. 그런데 우리나라의 민주화 운동권은 사실 이에 대한 인식이 부족합니다.

신자유주의에 대한 견해도 여러 가지입니다. 쉽게 말하면 1980년대부터 등장한 마가렛 대처와 로널드 레이건의 시대입니다. 세계적 차원의 신자유주의 시대의 도래는 제 2차 세계대전 이후 30년 간 이어진 장기간의 호황이 종말을 고하고 위기국면이 조성되자 탈출구로 등장한 것입니다. 노동을 억압하고 자본의 높은 이동성을 추구하는 것이었습니다. 제 2차 세계대전 이후 30년 간의 호황기는 자본주의 역사상 있어본 적이 없는 장기간의 호황이었습니다. 그래서 이후 등장한 위기국면은 더더욱 심각하게 다가온 것입니다. 현재까지도 문제가 해결되지 않고 있고, 1970년대 중후반의 위기가 계속 확대·심화되어서 2008년 세계적 금융위기까지 이어졌다고 볼 수 있습니다. 더불어 사회주의 진영이 무너지면서, TINA(There is no alternative)라는 말이 진리를 보증하는 명제가 되어 대안은 없으니 자본주의 체제에 순응하고 살라는 말을 자본주의 옹호자들이 내세우게 되었습니다. 이런 신자유주의가 문제가 있다는 것, 복지체제 및 뉴딜정책과 공존하지 못하는 자본주의에 문제가 있다는 것은 분명한 사실입니다.

그러나 신자유주의에 의해 세계적 부의 재분배가 이뤄진 측면에도 주목해야 합니다. 신자유주의가 서구에 처음 등장했을 당시 북미나 서구의 국가들에서는 자국 내 노동자들의 힘이 너무 센 것이 문제가 되었습니다. 이를 깨지 않고서는 자본의 원활한 축적이 이뤄지지 못합니다. 그래서 신자유주의로 가면서 기존의 복지체제를 부수고 전면개방과 규제철폐 기조를 가지고 기업과 공장을 해외로 이전했습니다. 이것은 한편으로 주변부 국가들이 새로운 기회를 얻는 계기가 되었습니다. 그래서 아시아의 '4마리 용'이라 불리던 국가들, 중국, 그리고 최근의 BRICS 국가들이 등장하는 것입니다. 과거에는 서유럽과 북미에 집중되었던 부가 중국을 비롯해 아시아로 이전된 측면이 있습니다. 미국 내 노동자들은 1970년대 중반 이래로 실질임금이 지속적으로 하락했기 때문에 신자유주의가 문제라고 할 수 있고, 중국이나 한국에서도 신자유주의가 결코 좋다고만은 할 수 없을 것입니다. 그러나, 전세계적 신자유주의는 부를 재분배하는 효과가 있습니다. 신자유주의를 만악의 근원처럼 이야기하는데, 이는 잘못된 것이며 지적 사대주의의 반론입니다. 제가 오늘 강의를 함에 있어 키워드로 삼는 것 중 하나가 지적 사대주의입니다. 이에 대해서는 뒤에서 다시 설명하기로 하고, 97년 체제에 대해 부정확한 인식이 생기는 원인에 지적 사대주의가 있다고 이해하시면 되겠습니다.

2000년 남북정상회담

2000년은 분단체제 허물기 작업에 있어서 질적 도약이 이뤄진 시기입니다. 6 · 15 이후 남북교류와 협력의 효과에 대해 흔히들 남북교류사업이 북한에 '퍼주기'를 해서 장거리미사일과 핵개발에 자금을 제공하고, 체제유지를 위한 시간만 벌어주었다고 비판을 하는데요. 이는 사실과 전혀 다릅니다. 사실 북한이 핵포기 문제를 놓고 미국, 한국과 협상을 하는 동안에는 실제로 북한의 핵개발이 중단되었습니다. 만일 94년에 제네바

협정이 타결되지 않았더라면 북한은 계속해서 경수로에서 플루토늄을 추출했을 것이고 굉장히 많은 수의 핵무기를 만들 수도 있었는데, 이것이 중단되었던 것입니다. 북한의 입장에서는 오히려 협상으로 인해서 더 많이 만들 수 있던 핵무기를 5-6개밖에 만들지 못했다고 여길 수도 있습니다. 사실은 협상과 비핵화의 노력을 통해 북한의 핵무기 보유를 막아왔던 것인데, 이걸 보수, 수구파는 퍼주기를 통해서 핵개발을 도왔다고 공세를 펴는 것입니다. 이는 사실과 다릅니다. 그리고 북한에 대해 퍼주기를 한 것은 사실입니다. 너무 가난하기 때문에 조금만 주어도 퍼주기가 되니까요.

그런데, 이것이 북한의 밑바닥에서부터 일으킨 변화에 주목해야 합니다. 북한에 많이 드나들고 사업을 했던 분들, 상업 활동뿐만 아니라 민간 차원의 구호사업이나 의료사업 등을 했던 분들의 이야기에 따르면 2000년 이후 10여 년간 남북교류를 통해 밑바닥의 북한 주민들도 많이 달라졌다고 합니다. 1990년대 중반 김일성 사망 이후 북한은 '고난의 행군'이라 불리는 엄청난 수재와 기근을 겪었습니다. 굉장히 많은 수의 주민들이 굶어 죽었습니다. 그 시절만 하더라도 북한 주민들은 남쪽을 전혀 이해하지 못하고, 남쪽에 대해 막연한 두려움과 적개심을 가지고 있었다고 합니다. 어찌 보면 당연히 그럴 수밖에 없었다고도 할 수 있겠습니다. 하지만 90년대 후반 이후 민간차원의 북한동포 돕기 활동과 6·15 이후 본격화된 남북교류와 화해무드 속에서 접촉면이 넓어지자 일반 북한 주민들의 남한에 대한 인식이 굉장히 많이 바뀌었다고 합니다. 남한 사람들도 동포이고, 우리를 공격해 죽이려고만 하는 것은 아니며, 미제의 앞잡이가 아니다라는 생각을 하게 되었다는 것입니다. 다소 비참한 사례입니다만, 우리가 마대자루에 비료와 식량을 담아서 보내면 자루가 매우 튼튼하니까 물자가 부족한 북한에서 이를 시장바구니로 쓰고, 유리가 깨진 창문에 유리 대신 자루를 창틀에 붙여 쓰기도 한다고 합니다. 그런데 거기에 '대한적십자사'라는 이름이 쓰여 있거나, 남쪽에서 도움을 준 것이라는 표식들이 존재합니다. 마대자루를 장바구니로 쓰고, 유리창 대용으로 쓰고 하는 과정에서 남한이 북한을 이렇게 도와주는구나, 나쁜 사람들이 아니구나 하는 것을 인식하게 되었다는 것입니다. 이런 식으로 밑바닥 민심이 바뀌었습니다. 그리고 공식경제가 감당하지 못하는 부분을 해결하기 위한 지하경제가 생겨났습니다. 이에 따라 자연스럽게 자유의 바람이 불게 되어 있습니다. 북한 사람들이 중국에도 왕래하고, 심지어는 탈북자가 남한에 왔다가 다시 북한에 가서 살기도 합니다. 이러한 일련의 과정에서 햇볕정책이 엄청난 효과를 가졌다는 것을 꼭 알아야 합니다.

저는 북한에 두 번밖에 가보지 않았습니다만, 개성공단에 갔을 당시 신원 에벤에셀이라는 의류회사를 방문했습니다. 지금은 개성공단 폐쇄 때문에 위기에 처해 있습니다만. 거기서 들어보니, 북한 노동자들이 참 재미있습니다. 생산성을 높이기 위해 라인별로 경쟁을 시키면 열심히 경쟁에 참여한다고 합니다. 그리고 제일 잘한 라인에 돈을 더 준다고 하면 싫다고 한다는 것입니다. 왜 그런가하고 물으면, 자신들이 노력해서 다른 라인보다 명예롭게 된 것으로 충분한데, 왜 거기에 돈을 추가하느냐, 그것은 좋지 않다고 한다는 것입니다. 사회주의적이지요? 돈을 더 준다고 하면 모욕으로 느끼고 마치 강아지처럼 과자 몇 개로 달래려 한다는 인상을 받는다는 것입니다. 이런 반응 차이로부터 여러 가지 생각해볼 실마리를 얻게 됩니다.

역주행과 지적 사대주의

2008년 이후 왜 역주행을 허용했는가? 80년 5월의 성과, 87년 6월의 성과 등을 이야기해왔지만 그래서 나아진 게 무엇인가? 성취가 있었다 한들 도루묵이 되어가는데 무슨 소용인가? 이런 실망감이 존재합니다. 김대중, 노무현 정부의 과오를 비롯해 진보개혁세력의 과오를 들지 않을 수 없습니다. 지식인들의 과오 또한 지적해야 한다고 봅니다. 여러분들께 서도 지식인의 한 사람으로서 귀담아 들어야 할 이야기가 많다고 봅니다.

김대중 · 노무현 정부의 과오는 너무나도 많이 이야기되어서 무엇이 진짜 과오인지 헷갈릴 정도입니다. 노무현 정부 이야기를 해보고 싶습니다. 노무현 정부의 대북송금특검, 이라크 파병, 한미FTA추진 같은 대표적 사례를 들어보겠습니다. 노무현 정부가 제일 처음 잘못한 것이 취임하자마자 야당이 요구했던 대북송금특검을 수용한 것이었습니다. 여러분들께서도 아시겠지만, 현대 금강산 사업을 위해 정부가 공식적으로 지원하는 1억 달러 외에도 북한의 요구로 인해 현대가 북한에 4억 달러를 제공했습니다. 그리고 김대중 정부가 다른 사업을 통해 보전을 해주기로 했는데, 약속을 지키지 못했습니다. 그러자 열 받은 현대그룹 측에서 이 사실을 이야기하고 다녔습니다. 4억 달러나 갖다 주었다고 이야기하니까 당시 한나라당 쪽에도 알려지게 됩니다. 당연히 북한에 퍼주기라는 비판이 전개되면서 대북송금특검을 하자는 공세가 이어졌습니다. 당시 취임 초기였던 노무현 대통령은 한나라당과의 협조를 위해 수용했습니다.

문제가 꼬인 것은 김대중 전 대통령이 4억 달러를 주었다는 사실을 보고받은 적이 없다고 기자들에게 이야기했다는 것이었습니다. 김 대통령이 그 국면에서 송금은 통치행위였고, 큰 사업을 진행하는 과정에서 불가

결한 과정이었다고 변호했다면 통치행위에 대해 책임을 묻기 어렵다는 점 때문에 상황이 나았을 것 같습니다. 그런데, 노무현 대통령의 약점이라고 할까요, 김대중 대통령과의 커뮤니케이션이 잘 되지 않았습니다. 그래서 통치행위로 설명하기도 어려운 상황이 되었습니다. 그렇다면 특검이 아닌 일반 검찰에 맡겼어야 하는데, 특검을 했습니다. 사실, 일반검찰에게 맡기면 수사기간이 무한정으로 길어지고, 그렇게 되면 여기저기로 이야기가 확산될까봐 노무현 정부가 겁을 냈던 것입니다. 특검은 수사기간이 법에 의해 정해져 있기 때문에 간단하게 끝날 줄 알았던 것입니다. 결국 한나라당에 굴복한 모양새가 되었고, 이것이 대북관계 혹은 정책에서 약점을 잡히고 들어간 꼴이 되었습니다. 그러다가 대북사업을 주도했던 현대아산의 정몽헌 회장이 자살까지 했습니다. 그러면서 처음부터 일이 틀어졌습니다. 노무현 정부의 핵심세력이 취임 초부터 강하게 밀고 나갔어야 하는 사업인데, 그렇게 하지 못한 것입니다.

이라크 파병의 경우도 그렇습니다. 노무현 정부에서는 북핵문제가 심각한 상황에서 미국과의 관계를 돈독하게 하지 않을 수 없었고, 더구나 당시 미국 대통령은 무슨 일을 벌일지 모르는 조지 부시였기 때문에 폭격이라도 하면 어쩌나 하는 걱정에서 그렇게 했다고 합니다. 이러한 변명도 사실 조금 궁색하다고 보는 사람들이 많습니다. 다수의 국민이 반대하고 있는 당시의 국민여론을 등에 업고 미국과 협상할 수 있는 여지가 많았습니다. 미국에게 먼저 한반도의 안전보장에 대한 확약을 받고 파병을 검토하거나 파병에 준하는 다른 방식의 조력을 검토할 수도 있었습니다. 그런데, 당시에는 미국에게 먼저 머리를 숙이고 들어간 경향이 있었습니다. 한미FTA는 노무현 정부가 스스로를 부정하는 일에 가까운 완전한 잘못이었습니다. 그 탓에 이명박 정부 시기에 가서는 야당이 제대로 반대도

하지 못했습니다. 여당 시절에 스스로 추진했던 정책을 어떻게 반대할 수 있겠습니까?

이러한 한미FTA 추진 과정에는 지적 사대주의가 있습니다. 분단된 국가가 만들어낸 특유의 지적 사대주의입니다. FTA의 통상교섭본부장을 맡았던 이가 김현종이라는 변호사였는데요, 이 사람은 외교관의 아들로 미국에서 자라나 영어에 능통하였고 미국 제약회사들이나 기업들의 이익을 철저히 대변했습니다. 이게 위키리크스에 폭로된 적도 있습니다만, 노무현 정부는 이에 제대로 대응하지 못했습니다. 결국 김현종은 자기 할 일 다 하고, 자기 챙길 것 다 챙기고 그만두었습니다. 들어보면, 통상교섭본부가 설치되었던 외교통상부 내에서도 낙하산 인사로 들어왔던 김현종에 대한 불만이 굉장히 컸습니다. 이 사람은 보수와 진보 어느 쪽에서 봐도 문제가 있는 인물이었습니다. 소위 국정 경험이 없이 집권한 민주파들이 민중의 힘에 의존하지 않는 경향이 한미FTA라는 결과로 나타났다고 할 수 있습니다. 지난 10년간 이뤄놓은 성과도 적지 않습니다만, 결정적인 부분에서 성취하지 못한 것들이 있고 그것이 이명박이라는 정치인의 등장으로 이어졌다는 것입니다.

진보개혁세력의 과오에는 여러 가지가 있겠지만, 저는 지적 사대주의에 관한 이야기로 마무리를 지을까 합니다. 한국사회의 현실을 구체적으로 들여다보려 하지 않는 것이 한국의 지식계가 가진 문제 중 하나입니다. 외국이론만 가져다가 설명하려고 듭니다. 사실 이 부분에서는 진보파가 더욱 심각합니다. 보수적 지식인이나 진보적 지식인이나 모두 서구의 경험과 이론을 자신들의 준거틀로 삼는데요, 마치 이전에 단재 신채호 선생이 비판했듯이 '조선의 공자가 아닌 공자의 조선'이 되어버리는 것입니다. 조선에 공자를 들여와서 조선의 실정에 맞게 활용해야 하는데, 공자를 우상화시켜서 공자의 조선이 되어버린다는 것입니다. 조선의 맑스가 아닌 맑스의 조선이 되어버리고, 조선의 예수가 아닌 예수의 조선이 되어버리는 경향이 있다는 것이지요. 이러한 경향에 기여한 가장 큰 교육기관 중 하나가 우리 서울대가 아닌가 하는 생각도 듭니다.

이 지적 사대주의는 분단체제와 연관이 깊습니다. 정상적 국민국가였던 서구의 경험과 이론을 끌어들여 와서 한국이라는 특수한 상황에 적용한다고 말씀을 드렸었는데요, 여기에는 분단체제가 만들어낸 지적 사대주의와 지적 나태가 있습니다. 김동춘 교수가 쓴 글에 나오는 이야기입니다. 1970-80년대에 이병주라는 작가가 있었습니다. 역사에 남을만한 작품을 남긴 작가는 아닙니다만, 당시에는 매우 유명했습니다. 이 분이 이런 말을 했습니다. "반공이 국시인 나라에서 맑스주의를 비판하는 것은 푸주간에 걸린 쇠고기 앞에서 칼춤을 출 정도의 용기만 있으면 되는 것이었다." 아무런 용기가 필요 없는 것입니다. 그럴 정도로 맑스주의나 사회주의를 비판하기가 쉬웠다는 것입니다. 반공이 국시인 사회였기 때문입니다. 그러다 보니, 보수나 수구파에서는 맑스주의나 사회주의가 아무 가치도 없는 것처럼 쉽게 매도해버리고, 이에 대한 반발로 좌파 진영에 있는 이들은 정통 맑시즘을 내세워 소위 말하는 '교과서 사회주의'를 통해 현실과는 동떨어진 이야기들을 많이 해왔습니다. 검열과 탄압으로 인해 자기들끼리만 소통하는 가운데 현실과 유리된 점이 있습니다. 어쨌든 서로가 서로를 적대시 하는 가운데 지적 사대주의나 지적 나태함이 발생하게 된 것입니다. 우리가 분단 상황에 살고 있기 때문에, 좌파건 우파건, 수구파건 진보파건, 지적인 나태와 안일, 사대주의에 빠져있다는 것입니다.

앞서 신자유주의 이야기를 했는데, 뉴딜정책이나 사회복지시스템이 유지될 수 없어 레이건 시절에 이러한 정책기조를 폐지하는 깃발이 된 신자유주의라는 이론을 가지고 와서 그대로 우리나라에 적용을 해버리면 IMF사태를 제대로 설명할 수 없습니다. 복잡한 사태를 제대로 해명하기 어려운 것이지요. 이러한 안일함이 문제가 된다고 봅니다. 분단체제라서 더욱 심해지기도 합니다. 그런데, 신자유주의라는 말의 번역어부터 문제 삼는 분이 있습니다. 저는 이 지적이 옳다고 봅니다. 김기원 교수(방송대)는 용어 선택부터가 문제라고 지적합니다. Neo-liberalism을 그대로 신자유주의로 번역해서 사용하는데, 신자유주의라는 어감 좋은 번역어를 사용하면서 왜 이게 나쁜 것이라고 어렵게 설명해야 하는가라고 질문을 하면서, 그는 시장만능주의로(Market fundamentalism) 번역할 것을 제안합니다. 현상을 시장만능주의 즉, 시장이 모든 걸 다 대체해버리는 현상을 지시하는 용어로 지칭한다면 일반적인 사람들도 '시장이 필요하지만 그것이 만능이라고 하는 것은 문제이지 않을까?' 라는 사고를 할 수 있는데, 신자유주의라고 부르면 개념부터 어렵고 추상적일 뿐만 아니라 일반 민중들의 생활감각에는 맞지 않는 것이 아닌가라고 그는 주장하는 것입니다.

결론 : 무엇을 할 것인가?

우리는 사회적 연대에 기초한 민주주의의 길을 가야한다고 생각합니다. 연대란 서로 입장이 다르고 경제적 이해관계가 다르더라도 공통의 이해관계와 공통의 대의를 위해 소통하고 양보하고 희생하는 것입니다. 대기업 노조가 비정규직 노조를 위해 양보하는 것이 그 대표적인 예일 것입니다. 연대에 기초한 민주주의의 길을 가려면 지식인들의 노력이 필요합니다. '신자유주의'라는 사소한 용어도 한국 사람들이 의미를 알 수 있는 제대로 된 용어로 다시 번역할 수 있는, 그러한 종류의 노력이 필요합니다. 바로 그것이 한국 현실에 뿌리박은 학문과 이론을 해야 한다는 이야기입니다. 지적 사대주의의 극복이 필요하고, 분단체제에 대한 냉정한 인식이 필요하고, 민주시민들에게 진정 어울리는 공론장 건설이 필요합니다. 소위 네티즌들 사이에서 벌어지는 온라인상의 공론장에는 좋은 글도 많이 있지만 굉장히 소모적이고 엉뚱한 글도 많지 않습니까? 여기서 벗어날 수 있는, 그리고 디지털 시대에 걸맞는 새로운 공론장이 필요하다고 봅니다.

오늘 강의를 들으면서 문제라고 생각되는 부분에 대해 지적해 주시고, 궁금한 것이나 질문하고 싶은 것이 있으면 해주시기 바랍니다.

Q. 6월 항쟁의 한계를 지적하시면서 문화적인 차원의 변화가 부족했다고 하셨는데요. 정치적 차원의 변화도 부족한 것이 아니었는가라는 생각도 듭니다. 그 전에 비하면 민주적인 제도가 정립되었지만 그럼에도 불구하고 여전히 부족한 부분이 많은 듯합니다. 그에 대한 논의는 작년 대선 당시 안철수 씨를 필두로 이뤄진 바 있지만 충분치 않아 보이고, 계속 논의할 필요가 있다고 봅니다. 어떻게 생각하시는지요?

A. 앞에서의 설명이 충분치 못했던 것 같습니다. 기본적으로 '어리석을 만치 소박하게 성취한 혁명'라고 표현한 데에는 정치세력의 조직화가 충분치 못했고, 정치세력의 이념과 실천방안 또한 분명하지 않았다는 점이 내포되어 있습니다. 새로운 정치세력의 취약성이라는 점은 6월 항쟁의 큰 한계점 중 하나로 분명히 이야기되어야 할 것 같습니다.

문화혁명으로서의 측면이 부족했다는 것은 단순히 정치세력만 취약했던 것이 아니라 가치관의 전환이라는 측면에서도 취약했다는 것입니다. 물론 이 두 개를 떼어놓고 이야기할 수는 없습니다. 튼튼하고 광범위하고 힘이 있는 정치세력이라면 응당 가치관의 전환을 주도할 수 있는 힘이 있었을 것입니다. 그런 차원에서 이야기하는 것입니다.

87년 6월 항쟁의 경과 속에서 민주세력의 분열이라는 장면이 이를 극명하게 드러냅니다. 6월 항쟁의 열기가 고조되었을 당시 군사정권 측에서는 민정당 대통령 후보였던 노태우 후보를 내세워 6·29선언으로 직선제를 하겠다고 하는 등 민주세력의 주요한 정치적 요구들을 수용 했습니다. 정치범 석방도 있었고요. 그랬기 때문에 6·29선언 다음날부터 시위는 현격하게 진정되었습니다. 여기까지 이르는 과정에서 전 국민적인 정치역량을 발휘하여 전두환과 노태우의 굴복을 얻어낸 것은 사실입니다. 그런데 그 이후에 정치세력의 취약성이 드러납니다. 바로 보수야당의 집권욕에 민주시민사회가 그 중에서도 특히 학생운동세력이 휘둘리게 되었습니다. 8월 쯤에 가면 이미 당시 최고의 정치적 영향력을 가지고 있던 전대협(전국대학생대표자협의회)이 소위 비판적 지지를 내세우면서 김대중 쪽으로 기울게 되었습니다. 민주화운동세력 중 가장 큰 세력이었던 학생운동 쪽이 김대중에 대한 비판적 지지 쪽으로 기울어져 가니까, 김영삼 쪽은 당시 급진적이었던 학생운동세력과 적대적이 되어 갑니다.

사실은 그 당시에 범국민적 시민단체들과 학생운동세력들이 양김 씨 사이에서 중립을 지키면서 둘을 견제하고, 후보 단일화와 대선승리를 주도했어야 했습니다. 그러나 섣부르게 자신들의 선호에 따라 김대중과 김영삼으로 갈라서기 시작했습니다. 많은 사람들이 그렇게 이야기했지만, 당시를 냉정하게 돌아보면 김대중은 여전히 '빨갱이' 취급을 받고 있었고, 불리한 측면이 많았습니다. 그러므로 김대중 씨가 당권을 잡고 김영삼 씨가 대통령이 되었더라면 훨씬 더 민주화가 빠르게 진행되었을 것이라는 사람들이 있었고, 저도 이에 동의를 합니다.

중요했던 것은 민주화운동세력이 중심을 잡고 보수야당의 거물정치인들인 DJ와 YS를 끌어들이고 분열하지 못하도록 했어야 했는데, 거꾸로 성급하게 한쪽 편을 듦으로써 분열의 당사자가 되어버리는 취약성을 드러냈던 것입니다. 결국 12월 대통령 선거에서 야당 측은 김종필까지 3명이나 출마했고, 민정당 노태우 후보는 관의 광범위한 협력을 얻고 부정선거를 통해서 집권을 할 수 있었던 것입니다. 그러면서 가치관의 혁신적 변화가 일어나지 못하고 정치세력 재편에만 머물게 되었습니다. 가치관의 전환이 이뤄지지 못하다 보니 박정희시대 개발모델의 향수로부터 벗어나지 못했습니다. 다람쥐 쳇바퀴 돌듯 된 것입니다. 이것은 문화적 측면이나 정치사회적 측면, 단순한 정강정책이 아닌 광범위한 의미에서의 정치이념적 측면에서도 약점을 드러내게 되었습니다. 현재 민주당은 DJ나 노무현 같은 걸출한 정치인이 사라지고 나니 고만고만한 정치인들이 모여 확실한 정치세력화도 이루지 못하고, 새로운 가치관을 제시하지도 못하는 상태로 있습니다. 그러다보니 새누리당보다 나은 게 무엇인가라는 국민들의 비판적 여론에 직면할 수밖에 없습니다.

정치세력화의 취약성과 문화혁명적 성격의 취약성이 낳은 치명적인 문제 중 하나는 양김 씨의 분열이 가져온 가장 큰 폐해로서의 지역주의입니다. 물론 양김 씨 만의 잘못은 아니고, 지역주의를 키워낸 것은 박정희입니다. 박정희정권 초기만 하더라도 영남사람과 호남사람들 사이에 지역감정이 심하지 않았습니다. 서울로 돈을 벌러 상경한 영남과 호남사람들은 서울사람들에 대한 적대감은 있었어도 전라도와 경상도 사이의 적대심은 없었습니다. 그러한 상황에서 분열을 통한 지배라는 수법을 활용한 것이 박정희였습니다. 그리고 그것이 YS와 DJ 사이의 분열로까지 이어졌습니다.

이 지역주의라는 것은 이미 꽤 성숙한데다 깊이 뿌리를 내려서 쉽게 극복이 안됩니다. 사실 호남지역은 부정적 지역감정을 극복했다고 할 수 있습니다. 하지만 아직 영남지역은 극복했다고는 볼 수 없습니다. 그래서 특정정당을 무조건 지지하는 문제가 여전히 존재합니다. 여담을 하자면, 노무현 대통령이 대통령 후보가 될 수 있었던 것은 광주에서 이겼기 때문입니다. 안철수의 정치적 운명도 광주의 민심에 따라서 결정될 것 같습니다. 이번에 노원병 선거구에서 당선될 때 새누리당 지지세력 중 10%가

움직여 안철수 씨를 지지했습니다. 안철수 씨로서는 전통적 민주당 지지 세력뿐만 아니라 새누리당 쪽에서도 10% 정도 자신에게 표를 주었기 때문에 제3세력으로서의 자신감을 얻었습니다. 이는 객관적인 사실입니다. 그러나 전국정당을 만들고 대선후보다운 새로운 정치인으로 크기 위해서는, 광주에서의 선호도가 중요합니다. 광주가 바로미터 역할을 할 것입니다. 노무현 후보 당시에도 그랬습니다. 그런 만큼 호남 쪽은 열린 자세를 가지고 있습니다. 자기방어적이고, 향토 사랑에 기반한 지역주의라고 할 수 있는데요. 영남 쪽은 기득권을 지키려는 맹목적이고 공격적인 지역주의가 여전히 크다는 사실이 안타깝지 않을 수 없습니다.

Q. 역주행의 문제에 대해 말씀하셨는데요. 역주행도 5년을 넘어가다 보니까 인질범에 잡힌 사람이 인질범을 사랑하게 되는 것처럼 되지 않았는가하는 생각도 듭니다. 대중들의 문제도 심각하다는 생각을 하게 됩니다. 예를 들어, 일베 같은 사이트의 사례를 보면, 예전에는 논외로 해야 할 소수집단이었지만 현재는 점점 더 커지고 있고, 극우적 가치가 수면 위로 올라오고 있음을 느끼게 됩니다. 일반 대중의 경우 역사교육의 부재라는 문제나 지식인이나 민주화운동세력에 대한 실망으로 인해 우편향되어 가는 것 같습니다. 대중들의 의식자체가 우편향되어 가는 것을 어떻게 봐야 할지요?

A. 누군가가 해주기를 바라고 있던 질문입니다. 일베사이트의 문제는 김대중·노무현 정부의 과오와 연결된다고 봅니다. 양 정부가 그럴듯한 이야기를 내세우면서도 실제로는 일반 시민들, 특히 소외당하고 가난한 시민들이 느끼는 아픔을 만져주고 해결해주는 방향으로 나가지 못했습

니다. 이것이 핵심이라고 봅니다. 일베의 극단적이고 극우적인 심성과 언행은 민주정부의 과오와 깊은 관계가 있다고 봅니다. 흔히 하는 말처럼, 민생이 중요한데 엉뚱한 이념논쟁을 했다거나 친일파 청산이나 조중동과의 싸움에만 몰두했다는 것은 일정 부분 사실이기도 합니다. 그러다 보니 일베라는 사이트에서 보이는 반발심리가 등장하게 되는데요.

좀 더 구체적으로 이야기를 해보기 위해 군가산점 제도 문제를 예로 들어보고자 합니다. 일베에서 흉악무도한 이야기를 쓰는 사람들 중 20-50대 사이의 남성이 많을 것입니다. 그 중에서도 20대가 다수일 거라고 생각합니다. 아마도 남성이 70%가 넘을 것입니다. 여성들이 그렇게 흉악한 용어를 쓰지는 않을 것 같다는 생각이 들기도 합니다. (웃음) 저는 소외당한 20-30대 남성들에게 주목하고 싶습니다.

과거 군가산점 제도가 있다가 98년 즈음에 헌재의 위헌판결로 없어졌습니다. 최근 정부 측에서 군가산점 제도를 다시 부활시키겠다는 이야기도 했습니다. 그러니까 새누리당의 한 여성의원이 엄마 가산점 제도를 만들려고 한다는 이야기도 들립니다. 아직 계류 중인 것으로 알고 있습니다.

1998년 당시 당시 군가산점제의 본질이 무엇인지 알고 계십니까? 2년간 군대에 가서 국가를 위해 고생하는데 공무원 시험에 가산점을 주는 것이 왜 나쁜가, 그 정도는 괜찮다 이렇게 생각할 수 있습니다. 그런데 당시 이 제도가 가진 핵심적인 문제는 다음과 같습니다. 첫째, 군가산점제가 시험의 당락을 결정적으로 좌우하는 수준이었다는 것입니다. 여성들은 아무리 공부를 열심히 하더라도 군가산점 제도로 인해 시험에 합격하기 어려웠습니다. 이는 여성들에 대한 차별이기만 한 것은 아닙니다. 원래 이 제도의 위헌소송을 제기한 쪽은 장애인들이었던 것으로 기억합니다. 두 번째로는, 더 본질적인 문제가 있습니다. 국가와 정부가 군대를 다녀 온 남성들의 사회적응을 위한 투자를 하지 않는 문제입니다. 여기에 있는 분들은 그렇지 않겠지만, 대다수 한국의 젊은 남성들은 고등학교를 마치고 대학을 가지 못하거나 혹은 그리 좋은 평판을 받지 못하는 대학에 들어간 뒤 일찍이 군대에 가서 2년간 소위 말하듯이 '썩다'오면 취업전망이 없습니다. 재교육이 필요한데요, 재교육을 위한 사회적 장치가 없는 상태, 투자하지 않는 상태에서 면피를 위해 공무원 시험에 가산점을 주어버린 것입니다. 근본적 노동정책이 없고, 근본적으로 사회적 양극화를 극복할 정책이 없었기 때문에 생겼던 문제입니다. 다만 이런 부분은 헌법재판소가 지적하지 않았습니다. 일베 이야기를 하면서 이 이야기를 하는 이유는 이렇습니다. 98년 당시에도 인터넷이 있었습니다. PC통신 시대에서 월드와이드웹(www)체제로 넘어간지 얼마 안된 시점이었고, 오늘날과 같은 인터넷 환경이 만들어지기 시작하던 시점이었습니다. 군가산점 제도가 폐지되었을 당시, 온라인상에서 젊은 남성들의 난동이 어땠는지 여러분들 중에도 아시는 분이 있으리라 생각됩니다. '군가산점 제도에 반대하는 여성들을 종군 위안부로 만들어야 한다'는 말도 있었습니다. 종군 위안부라는 말을 여기에 쓰는 것은 어찌 보면 일베보다 더한 것이었는데요. 그러한 심성, 그 원한이 일베로 이어졌다고 생각하는 것입니다.

따라서 앞으로 새로운 민주정부가 탄생한다면 새로운 정부는 바로 이런 문제를 해결해야 한다고 봅니다. 군가산점 제도가 폐지될 당시 온라인에서 벌어졌던 언어폭력과 일베의 언어폭력은 같은 맥락에 있습니다. 결국, 먹고 살기 힘든 젊은이들의 좌절감 표현이라는 점을 이해하고 이를 해결하는 방향으로 나아가야 합니다. 가령, 병역복무기간을 줄이는 것과 군대 안에서도 직업교육이 이뤄질 수 있는 정책이 필요할 것입니다. 또한 군대를 나와서도 원하는 이들에 한해 계속해서 몇 달 간 교육을 받을 수 있도록 하는 사회정책이 필요합니다. 이를 통해 온라인상의 그러한 폭력적 성향은 천천히 없애가거나 제어해야 합니다. 하지만, 세상에는 다양한 사람이 있기 때문에 사라지지는 않을 것입니다. 다만 그것이 사회적인 문제로까지 불거져서는 안됩니다. 유럽에도 스킨헤드 같은 현상들이 없어지지는 않지만 사회적으로 제어되고 있습니다.

질의응답

Q. 저는 제 소감을 말씀드리고 싶습니다. 교수님께서 잊혀 지지 않는 사건들을 말씀하실 때 저도 그에 대해 생각해봤습니다. 제가 고1 당시 노무현대통령 탄핵 사건이 있었습니다. 당시 헌법재판소에서 판결하는 장면을 앞두고 수업을 담당하신 영어 선생님이 들어오셔서 이를 생방송으로 볼지 아니면 그냥 수업을 진행할지 투표를 한 적이 있었습니다. 그 때 의견이 반반으로 나뉘었습니다. 어떤 아이들은 꼭 봐야한다고 그랬고, 어떤 아이들은 왜 영어수업시간에 그것을 봐야하는가라고 주장했습니다. 저 같은 경우에는 꼭 봐야한다는 입장이었는데요. 친구들 중에서 왜 영어수업시간에 이것을 봐야하는가라는 질문을 던지는 아이들을 보면서 조금 놀랐습니다. 그 때 반대표를 던졌던 아이들의 얼굴이 아직도 기억납니다. 공부를 잘하는 아이들이고, 생각도 가지고 있는 아이들이었습니다. 그 중 제가 좋아하는 친구는 전부터 박근혜를 가장 존경한다고 했습니다. 왜 그런가하고 물어보니, 영부인을 대신하여 그 역할을 잘 하지 않았는가며 제게 반문을 해왔습니다.

저는 무지나 무관심에서 오는 문제들도 크다고 봅니다. 그런 관계로 공론의 장을 만들어놔도 토론이 제대로 이뤄지지 않는다는 생각이 들었습니다. 이렇게 무관심한 친구들을 대할 때 어떻게 해야 하는 것인지요? 교수님께서 말씀하신 것처럼 제가 사회운동을 하는 것도 아니고 다만 제 주변의 사람들과의 관계 속에서 나름의 역할을 해야 한다고 생각하고 있는 상황에서 말입니다.

A. 오늘의 주제가 '무엇을 할 것인가?' 아니겠습니까? 정치인이 아니더

라도 민주시민의 한 사람으로서 무엇을 할 것인가에 대해서는 항상 생각을 해야 합니다. 의견이 다를 때가 존재합니다. 크게 나눠서 좌파와 우파의 문제, 진보파와 보수파의 문제로 나눠보겠습니다. 한국 민주화운동의 큰 인물이자 언론운동과 언론사에도 이름을 남길만한 분인 작고하신 리영희 선생은 〈새는 좌우의 날개로 난다〉라는 책을 썼습니다. 사실 한 사회에 좌파와 우파가 모두 필요합니다. 어느 한쪽을 절멸시키는 것은 가능하지도 않고 바람직하지도 않습니다. 다른 의견들을 존중하는 속에서 운동이 이뤄져야 합니다. 하지만 우리나라 공론장의 취약성이라는 것에서도 비롯된다고 생각됩니다만, 우리나라는 상대방을 절멸시키려는 정치적 성격이 강한 것 같습니다. 그것이 전쟁과 동족상잔을 겪은 공동체라서 생기는 문제인 것입니다. 상대방의 이야기를 매도하는 데 너무 익숙해져 있습니다. 가장 대표적인 것이 빨갱이 사냥입니다. 진보파 또한 상대를 쉽게 반노동자적이고, 반민중적이라고 여기고, 큰 문제를 알지 못한다고 단정해버립니다. 서로가 상대편을 너무 쉽게 색칠해 버리는 것입니다. 이걸 벗어나는 것이 매우 중요합니다.

아무래도 제가 진보로 분류되기 쉬울텐데 보수파의 편을 한 번 들어보겠습니다. 여러분들 중에는 사회에 나가서 큰 기업을 만들어 성공하는 사람도 있을 것이고, 개인 자영업을 통해 돈을 많이 벌 사람도 있을 것입니다. 여러분들이 실제로 여러 명의 사람들을 고용하여 고용주와 직원의 관계를 경험해본다면 금방 좌파에 대해 거리감을 느낄 가능성이 있습니다. 사회주의적인 이념은 완전고용상태를 전제로 합니다. 누구에게나 일자리를 만들어주길 원하고 실업자가 존재하는 것을 거부합니다. 이것이 현실 사회주의가 경직화된 이유이기도 한데요. 제가 사업가로서의 경험이 있는 것은 아니지만, 30-40명 정도의 사람들이 있는 조직을 맡아 본 경험은 있습니다. 그 때 관찰해 본 바에 의하면, 자신의 직장이 철밥통이라고 생각하는 순간 게을러지는 사람들이 생겨납니다. 게을러지고 말도 안되는 행동을 하는 사람들이 생기는 것입니다. 그냥 놔두면 기업이나 조직이 몰락의 길을 걷게 됩니다. 그래서, "바깥에는 산업예비군이 있다. 너는 언제든지 짤릴 수 있고, 다른 이로 대체될 수 있다." 이러한 이야기가 전혀 없으면 아래로부터 오는 압력을 누를 수가 없습니다. 좌파적 사고 방식의 어떤 부분은 어떤 조직을 경직화시키고 나태하고 안일하게 만들 수 있는 요소를 가지고 있습니다. 쉽게 말해, 정답이 없는 거지요. 그래서 고용 유연성을 가능하게 할 보편적 복지가 더 중요해진다고 말할 수 있을 겁니다.

하지만 요즈음 우리 사회에서는 우파적인 논리가 극단화된 것이 문제입니다. 서울대학교도 그런 면이 있습니다. 서울대학교 내에도 다종다양한 피고용형태가 존재하는데요. 조교만 해도 여러 종류가 존재하고, 인건비의 재원만 해도 여러 가지 형태입니다. 그 중에는 과다한 업무를 담당하면서도 너무 적은 돈을 받는 직원들이 있습니다. 문제는, 학교 당국이 그 사람이 아니더라도 비슷한 역량을 가진 직원을 금방 새로 뽑을 수 있다는 자신감에 사로잡혀 있습니다. 요즘 취직난이라서 사람을 구하는 일이 어렵지 않기 때문에, 이것이 어느 정도는 사실이기도 합니다. 하지만, 사람을 너무 천하게 여겨 마치 개나 고양이처럼, 아니 그보다도 못한 길거리의 돌맹이처럼 취급하는 모습을 봅니다. 극단적인 우파적 사고방식입니다.

좌파적 사고방식과 우파적 사고방식의 양 극단이 모두 결함을 가지고 있습니다. 그래서 인간은 불완전한 존재이기 때문에 인간사회도 완전할 수 없습니다. 이에 대한 인식이 확실하다면, 이러한 기반 위에서 정치적인 입장이 서로 다른 사람들이 충분히 대화를 하고 서로 협력할 수 있는 것입니다. 하지만 우리 사회는 아직까지 타협보다는 극단적인 대립으로 가는 경향이 있습니다. 미국이라는 나라가 얼마나 안정되어 있는지 말하기 어렵지만, 한국처럼 특정 정당의 입장에 따라 의원 개인들이 입장을 내세우지 못하고 무조건 따르는 형태가 아닌 양당정치의 틀 속에서 의원들의 독자성을 인정하여   의원들이 당론과 다른 의견을 표출하도록 하여 일률성을 배제하는 형태를 가지고 있다고 합니다. 미국은 이를 내세우면서 항상 대화와 타협이 이뤄짐을 자랑합니다. 그러나 대화와 타협이 이뤄지는 범주에 한계가 있습니다. 밖으로 밀려나있는 소수인종이나 유색인종들의 권익은 제대로 고려되지 않습니다. 특정한 프레임을 만들어 그 속에서 찬반을 가리는 것으로 마치 민주주의를 잘 운용하는 것처럼 표현하는 것도 문제입니다. 따라서 형식적으로만 볼 것이 아니라 그 내용까지도 잘 살펴봐야 합니다.

민중에 대한 정확한 인식이 필요

여러분들의 질문 중에 공통점이 있습니다. 민중에 대한 냉정한 인식, 그리고 민중을 신뢰할 수 있을 것인가라는 문제입니다. 민중을 낭만화시켜 역사의 주체라고 말하는 이들도 있고, 우파적 사고방식 하에서 민중은 게으른데다 '기어오르려' 하기 때문에 채찍질을 해야 하는 존재로 보는 이들도 있습니다. 양 극단을 피하면서도 민중에 대한 냉정한 인식을 가져야 합니다. 나아가, 여러분들이 아무리 학력이 높고, 학벌이 좋고, 부모님으로부터 물려받을 재산이 많다 하더라도 스스로 한 사람의 인간일 뿐이며 민중의 일원일 수 있다는 생각을 가지는 것이 중요합니다. 이는 다시 말해 나에 대한 냉정한 인식, 냉정한 자기인식을 갖는 것일 수 있습니다. 이를 바탕으로 몇 가지 이야기를 해보겠습니다.

신경숙의 소설 〈외딴 방〉을 읽어보셨는지요? 얼마 없군요. 꼭 한 번 읽어보실 것을 권합니다. 신경숙의 소설을 좋아하는 이도 있고 안 그런 이도 있겠지만, 〈외딴 방〉은 고전으로 남을 작품입니다.

　소설에는 구로공단의 한 공장이 나옵니다. 공장에는 산업체 특별학급 제도가 있어서, 고등학교에 진학하지 못한 여공들이 산업체 특별학급에 다니면서 고등학교 졸업장을 따고자 합니다. 그러던 어느 날 노동쟁의가 발생하고, 산업체특별학급에 계속 다니기 원한다면 노조를 탈퇴하라는 회사 측의 비열한 압력이 가해져 옵니다. 그래서 소설의 주인공인 나를 포함한 상당수가 학교를 계속 다니고 싶은 마음에 노조를 탈퇴합니다. 그럼에도 불구하고 노조를 탈퇴한 이들을 변함없이 잘 대해주었던 노조위원장이 있습니다. 동남전기의 조경수 씨가 실제인물입니다. 제가 이 분을 찾아 인터뷰도 해봤는데요, 〈외딴 방〉의 이야기가 사실인 부분도 있고, 아닌 것도 있다고 합니다. 소설 속에서는 회사가 노조를 회유하기 위해서 산업체특별학급에 다닐 수 있는 선발권을 노조에 준 적이 있다는 이야기가 나옵니다. 그리고 주인공 '나'와 외사촌 동생도 근무기간이 모자라서 특별학급을 다니지 못할 처지에 있었음에도 불구하고 다니게 해주어서 나중에 노조를 탈퇴할 때 그 미안함이 너무나 컸다는 내용이 나옵니다. 그런데 조경수 씨는 그런 일은 없었다고 합니다. 노조는 만들자마자 사측으로부터 탄압을 당하고 이와 싸우느라 정신이 없었고, 회사로부터 산업체특별학급 선발권을 받은 적이 없다는 것입니다. 작가가 노조의 따뜻함을 강조하기 위해 팩트들 사이에 픽션을 조금 넣은 것이라고 합니다. 이런 부분이 재미있습니다.

　제가 이야기하고 싶은 것은 이것입니다. 제가 조경수 씨에게 정말로 소설 속에 나오는 사람처럼 여공들에게 따뜻한 사람이었는가 하고 물었을 때 그렇다고 답했습니다. 동남전기는 1980년대 초 당시 워크맨을 만들던 유명한 회사였습니다. 1,300명 정도의 노동자가 있었는데, 조경수 씨는 이들 모두의 이름을 외웠다고 합니다. 저는 깜짝 놀랐습니다. 만약 그분의 가정형편이 괜찮은 분이었다면 서울대 법대 교수가 되었을지 모를 정도로 똑똑한 분입니다. 이 분이 그러한 상황 속에서 노동운동을 하게 되었을 때 얼마나 뜨겁게 노동운동에 헌신하였는지, 그리고 주로 10대와 20대인 여공들을 얼마나   진심으로 대하였는지, 1,300여명의 이름을 모두 외웠다고 자신 있게 말하셨습니다. 신경숙이라는 이름을 들었을 때에도 단번에 떠올랐다고 합니다. 이러한 사람들이 있다는 것을 기억해두어야 합니다.

한홍구 교수가 강의에서 했던 이야기가 있습니다. 1980년 5월 27일 새벽 전남도청에 끝까지 남은 이들의 역사적 의미입니다. 끝까지 남은 사람들 중에 윤상원 열사라고 하는 상징적 인물을 제외하고는 지식인이나 학생들은 별로 많지 않았습니다. 만일 5월 27일 새벽 많은 이들이 전남도청에 끝까지 남아서 학살을 당하면서까지 싸우지 않았더라면 광주항쟁은 오늘날 어떻게 기억되었을 것인가요? 어쩌면, 폭도들의 난동으로 기억되었을 가능성도 있습니다. 그런데 자신들의 정당성을 끝까지 주장하면서 목숨을 내놓고 싸운 사람들이 있었습니다. 이것은 깊은 의미가 있습니다.

민중이라는 집단이 평소에 비열하고 근시안적이고 이기적으로 보일 수 있지만 어떤 순간에 보여주는 그들의 힘, 조경수 씨 같은 분들이나 전남도청에 새벽까지 남았던 분들이 보여주는 힘은 대단합니다. 저는 80년 5월 27일 당시에 대학생이었습니다. 50대 후반에 된 지금도 잊을 수 없는 기억이고, 그때 그 새벽에 전남도청에 같이 있어야 했던 것이 아닌가 하는 생각을 지금도 가끔 하게 됩니다.

1975년부터 1979년 박정희가 사망할 때까지의 폭압적인 기간 동안 긴급조치 위반자들의 사회적 구성을 통계로 살펴보니 우리가 예상한 것처럼 지식인이나 학생들이 많은 것이 아니었습니다. 일반 시민들이 훨씬 많았습니다. 긴급조치를 가지고 지식인과 학생들만 탄압한 것이 아니라 일반 민중들도 탄압한 것입니다. 구체적인 사례를 보면 별별 일이 다 있었습니다. 길을 가다가 부당한 일을 보고 분이 나서 '이 나라의 법이 김일성 법보다 못하다'라고 했다가 긴급조치 위반, 반공법 위반, 국가보안법 위반 등으로 잡혀간 경우도 있을 정도입니다. 실제로 이러한 경우가 굉장히 많았습니다. 그럼에도 불구하고 일반 민중들이 잡혀간 횟수가 그렇게 많을 줄 몰랐습니다. 민중의 실상에 대한 올바른 인식을 가질 필요가 있다고 생각합니다.

1970-80년대 여성노동자 중심의 노동운동의 모습에 대해 성균관대학교 사학과 정현백 교수가 쓴 논문이 있습니다. 1970-80년대 노동운동은 섬유 같은 노동집약적 산업에서의 여성노동운동이 주를 이루었습니다. 여러분들이 잘 아시는 동일방직이나 원풍모방 같이 구로공단에 위치했던 300-400명 이상의 기업에서 주로 미혼인 여성노동자들이 단결하여 전투적 노동운동을 벌이고 박정희·전두환 정권에 저항했습니다. 여기에 대해 사회과학자들은 이들이 미혼여성이라 가족부양의 부담이 없으므로 구속되고 탄압당할 것을 알면서도 싸울 수 있었다고 보았습니다. 정현백 교수의 논문은 이러한 통념을 반박합니다. 같은 나이 또래의 미혼 남성노동자들과 미혼 여성노동자들을 비교해보니 후자에게 가족부양의 부담이 없기는커녕, 특히 시골에서 서울에 올라온 여공들을 중심으로 남동생·여동생들을 부양해야 할 책임이 컸다는 것입니다. 신경숙의 〈외딴방〉에도 치약 하나를 6개월간 사용하는 이야기나 남의 속옷도 훔쳐 입을

정도로 가난하게 살아가는 모습이 나옵니다. 실제 노동운동에 열심히 참여했던 동일방직이나 원풍모방의 여성노동자들을 분석해 보니까 가족부양의 부담이 굉장히 크고 매우 성실하게 살며, 자신을 위한 소비는 거의 없던 이들이었습니다. 당시 여공들은 동료의 생일을 축하해주기 위해서 조그마한 빵 하나에 성냥개비 두 개를 꽂고 불을 붙인 뒤 주인공이 불을 끄게 했습니다. 박노해의 〈노동의 새벽〉에 나올법한 그런 장면들인데요. 이처럼 열심히 일하고 저임금을 받으면서도 그걸 모두 저축해서 남은 가족들을 부양하는 여성노동자들이었기 때문에 부당한 착취를 도저히 견딜 수 없어서 노동운동에 참여했던 사실을 정현백의 논문이 밝혀냈던 것입니다. 지식인의 통념과 민중의 실상이 달랐습니다. 결코 낭만적이고 관념적인 인식을 가져서는 안되지만, 그렇다고 그들이 가진 역량이나 힘을 간과해서도 안됩니다. 이러한 민중에 대한 신뢰가 있을 때 앞서 말한 지적 사대주의도 극복할 수 있고, 사회적 연대에 기초한 민주주의를 건설할 수 있는 것이 아닌가 하는 생각을 합니다. 하지만 직접 맞닥뜨리면 경우에 따라서는 현실의 민중은 굉장히 미울 수 있지요. 따라서 직접적인 인식에 매몰될 것이 아니라 멀리 내다볼 줄 아는 민주시민이 되는 것이 중요하다고 봅니다.

제가 문학을 하는 사람이기 때문에, 다음 책들을 추천하고자 합니다. 앞서 언급했던 〈외딴 방〉을 꼭 한 번 보시고, 아리엘 도르프만의 〈죽음과 소녀〉라는 희곡집을 볼 것을 권합니다. 희곡을 읽기 귀찮으신 분들을 위해 동명의 영화가 있습니다. 시고니 위버가 주인공인데요. 굉장히 흥미로운 민주화운동의 기록입니다. 너무 긴 분량의 소설이지만 톨스토이의 〈전쟁과 평화〉도 빼놓을 수 없는 걸작입니다. 톨스토이는 매우 민중적인 역사관을 가지고 있는 사람입니다. 귀족의 딸인 주인공 나타샤가 사냥을 나갔다가 농민의 집에 머물게 되었습니다. 러시아 농민들과 함께 식사를 하고 함께 민속춤을 춥니다. 톨스토이는 나타샤가 배운 적 없는 민속춤을 곧잘 따라하고, 농민들과 잘 교감하는 장면을 묘사하면서 이를 훌륭한 모습으로 그립니다. 이것이 나타샤를 이상화시키는 것 같아 보이지만, 사실은 어떤 사람이든 간에 그가 러시아사람이라면 러시아의 농노들과 교감할 수 있는 여지가 있다는 것을 보여주기 위함이었습니다. 매우 인상적인 장면입니다. 사실은 배경이 나폴레옹시대이니까 농민보다는 농노라는 표현이 맞을 것입니다. 이 농노들이 나폴레옹을 물리친 것으로 톨스토이는 서술합니다. 러시아의 추운 겨울이 나폴레옹군을 물리치도록 만든 것이 아니라고 합니다. 러시아의 지휘관이었던 쿠드초프 장군이 스몰렌스크 전투를 비롯한 결정적인 전투에서 승리했기 때문도 아니라고 합니다. 톨스토이는 러시아의 승리가 러시아 농노들 때문이라고 설명합니다. 나폴레옹군이 몰려오자 이들은 짐을 싸서 모두 자발적으로 도망을 가버렸고, 그 결과 나폴레옹군이 식량을 약탈할 수 없었기에 전쟁을 계속할 수 없었다는 것입니다. 또한 유럽 전역에서 전투경험을 쌓은 프랑스 군이 교본대로 칼을 꺼내 싸움을 시작하려고 할 때 러시아 농민들은 그냥 근처에 있는 나무 막대기를 집어들고 마구잡이로 휘둘렀는데 그를 본 프랑스군이 당황했다는 비유도 나옵니다. 처음 보는 기술이었기 때문입니다. 이처럼 러시아 농민들이 무지하고 거칠지만, 이들의 힘으로 전쟁에서 이긴 것이라고 톨스토이는 〈전쟁과 평화〉를 통해 설명합니다. 민중에 대한 신뢰를 매우 잘 묘사한 점도 〈전쟁과 평화〉가 문학사 속에서 그 빛을 잃지 않는 이유 중 하나입니다.

마지막까지 경청해주셔서 감사합니다.

서울대 민주화의 길 탐방

김명환 · 서울대학교 영어영문학과 교수
한인섭 · 서울대학교 법학전문대학원 교수

서울대학교 민주화를 위한 교수협의회 주최
4·19 기념식

한인섭 교수　4월 혁명 제 53주년인 2013년입니다. 오늘은 민주화를 생각하고 기념하기 위해 교수와 학생들이 함께 모여 묵념하는 매우 뜻깊은 행사를 갖게 되었습니다. 일동 잠시 묵념하겠습니다.

4·19탑과 그 주변의 탑들은 아주 많은 의미를 가지고 있습니다. 학생들은 여기 와보신 적이 있으신지요? 제법 있군요. (웃음) 오늘 이 자리에 모인 학생들의 수가 많지는 않지만, 여기 온 학생들 중에는 와본 분이 꽤 있는 것 같습니다.

오늘 행사는 다음과 같은 순서로 이뤄집니다. 왜 우리가 4·19를 53년 동안 내내 마음속에 생각하고 기념하는지에 대하여 국사학과 김인걸 교수님으로부터 잠시 듣고, 영문학과 김명환 교수님께서 준비해오신 기념시를 낭독하고, 이곳에 있는 단과대학별 기념비 후면에 있는 글귀들을 해당 단과대학 소속의 학생들과 교수님들이 대표로 낭독하는 것으로 하겠습니다. 저는 법대소속인데요, 법대는 매우 짧아서 좋습니다. (웃음) 문리대는 아주 깁니다.

김인걸 교수(국사학과) 　오래간만에 선생님들과 학생들이 같이 이런 모임을 갖게 되어서 감개가 무량합니다. 처음 캠퍼스가 관악으로 옮겨올 당시에는 공대에 올라가는 언덕 왼쪽 편에 이 4 · 19기념탑들이 있었습니다. 민교협 초창기에 민교협 교수들이 그 곳에서 함께 해마다 행사를 했었습니다. 여러분들도 다 아시겠습니다만, 4 · 19는 대한민국 현대사가 지켜내야 할, 물러설 수 없는 보루로, 민주주의를 지켜내는데 마르지 않는 샘으로 역할을 다하고 있다고 믿습니다. 그래서 4월만 되면 다시금 1960년 선배들의 삶을 생각하고, 이들의 지향을 생각해보고, 우리 자신을 반성하는 그런 기회를 갖게 됩니다. 우리는 그동안 현대사에서 많은 성과를 거뒀다고 합니다. 분단된 상황 속에서 산업화를 이뤘고, 민주화도 그러한 가운데 이뤄왔습니다. 그러나 아직도 해결하지 못한 문제들이 우리에게 존재하고, 이러한 문제들을 해결하는데 큰 힘과 용기를 주는 것이 4 · 19가 아닌가 합니다. 각 시대는 그 시대에 주어진 할 일들이 있습니다. 4 · 19 때에 우리 선배들이 행한 일이 이승만 정부를 몰아내고 민주화의 기초를 마련하는 것이었다면 우리는 오늘 어떤 일을 해야 할 것인가를 생각해보는 계기가 되었으면 좋겠습니다.

김명환 교수(영문학과) 　학생 여러분들 중에 이미 여기 와 보신 분들도 많지만, 서울대학교가 1975년 종합화되기 전에 4 · 19 기념비들이 각 단과대학별로 시내에 흩어져 있었다는 것을 알고 계시지요? 당시 단과대학

별로 흩어져 있던 4 · 19 기념비들이 1975년에 캠퍼스 종합화가 이뤄지면서 이 캠퍼스로 옮겨져 왔습니다. 옮겨왔을 당시에는 박정희 대통령의 유신독재체제 시절이었기 때문에 처음부터 이 자리로 기념비가 이전된 것이 아니었습니다. 없앨 수는 없지만, 이것을 보기 싫어했습니다. 그래서 신공학관 쪽이 당시에는 그냥 숲이었는데요, 그곳에 숨겨놓다시피 방치를 했었습니다. 제가 1977년에 이 대학에 들어왔는데, 1학년을 마칠 때까지 4 · 19기념탑이 어디에 있는지 몰랐습니다. 그 후 민주화가 이뤄지고 나서 1990년대 중반에 대학 측과 협의를 해서 각 기념비들을 이곳에 옮겨 모아놓은 것입니다.

잠깐만 설명을 드리자면, 4 · 19 당시에 희생된 서울대학교 학생은 모두 5명입니다. 저 끝에 있는 미대 기념탑을 보면 '고순자'라는 미대 소속 여학생이 희생을 당하셨습니다. 그 다음에 있는 상과대학, 지금의 경제학부와 경영대학이라 볼 수 있는 상과대학에서는 안승준, 그리고 법대의 박동훈, 그리고 문리대 수학과의 김치호, 그리고 저 옆에 있는 사범대 기념비를 보면 손중근, 유재식 두 분의 학생이 희생되었습니다. 모두 경무대 앞으로 진출하는 과정에서 경찰의 일제 조준사격에 의해서 희생을 당하신 것입니다.

문리대 기념탑은 5 · 16 군사 쿠데타가 터지기 직전에 세운 것입니다. 탑의 모양이 조금 초라해보일지도 모르겠습니다만, 준비가 많이 되지 않은 상태에서 세웠다는 것이 주는 역사적 의미가 있다고 할 수 있을 것입니다. 전면에 있는 '4월 혁명 기념탑'이라는 글귀와 후면에 있는 글귀는 아주 좋은 글씨입니다. 고졸한 글씨가 매우 인상적이라는 점은 서예에 조예가 없더라도 느끼실 수 있을 것 같습니다. 보통 우리는 4월 혁명을 '미완의 혁명'이라고, 아직도 진행되고 있는 혁명이라고 말을 합니다. 이와 관련하여 유명한 김수영 시인의 시를 한편 읽는 것으로 제 순서를 마무리하고자 합니다. 이 시는 1960년 5월 18일에 쓰여졌습니다. 이날 있었던 4·19 순국학도 위령제를 위해 쓰여진 〈기도〉라고 하는 시입니다.

◆

기도

[4·19 순국학도 위령제에 부치는 노래]

김수영

시를 쓰는 마음으로

꽃을 꺾는 마음으로

자는 아이의 고운 숨소리를 듣는 마음으로

죽은 옛 연인을 찾는 마음으로

잊어버린 길을 다시 찾은 반가운 마음으로

우리가 찾은 혁명을 마지막까지 이룩하자

물이 흘러가는 달이 솟아나는

평범한 대자연의 법칙을 본받아

어리석을 만치 소박하게 성취한

우리들의 혁명을

배암에게 쐐기에게 쥐에게 살쾡이에게

진드기에게 악어에게 표범에게 승냥이에게

늑대에게 고슴도치에게 여우에게 수리에게 빈대에게

다치지 않고 깎이지 않고 물리지 않고 더럽히지 않게

그러나 정글보다도 더 험하고

소용돌이보다도 더 어지럽고 해저보다도 더 깊게

아직까지도 부패와 부정과 살인자와 강도가 남아 있는 사회

이 심연이나 사막이나 산악보다도

더 어려운 사회를 넘어서

이번에는 우리가 배암이 되고 쐐기가 되더라도

이번에는 우리가 쥐가 되고 살쾡이가 되고 진드기가 되더라도

이번에는 우리가 악어가 되고 표범이 되고 승냥이가 되고 늑대가 되더라도

이번에는 우리가 고슴도치가 되고 여우가 되고 수리가 되고 빈대가 되더라도

아아 슬프게도 슬프게도 이번에는

우리가 혁명이 성취하는 마지막 날에는

그런 사나운 추잡한 놈이 되고 말더라도

나의 죄 있는 몸의 억천만 개의 털구멍에

죄라는 죄가 가시같이 박히어도

그야 솜털만치도 아프지는 않으려니

시를 쓰는 마음으로

꽃을 꺾는 마음으로

자는 아이의 고운 숨소리를 듣는 마음으로

죽은 옛 연인을 찾는 마음으로

잊어버린 길을 다시 찾은 반가운 마음으로

우리는 우리가 찾은 혁명을 마지막까지 이룩하자.

1960년 5월 18일

◆

이 시에 대해 간단히 한 말씀 드리겠습니다. 방금 전 미완의 혁명이라는 말씀을 드렸는데요, 시인 김수영은 한 달 뒤의 위령제를 위해 시를 쓰면서 4·19혁명의 성격을 잘 꼬집은 점이 있습니다. 두 번째 연의 "평범한 대자연의 법칙을 본받아 어리석을 만치 소박하게 성취한 우리들의 혁명"이라는 대목이 그렇습니다. 어떤 분들은 '4·19가 무슨 혁명이냐, 그저 학생들의 봉기였다.' 이렇게 이해하는데요, 어리석을 만치 소박하게 성취했지만 그것은 혁명이었다는 것입니다. 그리고 이 시의 기본적인 내용은 그러한 혁명을 끝까지 밀고 나가서 마침내 우리가 망가지더라도 끝내 성취하자는 것입니다. 다시 말해서, 4·19혁명의 혁명성을 굳게 믿되, 4·19의 한계와 소박함 또한 잊지 않는, 그런 바람을 담은 오래도록 남을 명시라고 생각됩니다. 여러분들께서도 댁에 돌아가서 다시 읽어보시면서 4·19 53주년을 기념하는 마음으로 한 번 생각을 해보시면 좋을 것 같습니다.

4·19 기념비 기념 추모비문 낭독

한인섭·서울대학교 법학전문대학원 교수

1) 사범대학 4·19 추모비

◆

젊은학도 봉화를 들었으니 사랑하는 그대여 4·19의 외침을 길이 새기라.

희생자 송중근, 유재식. 1960년 10월.

희생자 송중근, 유재식의 추모비.   문리대 4·19 추모비.

2) 문리대 4·19 추모비

우리 문리대 학우여! 오라, 그리고 보라! 그리하여 그대들 가슴에 이끓는 맥동을 영원히 새기라.

상아탑은 진리의 탐구자요, 정의의 수호자다. 비분 속에 폭발된 4월의 궐기는 이 엄숙한 대의의 극명이요. 정기의 절규였다. 불의에 항거하고 독재에 도전한 이 모두가 우리 학원에서 말없이 길러온 불타는 조국애와 투철한 정의감의 발로요 이에 따른 과감한 실천인 것이었다. 민주주의를 사랑하는 전 국민의 불길 같은 성원이 깃들어 있었으니 소리 높여 외친 우리의 절규는 국민 총의의 집중적 표현이었다. 앞장 선 학우의 가슴에 흉탄을 퍼붓던 발악을 최후로 독재는 정의와 자유의 기치 앞에 자취를 감추었으니 하늘을 찌를 듯 승리와 개가를 울리며 우리는 다시 민족문화 건설에 매진하련다.

그러나 그러나 가슴 아프게 애곡하노니 이 혁명전선에서 쓰러진 고 김치호 동지의 깨끗한 얼을 못내 잊을 길 없도다. 이제 이 한 조각돌에 이 얼을 아로새겨 그 숭고한 기개를 길이길이 역사에 천명 하고자 전 학우의 총의로 이 기념탑을 건립하여 그 영전에 그리고 국민 앞에 드리오니 비록 억겁이 지날지라도 이 얼과 의기는 여기 영원히 살아 있으리라.

4월학생혁명 일주년 기념일에 본기념탑 건립위원 지음

◆

오늘도 나는 정의를 위하여 죽음을 두려워하지 않으련다.

4월 19일의 고 김치호군 일기에서

◆

이 문리대 비는 다른 비들보다 큽니다. 이유는 당시 대학본부가 문리대학에 소재한 관계로 서울대학의 4·19 기념비 전체를 대표하는 비로 세워졌기 때문입니다. 그래서 비문을 보면 이것이 문리대 학우에 대한 비문인 동시에 서울대 학우들에 대한 비문이고, 또한 희생자 김치호에 대한 비문이라는 것을 각각의 문단들 속에서 읽어낼 수 있습니다. 문리대는 현재의 인문대, 사회대, 자연대에 해당합니다.

김치호는 당시 문리대 수학과 2학년 학생이었습니다. 1961년 4월에 만들었기에 이 탑이 존재하는 것이지, 만일 그보다 1년 후인 1962년 4월에 만들려 했다면 군사정권 탓에 만들어지지 못했을 수도 있습니다.

◆ 다른 교수님들의 부가설명

- 아침에 YTN뉴스를 보니까, 마산에서 시위를 하고 김주열의 시신이 떠오른 것을 방송한 스크립트를 찾아서 방송을 했습니다. 그것이 부산 MBC였는데, 그 뒤에 방송에서 뭐라고 했는가 하면 박정희 대통령이 부산 MBC를 항상 경청하고 있었다는 것입니다.

- 당시 부산군수기지사령관이었으니까.

- 부산 MBC하고 부산일보가 4 · 19 당시에 굉장히 큰 영향력을 발휘했습니다. 김주열이 눈에 최루탄이 박힌 상태로 죽은 것을 3 · 15일에 경찰이 수장을 했는데, 그것이 마산 바다에 떠오른 것이 4월 9일 경이고, 이것을 부산일보에서 1면 기사로 다루었습니다. 당시 부산일보와 부산 MBC의 사장이 바로 소위 정수장학회 사건으로 알려진 김지태였습니다. 그 당시에 박정희가 부산의 군수기지사령관이었으니까 이런 언론의 힘을 직접 보았다고 할 수 있을 것입니다.

- 당시 언론의 중요성을 느끼면서 자신이 장악해야겠다고 생각할지도 모르겠네요.

- 4 · 19직전에 박정희는 쿠데타를 실행하려고 했었으니까 그러한 것들이 예사롭지 않게 보였을 수도 있겠습니다.

3) 법대 기념비

◆

고 박동훈 군의 흘린 피 위에 우리는 서있다.

1961년 4월 19일

◆

이 조형물이 형상화한 바는 법대 역사에 보면 나옵니다. 사람 모양 같기도 한데, 4 · 19라는 숫자를 형상화한 것이라 합니다.

법대 기념비(왼쪽)와 상대 기념비(오른쪽).

4) 상대 기념비

이것은 1991년도에 희생자 안승준의 친구들이 새롭게 세워준 추모비
입니다.

◆

안승준은 1938년 5월 27일 서울에서 나다. 서울고등학교를 거쳐 서울대
학교 상과대학 3학년 재학 중이던 1960년 4월 혁명에 나서다. 그날 사월 십
구일 경무대 앞길에서 시위를 하다 경찰의 총격으로 쓰러져 오후 다섯시께
서울의대 부속병원에서 스물셋의 나이로 생을 마치다. 민주의 제단에 바친
그의 짧지만 의롭고 숭고했던 삶을 기려 동학들이 여기 한조각비를 세우다.

일천구백구십일년 오월팔일 서울대학교 상과대학 오팔회

◆

아마 이 기념비를 만들 시기를 놓치는 바람에 1991년에 가서야 만들게 된 것이 아닌가 추측됩니다.

5) 미대 기념비

이 기념비는 5·16 이후에 세워졌습니다. 1962년 7월에 세워졌거든요.

◆

4·19의 넋 우리의 고순자양 여기 잠들다. 꽃은 졌어도 그 뿌리는 역사와
함께 기리 존영하리라

1962년 7월 서울대학교 미술대학 학생회
서울대학교 총여학생회 일동

◆

앞서 5·16 이후라면 기념비가 만들어지지 못했을 거라 했는데, 이 기념비를 보면 그런 것만은 아닌 것 같기도 합니다. 다만, 미술대학이고, 기념비의 크기가 작은 규모이기 때문에 가능했을지도 모르겠습니다. 문리대 기념비와 같은 것은 만들어지기 어렵지 않았을까 합니다.

미대 기념비.

서울대 민주화의 길 탐방

김명환 · 서울대학교 영어영문학과 교수

사회대 앞

박정희의 군사정권부터 전두환 시절까지를 군사정부 시기로 본다면 1961년 5월 16일부터 1987년 6월 항쟁이 있기까지가 군사독재시기라 할 수 있습니다. 참 오랜 세월이라 할 수 있는데요. 그 군사독재 기간에 많은 사람들이 희생되었습니다. 특히 1970년대 후반부터 1980년대 전반기에 많은 희생자가 났죠. 서울대학교에서도 24명 정도의 희생자가 났습니다. 6월 항쟁 이후에 그분들을 위한 추모비들이 여기저기 세워졌는데요. 1987년 6월 항쟁 이후 김영삼, 김대중 두 후보의 분열로 인해 그해 대통령 선거에서 노태우 후보가 당선되었기 때문에 준군사정권적 성격을 가지고 있었습니다. 그래서 추모비를 세우면 학교에서 철거하기도 하고, 설치를 막기도 했습니다. 어쨌든 서울대 캠퍼스 여기저기에 추모비들이 설치되어 있었는데, 이것을 여기 계신 한인섭 선생님이나 사회대 조흥식 선생님 등이 발의를 하시고 당시 이장무 총장님이 호응을 하셔서 '민주화의 길'이라는 이름으로 단장을 하게 되었습니다. 우리가 방금 있었던 4 · 19 기념비부터 민주화의 길을 따라 돌 수 있게 되어 있고, 안내판도 설치되어 있습니다. 그 중 첫 번째가 이곳 사회대입니다. 왼쪽에는 민주열사 고 김태훈 추모비가 있고, 오른쪽에는 두 사람의 추모비가 있습니다. 우종원은 사회복지학과 학생이었고, 김성수는 지리학과 학생이었습니다. 이 두 사람의 추모비는 한꺼번에 세웠습니다.

여러분들께서 보시다시피 이 추모비의 위치가 사회대 건물 구석진 곳에 있고, 쓰레기장 옆이기 때문에 추모비가 있기에는 적절하지 않다는 생각이 드실 것입니다. 추모비를 세울 당시에 학교가 이를 저지하려 했기 때문에 이런 곳에 세울 수 밖에 없었습니다. 민주화의 길을 만들 당시에 추모비들을 사회대 정문 쪽으로 옮겨야 하지 않겠는가 하는 지적도 있었지만, 지금의 이 위치 또한 역사성을 가지고 있다는 판단 아래 이곳에 그냥 두기로 한 것으로 기억을 합니다.

왼쪽의 고 김태훈 추모비를 보겠습니다. 추모비에 사진도 있지요. 경제학과 재학생이었는데, 1981년 중앙도서관에서 투신자살을 했습니다. 자살과 관련한 정황은 이렇습니다. 1980년 5월 17일 전국에 계엄령을 내리고 그 다음날 5·18 광주민중항쟁이 일어나 신군부에 의해 많은 광주시민들이 학살을 당해야만 했던 사실을 여러분들도 잘 아실 것입니다. 그리고 5월 27일 새벽이 최종 진압일이었습니다. 그 1년 뒤 1981년 5월 27일을 전후하여 서울대학교에서 굉장히 큰 시위가 며칠에 걸쳐 일어났습니다. 5월 27일 아크로폴리스-서울대학교 대학본부 건물과 중앙도서관 사이의 광장 및 계단, 서울대학교 학생들의 시위 및 집회장소로 사용되어 왔음-에 학생들이 많이 모이자, 학내에 진주하고 있던 경찰들이 최루탄을 쏠 뿐만 아니라 큰 그물을 가지고 와서 고기를 잡듯이 학생들을 잡아가던 상황이었습니다. 그 때 도서관에서 공부를 하고 있던 광주 출신의 학생 김태훈이 갑자기 창문을 열고서 '전두환 물러가라'를 세 번 외친 뒤에 떨어져서 사망했습니다. 고 김태훈 열사가 떨어질 당시에 제가 현장에 있진 않았습니다만, 떨어지는 순간 학생들이 그 주위에 접근을 하지 못하게 하기 위해 전투경찰들이 시신을 향해 최루탄을 마구 쏘아대는 천인공노할 짓을 벌이기도 했습니다. 그걸 본 학생들이 너무 흥분해서 학교 안에 있는 보도블록을 모두 깨 전경들에게 던지고 전경들을 학교 바깥으로 몰아냈습니다. 당시 저는 대학원생이어서 수업에 들어가 있었는데, 바깥쪽에서 돌 부서지는 소리가 우당탕하고 들리는 것이 마치 지진이 난 것 같았습니다. 왜 그렇게 학생들이 흥분했는지 몰랐는데, 알고 보니 김태훈의 투신자살이 있었습니다. 이 투신자살이 전두환정권 시기 서울대 학생 중 첫 번째 희생이었습니다.

옆의 우종원과 김성수의 죽음은 사인이 아직 밝혀지지 않은 의문사 사건입니다. 제가 나눠드린 유인물을 한 번 읽어보세요. 고은 시인이 쓴 〈김성수〉라는 시가 있습니다. 제가 한 번 읽어보겠습니다.

◆

모교에서는 선배 김세진 이재호가 죽어가는데
서울대 지리학과 1학년 김성수는
부산 송도 앞바다 밑에
무게 4,5킬로의 콘크리트 두 조각을
허리에 매달고 죽어 있었다
이 무슨 해괴망측한 재앙인가
자살이라고
그리하여 고향 강릉집도 몰라보게
부산 당감동 화장터에서 화장해서
부산 앞바다에 뿌려지고 말았다

정체불명의 전화 받고 나가
행방불명 3일 만에
멀리 부산에서 변사체로 발견되고
발견 5일 만에 가족에게 알려져

6일 만에 한줌의 재로 뿌려지고 말았다

사건 발생 한 달이 가까워서야

경찰 가로되

김군의 성격 말이 없고 내성적 어쩌고

학과성적 저조로 고민해왔다 어쩌고

내성적이 아닌데

성적 고민 없었는데

출입 금지구역의 바다

그 바다 밑 바위틈에 끼여 있는 시체가

어찌 자살 시체란 말이냐

어찌 부산에 가서 자살했단 말이냐

박종철의 죽음은 죽었으되

온 세상에 드러났는데

김성수의 죽음은

아직도 바다 깊이 17미터에 가라앉았다

그 누구 꿈마다 나타나

누나 나 지금 경찰서에 있어

나 지금 죽을 것 같애 살려줘

이렇게 호소할 따름

그리하여 누나가 뜬눈으로 밤새워

병나

수면제 먹어야

가까스로 눈 붙일 따름

그의 아버지의 말
우리 자식의 죽음도 죽음이지만
앞으로 이 땅에서 다시는 이같은 일 일어나서는 안된다

동해 강릉 경포대 파도 자는 날 없는데
그 파도 앞에 서 있는 젊은이
그 김성수의 뜻이 말한다
동해 파도여
파도쳐라
파도쳐라
파도쳐 부수어라 벼랑

◆

　김성수는 당시 1학년이었기 때문에 아직 학생운동 등에 대해 잘 알지는 못했습니다. 하지만, 당시에는 1학년 학생이 학생운동에 관심을 가지고 동아리에 가입하면 몰래 학생을 납치해서 선배의 거처를 묻는다거나 이런 일들이 많았습니다. 그래서 추측컨대 아마 그렇게 하는 과정에서 사람을 죽이고 몰래 콘크리트 덩어리를 달아 물속에 수장을 시켰는데 이것이 발견된 것입니다. 정말 숨이 막히고 기가 막힌 상황이었지요. .

　김대중 · 노무현 정권에 들어와 의문사진상규명위원회가 만들어져 이 사건에 대한 진상규명을 하려 했지만, 결국은 진상을 규명하지 못하고 있습니다. 누군가 분명히 죽인 사람은 있습니다. 이는 우리 역사의 어두운 측면이고, 여러분들께서 결코 잊지 말아야 할 것입니다.

우종원은 사회복지학과 학생이었습니다. 이 학생도 전화를 받고 나갔다가 철로 옆에서 변사체로 발견되었습니다. 이 경우에도 자살이라고는 하지만 분명히 자살이 아닌 의문사입니다. 그리고 추측컨대 타살로 짐작됩니다. 이렇게 의문사를 당한 두 사람의 추모비가 여기에 세워져 있습니다. 추모비의 글씨는 통일혁명당 사건으로 20년을 복역했던 신영복 선생의 것입니다.

이렇게 외진 곳에 추모비가 있는 것 자체가 가진 사연들이 우리들을 다시 돌아보게 만드는 것입니다. 특히 김태훈은 저와 같은 또래의 나이이기 때문에 여기 와볼 때마다 저는 마음이 많이 흔들립니다. 그 날의 기억 또한 저에게 매우 생생하기 때문에 잊혀지지 않고 있습니다. 질문이 있으신가요?

학생 1 김태훈 열사 사건이 일어난 이후 상황이 어떻게 전개되었는지요?

사건은 81년 5월 27일이었는데, 그 사흘정도 전부터 시위가 계속되고 있었습니다. 그리고 막바지에 이르러 굉장히 강력한 진압을 하는 상황에서 투신을 했습니다. 그리고 나서는 시위가 확산되지는 못했고, 오히려 소강상태가 되었습니다.

하지만 그 다음해, 김태훈 1주기에는 굉장한 시위가 벌어져 진압경찰들이 학내에 함부로 진입하지도 못할 정도였습니다. 이후에는 서울대뿐만 아니라 모든 대학 캠퍼스에서 5월만 되면 시위로 눈코뜰 날이 없을 정도로 최루탄 가득한 그런 시절을 보내기도 했습니다. 그것은 1981년부터 1987년까지 이어졌습니다. 제가 모나미볼펜 사장 아들 과외를 해주던 지인에게 들은 이야기인데요, 1980년대에는 5월만 되면 모나미볼펜 매상이 30% 격감한다고 합니다. 5월만 되면 대학생들이 공부를 하지 않고 길거리에 나가서 돌 던지고 시위하다보니까 그렇게 되었다고 모나미볼펜 사장이 불평했다는 소리를 들은 적이 있습니다. 그리고 음반같은 것도 잘 안 팔렸다고 합니다. 모든 문화적인 것들이 잘 팔리지 않고, 오로지 돌과 최루탄이 난무했던 그런 시절을 80년대에 보냈던 것입니다.

한인섭 교수 1960-70년대에는 4·19를 전후해서 권력기관이 초긴장을 했습니다. 그래서 유신시절에는 4·19에 중간고사를 꼭 집어넣었습니다. 중간고사가 되면 공부를 할 것이라고 생각해서입니다. 그러나 1981년부터는 4·19가 수그러들었습니다. 왜냐하면 1980년 5월 18일부터 27일까지 광주에서 죽은 사람들이 흘린 피에 대해 전국의 모든 대학생들이 가진 죄책감이 있었기 때문입니다. 1980년 5월의 시위는 전국에서 동시다발적으로 일어난 것이었는데, 왜 광주만 죽게 만들었는가? 이런 질문으로 5월 18일 언저리가 되면 사람들의 마음이 참을 수 없게 되는 것입니다. 1980년 5월 17일에 비상계엄을 선포하고, 5월 18일에 첫 시위가 있었기 때문에 5월 18-19일에는 학생들의 시위도 굉장히 커집니다. 그리고 나서 조금 수그러들다가 계엄군이 총동원되어 광주시민들을 진압한 5월 27일이 되면 다시 시위가 커집니다. 그래서 5월 18일과 5월 27일이 되면 학생과 전투경찰 사이에 대격전이 벌어지는 것입니다.

제 기억에는 1981년 5월 27일에 저도 아크로에 있다가 친구들이 집에 가자고 해서 집에 가던 그 순간에 김태훈의 투신이 일어났습니다. 그 때 학생들의 눈이 뒤집히고 제정신이 나가는 것을 보았습니다. 제 기억에는 5월 28-29일까지 학생들과 전투경찰 사이에 싸움이 있었습니다. 시위는 5월 27일 정오부터 시작되었고, 오후에 사건이 일어났습니다. 고 김태훈은 유서를 남기지 않았고, 단지 "전두환 물러가라"를 세 번 외치고 떨어 졌습니다. 그때 1학년들부터 모두 군사정권에 대한 반대의 기조를 갖게 되었고, 그 흐름이 이어져 나가게 되었습니다. 그래서 학교를 다닌다는 것이 무시무시한 것이었습니다. 1987년까지는 그랬습니다.

김명환 교수 제 기억이 조금 잘못된 것 같아 정정해야 할 것 같습니다. 저는 5월 27일전부터 해서 27일이 사흘째고 클라이막스라고 기억했는데요. 한인섭 선생님의 말씀이 맞습니다.

이곳이 외진 장소이지만, 이 옆에 있는 나무는 우리 학교 안에서 드물게 보는 예쁜 매화나무입니다. 매화나무 아래 두 사람이 잠들어 있다고도 할 수 있을 것 같습니다. 향나무도 옆에 있고. 그래서 저는 이 장소를 특히 의미있게 생각합니다. 그러면 다음 장소인 인문대학으로 이동하겠습니다.

인문대 앞

인문대 박혜정 추모비 앞

여러분들 뒤를 돌아서 학교를 한번 바라보세요. 앞서 우리가 이야기 했던 김태훈 열사가 저쪽(도서관 건물)에서 뛰어내렸겠죠. 저쪽으로 떨어졌습니다. 당시 아크로폴리스가 말 그대로 학생운동의 중심지이자 시위의 중심지였는데 여기 있는 박혜정의 추모비를 설명하기 위해서는 최근까지도 추모비가 없었던 희생자를 먼저 설명해야 합니다. 이동수라는 당시 농대, 현재의 농생대 학생입니다. 제가 준비한 자료에 역시 고은 시인의 〈이동수〉라는 시가 있습니다. 농생대 학생이 있다면 한 번 읽어봐 주세요.

◆

이동수

1986년은 서울대에서 죽음의 계절이었다

1986년은 우리 모두에게

죽음과 죽음을 장사지내는 계절이었다

우리는 몇 번이고 상두꾼이 되어야 했다

어허 달구

누가 하늘을 보았다 하는가

누가 구름 한 송이 없는 맑은

하늘을 보았다 하는가

신동엽의 시를 외우며

25년의 생애로 끝난 이동수

서울대 농대 원예학과 1년 이동수

저 암울한 70년대 김상진을 남몰래 섬긴 이동수

1986년 5월 20일 서울대 아크로폴리스에서

문목사가 광주항쟁을 얘기하고 있을 때

그 2천여 명의 학우들 앞에서

학생회관 난간에서

온몸에 신나를 뿌리고

불질러

불덩어리로 투신했다

미제 물러가라

폭력경찰 물러가라

라고 구호 외치며 투신했다

그리고 그는 속으로 말했다

역사가 나의 몸부림을 심판하리라

전두환의 초강경 유화 초강경으로 얼 빠지는데

누가 보았다 하는가

민주주의를

누가 보았다 하는가

독립군 중에서 자살한 사람 없었다

그러나 이 시대는

그 누가 뭐라 해도

자결은 최고의 싸움이었다

깨어 있는 자 새로워지고

잠든 자

그 잠에서 더 이상 길들여져서는 안되었다

누가 하늘을 보았다 하는가

그가 본 건 거짓이다 매판이다

그러나 그가 본 건

여기 이동수의 순박한 죽음이어야 한다

이동수

◆

이동수는 당시 농대 1학년생이었는데, 만 25세였으니까 대학을 늦게 들어온 편입니다. 저도 이동수의 개인적인 생에 대해서는 알지 못합니다. 사건 당시 문익환 목사님이 아크로에 학생들을 가득 모아놓고 강연을 하고 있었습니다. 당시가 어떤 상황이었는지 복기해보면, 우선 개헌논의가 있었습니다. 체육관선거라고 불리던 간접선거로 대통령 선거가 규정되어 있는 헌법을 직선제로 고치는 것을 골자로 하는 개헌 논의가 있었는데, 그 과정에서 정치적 갈등이 고조되기도 했습니다. 이 또한 5월이었습니다. 그러한 가운데 문익환 목사님과 학생들이 아크로를 꽉 메우고 있었고, 이동수는 저 학생회관 뒤쪽 옥상에서 온몸에 시너를 부은 뒤 불을 붙이고 투신을 했습니다. 이동수 학우는 여러 가지 이유에서 뒤늦게서야 추모비를 세웠습니다.

　이미 말했듯이 많은 이들이 이동수의 분신자살을 목격했습니다. (박배균 교수 - 저도 그 중 한 사람입니다. 그 옆쪽에 앉아 있다가… 너무나 충격적이었습니다) 그 중에서 박혜정이라는 국문과 4학년 학생은 학생운동이 처한 어려움에 마음이 많이 상해 있었습니다. 그러다가 분신해서 투신하는 것을, 몸에 불이 붙은 채로 떨어지는 모습을 보고 충격을 받은 나머지 한강에 나가서 투신자살을 했습니다. 그래서 10년이 지난 96년에 이 학생에 대한 추모비를 국문과의 선후배 친구들이 돈을 모아서 세웠습니다. 그런데 이 경우에는 의문사가 아니다 보니까 추모비를 세우는데 어려움이 있어서 숲으로 살짝 가린 곳에 세우게 되었습니다. 그래서 이 비의 존재를 모르는 이도 많습니다. 민주화의 길을 만들 때 박혜정 추모비도 그에 해당이 되는가, 정부가 인정한 민주화유공자의 범주에 들어가는가 하는 논란도 있었습니다. 그 때 민주화의 길 조성을 추진하는 교수님들께서 박혜정 또한 같은 맥락에서 희생된 것이기 때문에 당연히 포함되어야 한다고 주장해서서 민주화의 길에 포함되게 되었습니다. 개인적으로는 학내의 추모비 중에서 가장 가슴 아픈 추모비입니다. 다른 학생이 비문을 한 번 읽어주세요.

◆

험한 세상을 아프게 겪다

1986년 5월

끝내 화합할 수 없었던 세상에 등돌리고

한강에 몸 던져

눈물과 부끄러움마저 거두어 숨어버린

떠남이 아름다운 사람

반성하지 않는 삶

아파하면서 살아갈 용기 없는 삶

이땅의 없는 자 억눌린자의

부당한 빼앗김을 방관하는 삶

덧보태어 함께 빼앗는 삶

부끄럽게 죽을 것

함께 절망하고 함께 괴로워하다

홀로 빠져 버린다고

자살로 도피해버린다고

욕하라

욕하고 잊으라

눈 앞에 아득해오는 밤

서성이다

서성이다

스물 둘에 떠난 친구여

더 이상 늙지도 바래지도 않는

그 푸른 젊음과 순수

그 단단한 아픔의 응어리에

남은 벗들의 기억을 새긴다

1996년 5월
국어국문학과 동료 선후배들이 세우다
◆

한인섭 교수　정확하게는 "반성하지 않는 삶, 아파하면서 살아갈 용기 없는 삶, 이 땅의 없는 자 억눌린자의 부당한 빼앗김을 방관하는 삶, 덧보태어 함께 빼앗는 삶, 부끄럽게 죽을 것. 함께 절망하고 함께 괴로워하다 홀로 빠져 버린다고 자살로 도피해버린다고 욕하라 욕하고 잊으라" 이 부분에 인용 부호를 달아야 합니다. 왜냐하면 이 대목은 박혜정의 일기장에 쓰여져 있던 것이기 때문입니다. 첫 부분의 구절들은 묘비를 만든 이들의 해석을 붙인 것이고, 맨 마지막 부분은 국어국문학과 동료들이 십년이 지나면서 새긴 것입니다. 이러한 것들을 구별해주면 좋을 것 같습니다.

박배균 교수　이분이 83학번이고, 저는 85학번입니다. 2년 선배인 듯합니다. 하지만 이분의 일기에 공감하는 것이, 당시는 민주화운동이 굉장히 격렬할 때였습니다. 뿐만 아니라 수많은 동료 선후배들이 노동현장에도 들어가고 지하서클에 들어가고, 또 그 주위의 수많은 사람들이 나서지 못한 자신에 대해 자책하면서 부끄러워하는 분위기가 있었습니다.

김명환 교수　박혜정 열사의 죽음이 단순히 이동수 열사의 죽음만으로 촉발된 것은 아닙니다. 그 한 달 전에는 김세진과 이재호라는 두 학우가 분신자살을 하는 상황이 있었기 때문에, 세 사람의 분신자살을 보고 박혜정이 견디다 못해 그렇게 되었다고 이해하시면 정확할 것 같습니다.

박배균 교수 그 시절에 저도 상당히 괴로워했던 것 같습니다.

김명환 교수 대학원 박사과정에 있던 저도 이러한 것들을 보면서 너무 괴로워했는데요. 이미 나이가 조금 차이나는 제가 그럴진대 젊은 학부생들은 얼마나 괴로웠겠습니까?

한인섭 교수 제일 힘든 시기였지요.

김명환 교수 질문 있으신가요? 그러면 김세진·이재호 열사의 추모비 앞으로 이동하겠습니다.

같은 해인 86년 박혜정이 자살하기 조금 전인 4월 28일 김세진, 이재호라는 두 학생이 신림동 사거리에 시위를 나갔다가 분신을 시도했습니다. 김세진은 분신 며칠 뒤에 사망했고, 이재호는 30일 가까이를 버티다가 사망을 했습니다. 정말 충격적이고 가슴 아픈 상황이었습니다. 86년도는 전두환 정권 말기여서 갈등이 극도로 고조되어 있던 상황이었습니다. 또한 당시에는 대학생들에게 군사훈련이 있었습니다. 학생들이 교련복을 입고 버들골에 있는 훈련장에서 훈련을 받았습니다. 게다가 1학년생들은 일주일간 성남에 있는 문무대라는 곳에 가서 군사훈련을 받아야 했습니다. 이를 거부하는 운동이 3-4월에 일어났던 것입니다.

박배균 교수 정확하게는 문무대 거부가 아니라 전방입소 거부운동이었는데요, 제가 85학번이라서 86년 당시 전방입소자에 해당합니다. 당시 1학년은 문무대에 가고, 2학년은 전방입소를 했습니다. 그래서 전방입소 거부운동이 일어나서 저희 학년 중에 상당수가 전방입소를 거부하고 가지 않았습니다. 저는 거부할 용기가 없어서 들어갔는데, 들어가서도 항상 부끄러워하고 괴로워하는 상태에 있었습니다. 당시 전방입소를 거부하던 친구들이 신림동에 남아서 시위를 했습니다. 전방입소를 위해 버스가 왔는데, 85학번들 중 많은 사람들이 버스 타는 것을 거부하면서 시위를 했습니다. 김세진, 이재호 두 분은 전방입소 반대운동을 주도하다가, 경찰에 쫓겨서 건물 옥상으로 올라갔던 것 같습니다. 처음부터 그런 의도를 가진 것 같지는 않고 약간 우발적인 정황도 있었던 것 같은데, 거기서 분신을 했습니다.

한인섭 교수 마지막 순간이 조금 애매한 것 같습니다. 몸에 기름을 부은 상태에서 가까이 오면 불붙이겠다고만 했습니다. 보통 분신을 결심했을 때에는 통상 유서를 남기는데요. 김세진, 이재호의 경우에는 기름을 끼얹고 가까이 오면 죽을 것이라고 하는데도 개의치 않고 오니까 두 사람 중 한 사람이 불을 붙였습니다. 자살반 타살반이라고 할 수도 있을 것 같습니다.

김명환 교수 제가 아는 바로는 기름은 위협용이었는데, 진압하는 경찰들이 어디한번 죽어보라고 약을 올린 것도 있고, 너무 심하게 들이닥치니까 젊은 혈기에 두 사람 중 한 사람이 불을 붙였다는 것입니다. 그래서 한 사람은 다른 한 사람에게 처음에는 원망을 했다고 합니다. 계획에도 없었던 일인데 왜 불을 붙였는가 하고 말입니다. 그 과정에서 가까운 가족과 친구들에게는 뭐라 말할 수 없는 안타까움이 있었던 것 같습니다. 이 두 사람의 죽음이 준 충격은 대학원 박사과정에 있던 저에게도 엄청난 충격이었고, 학부생들에게는 평생 잊을 수 없는 충격이었습니다. 그 뒤에 이동수의 분신이 있었고 이는 박혜정의 자살로 이어져, 1987년 6월까지는 희생의 연속이었습니다. 그 과정에서 드디어 1987년 6월 항쟁의 도화선이 된 박종철 사건이 터지게 되는 것입니다.

박배균 교수 이 일로 인해 이듬해부터 전방입소는 없어집니다. 저는 전방에 입소해 있던 중에 친구들로부터 이야기를 들었는데, 당시 저희 내무반의 분위기는 차마 말로 표현하기 어려웠지요.

한인섭 교수 유신 이전 동숭동 캠퍼스 시절 당시는 경찰이 캠퍼스 안으로 들어오기 위해선 위수령을 선포해야만 했기 때문에 학생들이 캠퍼스 안에 들어오면 비교적 안전했습니다. 하지만 유신 이후 캠퍼스 안에 경찰이 상주해있고, 시위를 한다고 하면 사전에 정보가 새어 나가기 때문에 시위를 하기 위해 무언가를 외친다 하더라도 1분을 못가는 일이 많았습니다. 그래서 1978년 무렵부터 아이디어를 낸 것이 난간이 창문 바깥쪽으로 약간 튀어나와 있는 건물의 2층 난간을 이용하는 것이었습니다. 그리고 나서 1980년대부터 지어진 건물에는 난간이 하나도 없습니다. 처음 관악 캠퍼스를 조성할 당시에 지어진 모든 건물에는 창문 위에 난간이 조금씩 나와 있습니다. 하지만 1978년부터 저 난간을 타고 중간까지 와서 외치기 시작하였는데 이 경우 경찰이 학생을 잡을 수가 없었습니다. 경찰도 난간을 타고 왔다가는 경찰도 위험하고 학생도 위험하기 때문입니다. 이러한 과정을 거치면서 1978년부터는 결사적인 싸움이 시작됩니다. 그 다음에는 사회대 건물에서도 난간을 타고 시위를 하고, 1983년에는 황정하라는 학생이 몸에 밧줄을 묶고 내려와서 도서관 난간 위에서 구호를 외쳤습니다. 그런데 이 황정하 학생 시위 때에는 경찰도 지켜보지 않고 밧줄을 동여 매고 난간 위로 내려와서 싸우다가 황정하 학생이 떨어져 죽는 일이 발생했습니다. 그러자 도서관 문과 창문을 철망으로 칭칭 감아서 도서관 문을 열 수 없도록 만들었습니다. 그리고 1986년 이동수는 학생회관에서 뛰어내렸습니다. 아크로 주변공간은 그러한 공간입니다.

실제로 시위 성공의 상징은 아크로를 학생이 장악하는가, 경찰이 장악하는가에 달려있었습니다. 이 공간이 일종의 심벌이 되어서, 학생들이 장악하게 되면 '이겼다!'고 하게 되고, 경찰이 장악하게 되면 사방으로 흩어집니다. 그리고 사람들을 모으기 위해 아크로 방향 건물들의 난간에서 시위가 계속 진행되었습니다.

박배균 교수 조금 부연 설명을 하자면, 일종의 캠퍼스 내 공간정치라 볼 수 있습니다. 1984년도까지는 교내에 경찰이 상주하다가 제가 들어왔을 1985년 당시에는 프락치나 사복 경찰을 제외하고는 학내에서 경찰이 다 나갔습니다. 그 이후에는 학생들이 교내에서 집회를 할 때마다 경찰들이 정문을 통해 교내로 들어오게 됩니다. 1984년까지는 투쟁을 통해 경찰들을 몰아내고 학교 캠퍼스를 일종의 민주의 공간, Civic Space로 쟁취한 공간으로 여겼기 때문에 경찰들이 캠퍼스에 들어오는 것에 대해 학생들이 굉장히 분노를 많이 했습니다. 그래서 아크로에서 도서관으로 올라오는 이 언덕길이 원래는 보도블록이었는데, 저 아래쪽에서 경찰들이 올라오면 여학생들은 보도블록을 깨고 남학생들은 그걸 던지곤 했습니다.

실어 나르면 그게 무기가 되기 때문입니다. 1980년대 후반 언제부터인가는 그래서 이 보도블록을 모두 걷어내고 시멘트로 바꿨습니다.

김명환 교수 저도 생생하게 기억이 납니다. 여학생들이 보도블록을 깨서 파란색 플라스틱 큰 쓰레기통에 담아서 질질 끌고 오면 남학생들이 그걸 던졌습니다.

박배균 교수 전체적으로 보면 '행주대첩'이었죠. (웃음)

한인섭 교수 이러한 국면이 되니까, 지난 시간에 어떤 학생이 지적했던 것처럼 학생운동의 남성중심화가 진행됩니다. 돌을 던질 수 있는 사람과 그렇지 않은 사람. 보도블록을 잘 깨는 사람과 못 깨는 사람이 나뉘게 되고, 시위에서 여성들의 영역이 줄어들게 됩니다. 그러면서 성별에 구별 없이 선배를 형으로 부르게 됩니다. 전투가 진행되고, 그런 상황 속에서 남성적인 것이 우월하게 되니까 양성평등에 대한 감각이 성장하지 못하다가 1990년대 들어서야 지연되었던 그 감각이 성장하게 되었던 것입니다.

민주화의 길 안내판 앞

민주화의 길은 2009년도에 만들어졌습니다. 4·19탑에서 출발하여, 사회대의 김태훈, 우종원·김성수, 인문대의 박혜정, 김세진·이재호, 6번 박종철, 7번 최우혁. 여기까지가 인문사회대 학생입니다. 그리고 도서관 통로 따라 넘어가면 8, 9, 10은 자연대 공대 학생들. 그리고 맨 마지막에 농생대. 그래서 4·19타운, 사회대 타운, 인문대, 자연대·공대, 농생대 이렇게 이뤄져 있습니다. 원래는 쭉 이어보려 했는데, 너무 길어서 중간 중간 안내판을 세우는 것으로 대신했습니다.

박종철 열사 추모비 앞

조금만 더 위로 올라와 주세요. 제가 조금 더 올라오라고 한 데에는 이유가 있습니다. 여러분들께서 보시기에 김세진·이재호 추모비와 박종철 추모비는 상당히 깔끔하게 세워져 있지요? 처음 추모비를 만들 당시에는 학교가 방해를 했다고 말씀드렸지 않습니까? 원래의 박종철 추모비는 저 뒤에 조그마한 돌이었습니다. 이쪽으로 올라와 보십시오.

◆

우리는 너를 빼앗길 수 없다

1991년 10월 24일

◆

1991년에 조그만 돌 하나 달랑 세우고 나무 한 그루 심은 것입니다. 그랬다가 나중에 가서 제대로 된 추모비를 세웠습니다. 이것도 하나의 역사라는 것을 알아두시면 좋을 것 같습니다. 그 근처에 조그만 돌들이 있습니다.

◆

그대 우리 가슴에 살아

1992년 9월 8일 우혁이를 사랑하는 벗들

◆

더불어 함께하는 청년의 삶 수일이를 기리며

◆

이 두 개가 있는데요. 이 두 사람은 군대에 가서 의문사를 한 사람들입니다. 앞서 사회대에서는 학생시절에 납치되어서 의문사를 한 사람들을 보았는데요. 이 둘은 학생운동을 하다가 군대에 입대하면 당시의 보안사령부, 현재는 기무사령부인데요, 거기서 찾아와서 때리기도 하고 고문도 하면서, 선배를 대라고 한다든지 휴가를 나가면 프락치 노릇을 하라고 강요를 한다든지 합니다. 그리고 소위 '빨간 물'이 든 학생들의 사상을 바꾸겠다는 목적으로 '녹화사업'이라는 것을 했습니다. 적색을 녹색으로 만들겠다 이것입니다. 보안사령부가 녹화사업이라는 것을 1981년부터 1984년 사이에 집중적으로 했습니다. 이 둘은 이 과정에서 의문의 죽음을 당한 사람들입니다. 역시 이 경우도 진상이 밝혀진 것이 거의 없습니다. 추모비가 없는 학생들 중에 자연대의 한희철이라는 학생도 군대에서 의문사를 했습니다. 아직도 밝혀야 할 것이 많은 것이지요.

한인섭 교수 박종철의 기념탑은 예술적인 측면에서 보자면 서울대 내 최고의 기념탑 같습니다. 홍성담 씨가 디자인을 했습니다. 어떤 모양으로 보이나요? 머리가 물에 처박힌 모양입니다. 그리고 옆에 수포 같은 느낌도 표현을 했습니다. 그리고 옆의 새는 새로운 희망과 평화가 솟아오르는 것을 표현했습니다. 처박힘과 솟아오름을 동시에 표현한 것이죠. 이 추모비는 박종철이 죽은 지 10년만인 1997년에 세워졌습니다. 1988년에 세워진 김세진, 이재호의 추모비를 보면 시인 고은이 쓴 격정으로 가득한 시가 추모비에 새겨져 있습니다. 반면에 1997년에 세운 박종철의 추모비는 조금 감정을 차분히 가라 앉히고 역사적 의미를 종합적으로 새겨놓은 추모비입니다. 비문을 한 번 읽어주세요.

민주열사 박종철의 비

박종철 사건이 일어난 것은 1987년 1월입니다. 하숙집에서 붙들려 가서 남영동 치안본부 대공분실에서 선배 박종운의 거취를 대라고 했는데, 대지 않으니까 물고문을 당한 겁니다. 물고문을 당하다가 그 자리에서 죽은 거죠. 당시는 의문의 죽음이 이어지던 시기인데, 박종철의 경우에는 사체를 검안하러 간 의사가 이야기를 한 것입니다. 배에 물이 가득 차 부풀어 있었고, 주위에 물이 흥건했다고 말입니다. 그러자 중앙일보 · 동아일보 기자들이 받아서 대서특필을 합니다. 그때 경찰은 '탁하고 치니까 억하고 죽었다' 이렇게 발표를 했다가 사안이 커지니까 고문 사실을 실토하고 고문 경찰 두 명이 잡혀 들어가게 됩니다. 그것으로 끝나는 줄 알았는데, 사실은 2명이 아닌 5명이 관여한 것이었고, 그 중 3명은 계급이 높아 이를 감추기 위해 조작을 한 사실이 드러났습니다. 고문은 5명이 독단으로 할 수 있지만, 조작이라는 것은 정권 전체가 관련되지 않으면 불가능합니다. 고문 사실이 폭로된 뒤에도 조작 사실이 드러나 그해 5월 18일 천주교정의구현사제단에서 발표를 했습니다. 발표를 하자 나라가 진짜로 뒤집어지게 됩니다. 그리고 이러한 정부를 계속 용인할 수 없다는 분위기 속에서 1987년 6월 반독재 운동이 크게 일어나 민주헌법을 쟁취하게 됩니다.

"독재의 아스팔트 발바닥을 태우던 87년 6월 어느 날 너의 모습이 일순 나타났다 다시 사라졌다"라는 구절을 보면 6월 항쟁 당시 나왔던 '고문 없는 나라에서 살고 싶다'라는 구호나 '통장에서 대통령까지 직선하자' 같은 주장들이 어느 정도 성취되었음을 표현합니다. 또한 "일순 나타났다가 사라졌다"는 표현을 통해 그것이 혁명으로 이어지지 못하고 12월 선거에서 노태우가 대통령이 된 상황도 암시합니다. 하지만 "십년동안 견고해진 눈물로 너를 세울 수 있게 되었다"라는 표현을 통해 그 모습이 완전히 사라지지 않았음을 보여줍니다.

10년 뒤에 세웠기 때문에 위치도 제일 괜찮고, 미적으로도 뛰어납니다.

김명환 교수 당시 박종철 고문 은폐의 최고위선 배후로 당시 치안감이던 박처원 씨가 구속이 되었는데 당시 경찰에서 꽤 고위직이었습니다.

한인섭 교수 공안계통의 최고 책임자였을 것입니다.

박배균 교수 박종철 열사가 돌아가신 것이 겨울이죠? 1월. 제 기억에 돌아가시고 나서 학교에서 추모제를 굉장히 크게 했던 것 같습니다. 굉장히 많은 학생들이 사진을 만장으로 만들어 정문 앞으로 걸어갔던 기억이 납니다.

김명환 교수 한인섭 선생님께서 말씀하셨지만 김승훈 신부의 폭로에 의해 박종철사건의 진상이 밝혀진 뒤, 6월 10일 범국민 대회 당시 연세대생이었던 이한열이 최루탄에 맞아서 중태에 빠져 있다가 사망을 하게 되었습니다. 박종철과 이한열 두 학생의 죽음이 27년만에 군사독재를 종식시키는 결정적인 도화선이었다고 봐야 합니다. 두 사람은 꼭 기억해야 합니다.

한인섭 교수　정확히 말해 이한열은 6월 9일입니다. 당시 연세대가 하루 앞서서 시위를 하다가 이한열이 연대 정문 앞에서 최루탄을 맞아서 쓰러지는 것을 친구가 붙잡았습니다. 그 사진이 한국현대사에서 가장 유명한 사진의 하나가 되었습니다. 그러고 나서 바로 세상을 뜨지는 않았고, 사경을 헤매는 상태로 한 달가량 지내게 되어 사람들의 안타까움이 극에 달하게 되었습니다. 그리고 노태우와 군사정권이 직선제 개헌을 받아들이고 민주헌법으로 돌아가겠다고 한 선언을 한 이후에 이한열이 죽음을 맞게 되었습니다. 박종철로부터 시작하여 이한열까지의 죽음의 과정. 이것이 한국 현대사의 어둠을 걷어내는 가장 중요한 순간이었습니다. 만일 이것이 없었다면 여러분들께서도 난간이 어디있나? 이러한 시절을 살았을지도 모르겠습니다. (웃음)

김명환 교수　여기 또 하나의 비석이 있습니다. 이 또한 군에서 의문사를 당한 학생인데 송종호라는 인문대 서어서문학과 학생이었습니다. 여기에는 총 4명의 추모비가 있습니다. 도서관 중앙통로를 지나가면 또 여러 사람의 추모비가 있습니다.

자연대 공대 추모비 앞

여기는 세 분에 대한 추모비가 있습니다. 조국통일열사 조성만 추모비, 노동해방열사 조정식 추모비. 그리고 앞서 한인섭 선생님께서 설명했던 것 같이 몸에 줄을 묶고 도서관 난관위에 서서 시위를 하다 떨어진 황정하 열사 이렇게 세 사람이 있습니다. 원래 조정식과 황정하 열사의 추모비는 이 위치보다 훨씬 외진 곳에 있었습니다. 그러던 것을 민주화의 길을 조성할 당시 유족들과 친구들의 동의를 얻어 한 군데로 모았습니다. 그래서 세 사람의 추모비가 함께 모이게 되었습니다.

황정하 열사는 앞서도 설명했듯이 몸에 밧줄을 묶고 도서관 벽을 타고 내려와 난간 위에 서서 시위를 하다가 경찰과의 실랑이 끝에 추락사를 하게 되었습니다. 자살이 아니라 타살인 것이지요. 그런 안타까운 역사가 있습니다.

노동해방열사 조정식의 경우를 말씀드리면, 80년대 중반에 이르러 학생들은 학생들의 힘만으로 민주화를 이룰 것이 아니라 가장 고통받은 민중들 스스로의 힘으로 민주주의를 쟁취해야 한다는 생각을 했습니다. 당시에는 '존재 이전을 한다'고 하는 어려운 표현을 써서 표현을 했는데요, 학생들이 기득권을 포기하고 공장에 노동자로 취업을 하는 경우가 많았습니다. 공장에 가서 노동조합을 만들고, 노동운동을 했습니다. 실제로 서울대학교 출신으로 노동운동을 하면서 평생 노동자로 산 분들도 있습니다. 조정식은 자연대 학생이었는데, 학생운동을 하다가 감옥을 다녀오고 군대에 다녀온 뒤에 현장에 취업을 해서 운동을 하려다가 산업재해를 당했습니다. 그 날 선반의 작업속도를 높이다가 선반에 있던 30kg짜리 균형추가 튕겨나가 그 앞에서 드릴링을 하던 조정식의 머리를 강타하는 바람에 목숨을 잃은 것입니다. 노동운동과정에서 산업재해로 목숨을 잃은 경우가 되겠습니다.

조성만 열사는 1988년 봄에 명동성당에서 할복 후 뛰어내려 자살을 했습니다. 이에 대해서는 전후 사정을 알아야 하는데요. 우리 사회에 존재하는 큰 모순 중의 하나가 남북 분단 아닙니까? 1988년에는 우리나라에 굉장히 큰 행사가 있었죠. 서울올림픽. 우리나라 발전에 큰 전기가 되었던 행사이긴 한데요. 전두환 정권이 워낙 정당성 없이 탄생한 정권이

다 보니 정당성 확보를 위해 굉장한 노력을 해서 80년대 초에 서울올림픽을 유치했습니다. 그리고 88년이 다가오면서 박종철과 이한열의 희생을 통해 군사정권이 종식되고, 민주화가 시작되는 상황을 맞았습니다. 그리고 자연스럽게 서울올림픽을 남북한 공동 개최해야 한다는 요구가 나왔습니다. 하지만 시기가 조금 늦은 것도 있고 해서 받아들여지지 않았습니다. 이 과정에서 88올림픽 공동 개최와 남북 긴장완화를 요구하면서 신군부의 후신인 노태우 정권에 항의를 하며 조성만 열사가 할복자살을 했는데. 저는 굉장히 가슴이 아팠습니다. 그러한 상황에서 꼭 젊은이가 목숨을 버려야 했을까. 여기서 이야기하고 싶은 것은, 불가피한 죽음이긴 했으나 인간이 자신의 목숨 버리는 일을 함부로 할 것은 절대 아니라는 것입니다. 제가 선생이자 선배로서 여러분에게 이야기하고 싶은 것입니다. 그렇다고 해서 조성만 열사의 죽음이 헛된 것이라고 말하고자 함은 아닙니다. 의미 있는 죽음이고, 기억해야 할 죽음이지만, 또한 여러 가지로 생각할 가슴 아픔이 있다는 것입니다.

한인섭 교수 의사와 열사의 차이는 아시는지요? 안중근은? 의사이지요. 윤봉길은? 의사. 이준은? 열사. 열사는 분노를 안고 자신이 스스로 죽는 것이고, 의사는 밖을 향해서 공격을 하는 것입니다. 그래서 안중근과 윤봉길은 의사이고, 이준은 열사입니다. 여기에 있는 사람들도 모두 열사입니다. 김재규 같은 사람은 살인범이지만, 만일 그의 행위를 민주화를 위한 행위로 인정한다면 그를 의사로 불러야 할까요? 아니면 열사로 불러야 할까요? 의사가 될 것입니다. 남을 향해, 불의의 상징을 공격한 것이기 때문입니다. 열사는 그것을 자신이 안고 죽어가는 것을 뜻합니다. 우리가 지금까지 봐왔던 분들은 전부 열사입니다. 의사가 한명도 없습니다. 지난 강의 시간에 질문도 있었지만, 학생운동이 폭력적이었다는 지적이 있는데요. 여기서 알 수 있듯이 전혀 그렇지 않았습니다. 모두가 열사였습니다. 폭력적이라는 화염병도 던져서 누군가를 다치게 하는 것이 아니라 대개는 시위를 위한 공간을 확보하기 위해 던지는 것이었습니다. 세계적인 기준에서 한국의 학생운동은 가장 비폭력적이고 평화적이었습니다. 6월 항쟁으로 군부독재를 물리칠 때에도 박종철과 이한열의 죽음을 통해 촉발된 것이지 총칼을 쥐고 적을 거꾸러뜨려서 혁명이 완성된 것이 아니라는 것입니다. 그런 점에서 볼 때 민주화로의 전환 또한 비교적 순탄하게 이어진 편이라고 저는 해석을 합니다.

김명환 교수　이제 마지막 장소가 남아있습니다. 농생대에 가면 4·19를 제외하고는 가장 먼저 목숨을 잃은 김상진 열사의 추모비가 있습니다.

한인섭 교수　추모비만 봐도 한국 현대사가 다 들어있지요? 1975년 이전에는 동숭동에 학교가 있었는데, 동숭동과 광화문의 거리는 매우 가까워서 걸어서도 갈 수 있는 거리였습니다. 원래 대학 캠퍼스도 커져야 하는 상황이었고, 시위를 막으려는 사정도 있어 학교를 옮기게 되었습니다. 국가의 대표적인 국립대학에 걸맞는 캠퍼스가 조성되어야 하는 점도 있고, 도시가 팽창하게 되니까 계속 있기가 어렵다는 판단에서 이 구석진 곳으로 옮겨놓은 것입니다. 구석에 놓으면 안전하지 않습니까? 빠져나갈 곳도 한 군데 밖에 없고, 마치 호리병 속에 몰아넣은 것과 같은 모양새입니다. 그런데 대학이 팽창하면서 이 대학 캠퍼스 자체가 수만 명이 상주하는 소도시가 되니 응집된 힘들이 엄청난 폭발력을 갖게 되었습니다.

또 하나 1980-87년까지 아주 특별한 상황이 전개되었는데요. 전두환 정권은 1980년 7월 30일 과외 금지조치를 발효해서 과외를 하면 형사처분을 받게 했습니다. 과외를 불법화시킨 것입니다. 그러다 보니 1983년도를 전후해서 한국 경제는 좋아졌지만 학생들은 수중에 돈이 한 푼도 없는, 말 그대로 프롤레타리아트가 되었습니다. 그리고 갈 곳도 없었습니다. 그러다 보니 학생들이 노동자들과의 거리감이 별로 없었습니다. 자신들의 삶도 별반 다르지 않았으니까요. 그래서 학생들이 매일 캠퍼스에 상주하게 됩니다. 1988년도 과외금지조치를 풀고 나니, 과외처럼 돈 벌기 쉬운 게 없다 보니 학생들이 꽤 많이 했습니다. 그래서 데모를 하다가도 과외 시간이 되면 과외를 하러 빠져나갔습니다. 그런데 과외할 때 최루탄 냄새나면 안되니까 복장도 깨끗하게 하고 다녀야 했습니다. 또한 마이카 시대가 되니 과외를 조금만 많이 하면 차를 몰 수 있게 되었습니다. 그러다 보니 분위기가 달라지기 시작한 점도 있었습니다.

농생대 김상진 열사 추모비 앞

최영찬 교수 농경제사회학부의 최영찬입니다. 여기가 김상진 선배의 추모비입니다. 저 위의 잘 보이는 곳에 위치하는 것이 옳은데, 조금 외진 곳에 있습니다. 원래 수원의 농대 캠퍼스에 있던 추모비를 이 자리로 옮겨 왔습니다. 처음에는 학교에서 이전을 허락하지 않았습니다. 서울대에는 단과대학별로 민주동문회가 있고, 이번에 통합해서 서울대 민주동문회를 만들었습니다. 그 단과대학별 민주동문회 중 가장 활발한 활동을 하는 것이 김상진기념사업회입니다. 이 추모비도 김상진 열사가 죽은 뒤 세월이 흐르고 나서 김상진기념사업회가 세운 것입니다.

김상진 선배는 1975년 당시의 유신 독재 체제에 항거하기 위해 할복을 했습니다. 당시 농대에서 집회가 진행 중이었는데 갑자기 칼을 들고 할복을 했습니다. 그 분이 국민들에게 쓰는 선언문을 낭독하고 바로 그 자리에서 칼을 꺼냈습니다. 그 선언문을 제가 읽어보겠습니다.

◆

양심선언문

더 이상 우리는 어떻게 참을 수 있으며 더 이상 우리는 그들에게서 무엇을 바랄 수 있겠는가? 어두움이 짙게 덮인 저 사회의 음울한 공기를 헤치고 죽음의 전령사가 서서히 우리에게 다가오는 것을 우리는 직시하고 있다.

무엇을 망설이고 무엇을 생각할 여유가 있단 말인가!

대학은 휴강의 노예가 되고, 교수들은 정부의 대변자가 되어가고 어미 닭을 잃은 병아리마냥 우리들은 반응 없는 울부짖음만 토하고 있다.

우리의 주장이 결코 그릇됨이 아닐진대 우리의 주장이 결코 비양심이 아닐진대, 우리는 어떻게 더 이상 자존을 짓밟혀 불명예스런 삶을 계속할 것인가. 우리를 대변한 동지들은 차가운 시멘트 바닥 위에 신음하고 있고, 무고한 백성은 형장의 이슬로 사라져가고 있다.

민주주의란 나무는 피를 먹고 살아간다고 한다. 들으라! 동지여! 우리의 숭고한 피를 흩뿌려 이 땅에 영원한 민주주의의 푸른 잎사귀가 번성하도록 할 용기를 그대들은 주저하고 있는가! 들으라! 우리는 유신헌법의 잔인한 폭력성을, 합법을 가장한 유신헌법의 모든 부조리와 악을 고발한다. 우리는 유신헌법의 비민주적 허위성을 고발한다. 우리는 유신헌법의 자기중심적 이기성을 고발한다.

학우여!

아는가! 민주주의는 지식의 산물이 아니라 투쟁의 결과라는 것을. 금일 우리는 어제를 통탄하기 전에, 내일을 체념하기 전에, 치밀한 이성과 굳은 신념으로 이 처참한 일당독재의 아성을 향해 불퇴전의 결의로 진격하자. 민족사의 새날은 밝아오고 있다. 그 누가 이 날의 공포와 혼란에 노략질 당하길 바라겠는가. 우리 대한 학도는 민족과 역사 앞에 분연히 선언한다. 이 정권, 끝날 때까지 회개치 못하고 이 민족을 끝까지 못살게 군다면 자유와 평등과 정의를 뜨겁게 외치는 이 땅의 모든 시민의 준열한 피의 심판을 면치 못하리라. 역사는 이러한 사태를 원치 않으나 우리는 하나가 무너지고 또 무너지더라도 무릎 꿇고 사느니 차라리 서서 죽을 것임을 재천명한다.

탄압과 기만의 검은 바람이 불어오는 것을 보라. 우리는 이제 자유와 평등의 민주사회를 향한 결단의 깃발을 내걸어 일체의 정치적 자유를 질식시키는 공포의 병영국가가 도래했음을 민족과 역사 앞에 고발코자 한다. 이것이 민족과 역사를 위하는 길이고 이것이 우리의 사랑스런 조국의 민주주의를 쟁취하는 길이며 이것이 영원한 사회정의를 구현하는 길이라면 이 보잘 것 없는 생명 바치기에 아까움이 없노라. 저 지하에선 내 영혼에 눈이 뜨여 만족스런 웃음 속에 여러분의 진격을 지켜보리라. 그 위대한 승리가 도래하는 날! 나! 소리 없는 뜨거운 갈채를 만천하에 울리게 보낼 것이다.

1975. 4. 11
서울농대 축산과 4년 김 상 진

◆

이걸 읽으면 지금도 눈물이 납니다. 이 당시에 대학은 4·19를 전후해서 무조건 쉬었습니다. 열흘 정도 학교 문을 닫고 강의를 안하는 그런 시절이 있었습니다. 실제로 제가 대학에 다니던 때에도 실제로 강의하는 날은 절반이 안될 정도였습니다. '견학'이라는 명목으로 학생들을 학교 바깥에 내모는 일도 있었습니다.

'무릎 꿇고 살기 보다는 서서 죽기 원한다'는 가사를 가진 노래가 당시 있었고, 운동을 하는 학생들 사이에서 많이 불렸습니다.

김상진 열사는 69학번이었습니다. 당시 군대에 다녀와서 복학을 해서 4학년에 다니고 있었습니다. 당시 할복을 하자마자 수원 도립병원에 이송이 되었는데, 병원에서 큰 병원으로 옮겨야 한다고 하는 와중에 돌아가셨습니다. 돌아가신 뒤에 정부는 압력을 넣어 장례를 치르지 못하게 했습니다. 그래서 가족들만 조용하게 장례를 치르게 되었습니다. 유골은 벽제에 있는 공원묘지에 안치했고, 기념사업회에서 매년 4월 11일을 전후한 일요일에 추모제를 가집니다. 올해로 38주년이 되었는데, 올해는 김상진 기념사업회가 아니라 서울대 민주동문회 전체 주최로 추모제를 열고, 박원순 시장까지 참여해서 비교적 큰 규모로 치렀습니다. 당시 돌아가시고 나서 장례도 제대로 못치뤄 마음이 아팠는데, 지금도 이런 외진 곳에 있어서 학생들이 보기 힘듭니다. 여러 번 장소 이전을 건의했는데 잘 받아들여지지 않고 있습니다. 어떻게 보면 농대 학생들에게는 자랑스럽기도 하고 슬프기도 한 역사입니다.

한인섭 교수 역사를 보면 일제 강점기 민족운동에 서울대 농대의 전신인 수원고등농림학교가 여러 번 등장합니다. 그래서 제가 논문을 쓴 적도 있습니다. 수원고등농림학교는 일제 시대 야학활동을 열심히 해서 심훈의 〈상록수〉의 무대가 되기도 했습니다. 야학활동을 하다 처벌을 받기도 하고, 사회주의적 성향의 독서회 활동을 하다가 처벌을 받는 경우도 있었습니다. 유신 체제 속에서 보면, 5·16 군사쿠데타 이후 처음 나오는 열사가 전태일, 그 다음이 김상진 열사입니다.

김상진 열사가 4월 11일에 자결을 했는데요, 그 이틀 전인 4월 9일에 인혁당 재건위 사건으로 인혁당 관계자들이 대법원 확정 판결을 받고 24시간도 안되어서 죽게 됩니다. 이처럼 사람들을 죽음으로 몰고가는 시대에 온몸으로 항거한다는 의미가 있을 것입니다.

최영찬 교수 인혁당 재판 결과를 보고 결심을 하신 것입니다. 당시 동지적 관계였던 선후배들과 이야기를 하면서 결심을 했는데, 다들 동료들이 눈치를 채지 못했다고 합니다. 그 전날도 늦게까지 이와 관련해서 이야기를 하면서 누군가가 비장하게 나서야한다는 말이 나오기는 했지만, 아무도 이렇게 되리라고는 생각을 못했다고 합니다. 당시는 인혁당 문제로 각 대학에서 시위가 계속 진행되던 상황이었습니다.

한인섭 교수 "탄압과 기만의 검은 바람이 불어오는 것을 보라.", "일체의 정치적 자유를 질식시키는 공포의 병영국가가 도래했음을 고발한다." 이런 구절들은 유신 그 자체를 지시하는 것인 동시에 인혁당 재판으로 폭력이 극에 달한 그 시점의 모습들이 개인의 결단을 강요했던 상황을 드러냅니다.

김명환 교수　긴급조치와도 관련이 많을 것 같습니다.

한인섭 교수　긴급조치 1호부터 4호까지가 1974년이었고, 1975년에 가서는 해제됩니다. 1975년 4월 9일 인혁당 재판 후 처형이 있고, 11일에 김상진 열사의 죽음이 있었습니다. 그 뒤 추모제 관계로 계속 학교가 문을 닫았다가 다시 문을 열자 5월 22일 대규모의 시위가 일어납니다. 이날 잡힌 학생은 모두 바로 제명당했습니다. 지금 서울시장이신 박원순도 이때 1학년 때 도서관에 있다가 잡혀서 제명을 당하고 인생이 달라지게 된 것입니다.

1970년대는 전태일, 인혁당, 김상진, 79년 YH사건의 김경숙 등의 열사가 있었습니다. 1980년부터의 전두환 정권 7년간은 광주 대학살로부터 시작해, 이로부터 촉발된 수많은 죽음이 있었습니다. 1987년 7월 9일에는 한 달 전인 6월 9일에 최루탄을 맞고 쓰러졌던 이한열 열사의 장례식을 갖게 되었습니다. 그 때 문익환 목사님이 옥중에 있다 풀려나왔습니다. 진주교도소에서 출소해서 바로 장례식장으로 왔는데, 추모사 마지막 순서에 겨우 연세대에 도착했습니다. 단상에 올라와서는 자신이 준비한 추모사는 아무 것도 없고, 그동안 죽어간 이들의 이름을 한 번 부르겠다고 했습니다. 그리고는 정말 애달픈 소리로 "전태일 열사여", "김상진 열사여", "김경숙 열사여"… 외치기 시작을 했습니다. 그렇게 부른 것이 89명이었습니다. 광주의 열사들은 한번에 불렀습니다. 중간부터는 목사님 스스로 울음이 터지고 청중들도 울음이 터져서 울음바다가 된 상태에서 계속 이름을 불러나가는데, 제가 이제까지 평생 동안 본 추모사 중 그런 추모사는 없었습니다. 아무 수식도 없이 이름만 불렀는데도 말입니다. 개인의 삶 하나하나와 관련된 역사가 얼마나 모두를 힘들게 했던가를 7월 9일에 총정리하는 듯한 그런 순간이었습니다.

그런데 이동수 열사 추모비는 어디 있습니까?

최영찬 교수 김상진 열사 추모비 바로 뒤에 있는데, 쉽게 눈에 띄지 않지요.

한인섭 교수 2009년에 민주화의 길을 조성하면서 만들자고 해서 만들었으니 가장 최근의 추모비이지요. 이동수 열사 기념비에는 별다르게 쓰인 것은 없나요?

최영찬 교수 약력이 써 있습니다. 약력을 읽어드리겠습니다.
이동수 열사 약력

1962년 12월 서울 출생
1981년 2월 경기고등학교 졸업
1983년 3월 서울대학교 원예학과 입학
1983년 3월 1985년 9월 군복무
1986년 3월 복학
1986년 5월 20일 독재타도를 외치며 분신

1학년 입학해서 바로 군대에 갔다 오고, 복학해서 다시 1학년 때에 학생회관에서 분신을 했습니다. 그때 저는 미국에 있었습니다. 그때 제가 다니던 학교가 소재한 지역의 신문 1면 톱기사에 그 장면이 있었습니다. 제목이 'fire death'였습니다. 아마도 당시 미국 주요 신문사 1면 톱기사로 실린 것을 지역신문에서도 활용한 것 같았습니다. 이 제목으로 전 세계에 알려지게 된 것 같습니다.

한인섭 교수   그 때 한국일보 기자가 불이 붙어 공중에서 떨어지던 순간을 포착해서 사진을 찍었습니다.

최영찬 교수   김상진 선배의 경우에는 추모를 하는 모임이 결성되어 있습니다. 반면에 이동수 열사의 경우에는 그렇지를 못합니다. 이동수 열사가 목숨을 잃고 나서 부모님들이 정말 가슴이 아파 어쩌지를 못하신 면도 있을 겁니다. 그래서 학교를 오기 싫어하셔서 저희들도 추모사업을 따로 못하고 김상진열사기념사업회에서 같이 추모를 하고 있습니다. 이동수 열사를 추모하는 모임은 동기들을 중심으로 아직까지 이어지는 것으로 알고 있습니다.

한인섭 교수   이것으로 서울대 민주화의 길 탐방을 마치겠습니다. 여러분, 참여해주셔서 감사합니다.

정용욱

서울대 국사학과 교수. 한국역사연구회 회장. <해방 전후 미국의 대한정책>,
<강압의 과학> 등의 저·역서가 있으며, 최근 "웨드마이어 장군 전상서 -
네 지식인이 논한 1947년 8월의 시국과 그 타개책," "냉전의 평화, 분단의
평화" 등의 논문이 있음. 6·25전쟁기 심리전과 냉전 문화, 한국 현대 민족주
의 등의 연구를 진행하고 있다.

박태균

서울대 국제대학원 교수. 한국역사연구회 편집위원, Pacific Affairs 편집
위원, 통일부 정책자문위원 역임. 저서로 <한국전쟁, 끝나지 않은 전쟁,
끝나야 할 전쟁>, <우방과 제국, 한미관계의 두 신화>, <원형과 변용, 한국
경제개발계획의 기원> <사건으로 읽는 대한민국> 등이 있다.

한인섭

서울대 법대 교수. 한국형사정책학회, 법과사회이론학회 회장 역임. 저서로
<식민지 법정에서 독립을 변론하다>, <인권변론 한 시대>, <5.18재판과
사회정의>, <형벌과 사회통제> 등이 있으며 <인권변론자료집(1970년대)>,
<항일민족변론자료집> 등을 정리하였다.

박배균

서울대 지리교육과 교수. 서울대 아시아연구소 국제교류부장, "Territory,
Politics, Governance" 공동편집장 재임 중. "Political Geography",
"International Journal of Urban and Regional Research", "공간과
사회", "대한지리학회지" 등 국내외 학술지 편집위원으로 활동 중. "Locat-
ing Neoliberalism in East Asia", "국가와 지역", "산업경관의 탄생", "지구-
지방화와 다문화 공간", "영역" 등의 편서와 공역서가 있다.

정근식

서울대 사회학과 교수, 한국사회사학회장, 비판사회학회장 역임. (공)저서로
<(탈)냉전과 한국민주주의>, <식민지 유산, 국가 형성, 한국 민주주의>,
<학생운동의 시대> 등이 있다.

김명환

서울대 영어영문학과 교수. 영미문학연구회 공동대표, <안과밖: 영미문학
연구> 편집주간 역임. 최근 논문으로 E. P. 톰슨의 역사 연구와 영문학,
문학의 눈으로 본 다윈의<종의 기원>, 최근 역서로 마크 트웨인의
<얼간이 윌슨>이 있다.

김민수 (표지디자인)

서울대 디자인학부 교수. 대학원 디자인역사문화 전공주임. 저서로 <이상
평전>, <한국도시디자인탐사>, <필로디자인>, <21세기디자인문화탐사>,
등이 있으며, 논문으로 "무능현실 전능예술의 역설: 오타쿠 문화와 무라카미
다카시로 본 일본", "(구)충남도청사 본관 문양도안의 상징성 연구", "한국
화폐의 초상과 기억의 죽음", "친일미술의 상처와 문화적 치유" 등이 있다.

공익과인권 25

서울대 민주화교수협의회, 서울대학교 법학연구소 공익인권법센터

한국현대사와 민주주의

초판 1쇄 인쇄 | 2015년 2월 9일
초판 1쇄 발행 | 2015년 2월 16일

저   자 | 정용욱, 박태균, 한인섭, 박배균, 정근식, 김명환
발행인 | 한정희
발행처 | 경인문화사
등록번호 | 제10-18호(1973년 11월 8일)
편   집 | 신학태 김지선 문영주 김인명 남은혜
표지디자인 | 김민수 최호랑
영업 관리 | 하재일 황은영 나상혁
주   소 | 서울특별시 마포구 마포동 324-3
전   화 | 718-4831~2   팩   스 | 703-9711
홈페이지 | http://kyungin.mkstudy.com
이메일 | kyunginp@chol.com

ISBN 978-89-499-1065-9 93300
값 15,800원